普通高等教育“十三五”规划教材

信息资源检索与利用

刘　波　刘玉玫　编著

张　雪　陈珊珊　马喜龙　参编

中国石化出版社

内 容 提 要

全书共7章，内容包括信息概念、信息检索概述、计算机检索与网络信息资源、专利文献、特种文献、外文数据库检索及中文数据库检索。本书从信息的基础知识出发，详细论述信息检索的相关知识及主要方法；从特种文献的产生、发展到应用都有详尽介绍，深入浅出；针对不同类型的数据库，通过列举检索例题使读者熟悉检索系统，掌握检索方法。

本书可作为高等院校本科信息素养教育的入门教材，也可作为研究生信息收集的参考用书，通过书中列举的大量网址获取信息。

图书在版编目(CIP)数据

信息资源检索与利用/刘波，刘玉玫编著．—北京：中国石化出版社，2019.10
ISBN 978-7-5114-5495-9

Ⅰ.①信… Ⅱ.①刘… ②刘… Ⅲ.①情报检索-高等学校-教材 Ⅳ.①G252.7

中国版本图书馆CIP数据核字(2019)第214058号

中国石化出版社出版发行

地址：北京市东城区安定门外大街58号
邮编：100011 电话：(010)57512500
发行部电话：(010)57512575
http://www.sinopec-press.com
E-mail:press@sinopec.com
北京富泰印刷有限责任公司印刷
全国各地新华书店经销

*

787×1092毫米 16开本 11.25印张 277千字
2019年11月第1版 2019年11月第1次印刷
定价：40.00元

前 言

信息资源的检索与利用能力是信息社会人类发展必备技能。当代大学生是社会发展的栋梁之才，信息搜索与获取能力更是必不可少的生存技能。目前，此类课程已成为提高大学生信息素养的必修课程之一。

本书可以作为图书馆学与信息管理专业的从业人员提升自身的参考资料，满足现代人掌握信息检索技能的广泛需要，也可以作为高等院校各专业的本科生、研究生学习信息检索课程的通用教材，满足高等院校学生的学习需要。

编者在总结多年教学经验的基础上，注意信息技术的更新变化及用户获取能力的提升，力求图书新颖、实用、通俗易懂。

第一，理论基础扎实。本书注重理论的追根溯源，力求从文献类型的发源来讲述文献性质特征，使读者对某一概念有全局性掌握。如专利文献的论述从专利制度的起源开始，逐步过渡到专利文献的性质、专利的审批等应用性理论。

第二，注重理论与实用的结合。本书在扎实理论基础的前提下，注重信息检索方式方法的实际应用，在数据库利用章节引用检索例题，力求从实用角度掌握数据库的具体使用方法。

第三，针对数字环境，融入新理论。网络环境对人类社会的影响越来越深远，本书加入开放获取，文献分析等互联网环境下的新服务模式，使读者可以掌握数字环境下信息资源的利用和获取。

本书获辽宁石油化工大学2019年校级教材建设立项。全书分为7章，辽宁石油化工大学刘波负责全书的策划及大纲编制，并撰写前言、第1章、第2章、第4章、第6章和第7章；张雪负责第5章、陈珊珊负责第3章。全书由刘波统稿，马喜龙、张雪、陈珊珊审校，刘玉玫、马喜龙在全书编著过程中做了大量的资料收集整理工作。

本书在写作过程中广泛吸收了国内外大量的相关研究成果，在此谨向这些文献的作者致以最诚挚的谢意！由于互联网环境下信息检索技术与方法发展变化迅速，加之水平有限，对书中可能存在的疏漏和错误，敬请广大读者批评指正。

目　录

第1章 信息概论

古往今来，人类社会的生活无时不刻不在进行着信息的交流与传递。人们通过电闪雷鸣等自然现象认识自然，通过语言交流等活动融入社会。人类利用着信息，同时也在创造着信息。如今我们更是生活在信息社会中，信息与物质、能量这三个要素共同构成了客观世界。

1.1 信息概念

关于信息的定义，至今不下百种，不同领域、不同专业的人对于信息有着不同的认识。

1948年，美国数学家、信息论的创始人申农在《通信的数学理论》中，将信息定义为“用来减少随机不确定性的东西，是两次不定性之差”。

1950年，控制论的创始人维纳在《控制论和社会》一书中，将信息定义为：人们在适应外部世界并使这种适应反作用于外部世界的过程中，同外部世界进行交换的内容的总称。

《中国大百科全书》对于信息有两种定义。按照狭义的理解，信息是用来消除不定性的东西。按照广义的理解，又有两种认识：从本体意义上说，信息泛指一切事物运动的状态和运动的方式。从认识论的意义上说，信息是关于事物运动状态和运动方式的反映。

《科学技术信息系统标准与使用指南——术语标准》中的定义为：信息是物质存在的一种方式、形态或运动状态，也是事物的一种普遍属性，一般指数据、消息中所包含的意义，可以使消息中所描述事件的不定性减少。

综上所述，信息是指音讯、消息、通信系统传输和处理的对象，泛指人类社会传播的一切内容。人通过获得、识别自然界和社会的不同信息来区别不同事物，得以认识和改造世界。

1.2 信息的特征

1.2.1 普遍性和客观性

在自然界和人类社会中，事物是普遍存在和不断变化的。因此，反映事物存在和变化的信息也是普遍存在的；同时，事物作为客观的存在，信息既然统一于物质世界，也是客观存在的，是不以人的意志为转移的。

1.2.2 价值性和时效性

信息作为与物质、能量共存的资源，其效用是信息价值性的表现。人们通过信息的获取了解事物的本质，现代社会通过建立流畅的渠道来满足人们对信息获取的需求。信息的价值与时间有密切的关系，随着时间的延误，信息的价值往往会衰减甚至消失。

1.2.3 依附性和独立性

信息的记录、存贮、传播等必须依附于一定的物质载体，以一定的形式表现出来，如语言、文字、图片、声音等，没有载体就没有信息。但是，信息相对于物质载体具有相对独立性，无论何种载体，信息的内容是不会发生变化的。

1.2.4 主观性和中介性

对于同一信息内容，不同的人在不同时期会有不同的认识，这种认识的差异是由个体的信息素养、知识结构等方面造成的。个体对信息需求的目的是通过信息来认识其所反映的事物本身，信息的作用是一种中介。

1.2.5 可存贮性和可继承性

信息可以通过不同的媒介存贮，如从古代的龟甲兽骨到现代的纸张网络，正由于信息的可存贮性，保证了信息的获取和利用，使信息得以传播、继承，人类文明得以代代相传。

1.3 信息的相关概念

1.3.1 知识

知识就是力量是世人耳熟能详的名句，自有记载的人类历史以来，知识在人类认识自然和改造自然中发挥了极大的作用。正是由于知识的不断积累，社会才能不断进步，人类才能不断超越自我，取得进步。关于知识的短语很多：知识的价值不在于占有，而在于使用；知识可羡，胜于财富；实践是知识的母亲，知识是生活的明灯……

对于知识没有一个统一而明确的定义，可从以下关于知识的定义去了解知识的丰富内涵。

《现代汉语词典》关于知识的定义是：人们在社会实践中所获得的认识和经验的总和。知识指人类在实践中认识客观世界(包括人类自身)的成果，它包括事实、信息的描述或在教育和实践中获得的技能，是人类从各个途径中获得经过提升总结与凝练的系统的认识。因此，知识是人类社会特有的信息。在《以知识为基础的经济》报告中，将知识分为四个类型：

Know what——知事的知识

Know why——知因的知识

Know who——知道谁拥有知识

Know how——知道怎样做的知识

知识具有继承性的特点，每一次新知识的产生都是在继承原有知识的基础上进行的；同时，从信息中提纯的知识是由人类大脑理解后进行思维重组后的成果，是人们在生产、生活实践中完成检验的；随着人类对客观世界认识的不断深入，各门类各学科的知识可以不断整合、交叉，形成知识网络。

1.3.2 情报

信息产生知识，知识的传递产生了情报。我国古代即有关于情报的定义，《辞源》指出："定敌情如何，而报于上官者"即情报；《辞海》"战时关于敌情之报告，曰情报"。

这些定义反映了构成情报的两个基本要素"情"与"报"，强调情况、消息的传递与报道，是运动着的消息。现代社会，随着科学技术的迅速发展，情报资料激增，情报工作开始侧重与经济、社会发展相结合的情报分析研究阶段，情报是"经过提纯后传递着的有特定效用的知识"，"情报是激活了的知识"。人类社会活动不断地在传递情报、接收情报与利用情报，情报是一种普遍存在着的社会现象。

情报的收集可以从三个方面进行，从人们的交流、讨论等过程中收集；从产品、样本等实体中通过参观、考察和展览等方式收集；从记录在一定的物质载体上的文字、图形、符号、声频、视频中收集。

1.4 信息资源

狭义的信息资源指信息本身或信息集合；广义的信息资源指信息及其相关因素的集合。信息资源与物质资源和能量资源相并列，是一种可再生的具有经济价值的资源，可以被开发利用。信息资源的分类没有统一的标准，可以从不同的角度进行信息资源的分类。

1.4.1 信息资源的类型

(1) 按性质划分

可分为自然信息资源和人文信息资源。自然信息资源指宇宙天体、自然界万事万物产生和彼此交流的信息，如地质信息资源，地理信息资源、太空信息资源、气象信息资源、海洋信息资源等，既包括人类可以利用的信息资源，也包括人类暂时还无法利用的信息资源；人文信息资源是人类在社会活动中彼此交流产生的信息，是人类社会生活的反映，按内容可以分为教育信息资源、体育信息资源、法律信息资源、物质信息资源、经济信息资源、医疗信息资源等。

(2) 按表现形态划分

可分为潜在信息资源与现实信息资源。前者是指个人在认知和创新过程中储存在大脑中的信息资源，只能为个人所理解和利用，无法为他人直接理解和利用，是一种没有表达出来的、有限再生的信息资源；现实信息资源是指潜在信息资源经过个人表述后能为他人所利用的信息资源，其主要特征是具有社会性，通过特定的符号表述和传递，可以广泛地、连续反复地为人类所利用，是一种可无限再生的信息资源。

(3) 按载体划分

可分为人脑信息资源、语言信息资源和实物信息资源。人脑信息资源是以人的大脑为载体的信息资源，是人在社会活动中客观事物在人脑中留下的映象；语言信息资源是通过语言利用各种媒介进行交流和传播的信息资源，如通过利用电磁波传播的信息资源、利用光波传播的信息资源及最普遍的、利用谈话、演讲方式等以空气为媒介的口头信息资源；实物信息资源是指存储在自然或人工介质上的信息资源，如水文印记、雕塑、碑石、模型、建筑及各种文献信息资源。

1.4.2 信息资源的特点

作为信息的集合，信息资源有如下特点。

(1) 无限性和可再生性

信息来源于客观物质世界，随着客观世界中人与人、物与物、人与物的不断运动、交流，不断地产生各种各样的信息，汇集而成源源不断的信息资源。信息资源不会因为使用次数多而消耗；反而通过反复地利用，信息资源会越来越丰富。

(2) 增值性

近年来，信息资源之所以越来越受到人们的关注、研究，是因为通过人类活动，对信息资源进行开发利用可以带来巨大的经济效益。正是如此，才有诸多的人力、智力、物力、财力投入到信息资源的开发利用中，通过这些活动使原有的信息资源进行增值，为社会生产和经济发展带来更多效益。

(3) 流通性和方向性

信息资源流通的速度取决于其信息内容，重要内容的信息流通速度快；同时，信息资源的流通具有一定的方向性，即向着信息内容的特定使用者流通，这一流通过程是通过使用者对信息的选择完成的。

1.5 文献信息资源

文献是记录有知识的载体。文献是记录、积累、传播和继承知识的最有效手段，是人类社会活动中获取情报的最基本、最主要的来源，也是交流传播情报的最基本手段。结绳记事是最早的文献原型，随着人类文明的进步，文字的产生，文献形式发生诸多变化。从龟甲兽骨、青铜石板、竹简缣帛、纸张到感光介质和磁性材料，从文献的载体材料变化上体现了科技的不断进步。

文献由信息内容、记录符号、载体材料、记录方式四种要素构成。文献的信息内容是文献存在的意义，记录了文献所反映的知识信息；文献的记录符号是指图画、文字、图表、编码等文献信息内容的表达方式；文献的载体材料是文献信息内容附着的对象，如纸张、竹简、光盘等；文献的记录方式是通过特定的人工记录方式使信息内容附着在载体材料上，如书写、刻画、印刷、摄影、扫描、拷贝等。

文献信息资源存储于人脑外的物质载体上，便于社会传播与利用。文献信息资源按照不同的划分标准可以分为以下五种。

1.5.1 按照记录方式进行分类

（1）刻写型

这类文献指在印刷术尚未发明之前的古代文献及现代手写记录。如古代刻在龟甲兽骨上的占卜记录；商周时期刻铸在青铜器上的钟鼎；撰写在竹简上的文字及现代的手稿、流行的手账记录等。

（2）印刷型

这类文献以印刷术为记录方式，以纸张为载体，通过油印、铅印、胶印、酒精印刷等方法，将文字印在纸张上形成的文献。印刷型文献是现代重要的出版形式，图书、期刊、报纸均属此类文献。此类文献优点在于便于流传和阅读，符合传统的阅读习惯；缺点在于占用空间大，存储密度低，难以实现自动化管理。

（3）缩微型

这类文献以摄影技术为记录方式，以感光材料为载体，将图像、文献等固化在缩微胶卷或缩微平片上。此类文献存储密度大，记录效果好，易于还原拷贝；缺点是需要借助专门的缩微设备才能阅读。

（4）机读型文献

凡是使用时需要借助机器设备而非人直接读取的文献统称为机读型文献。如录音带、唱片、磁盘、光盘等。此类文献一次加工可多次使用，存储密度高，读取速度快；缺点是不能直接阅读而需要借助机器设备才能使用。

1.5.2 按照文献的出版方式进行分类

（1）图书

图书是一般不少于49页并构成一个书目单元的文献。图书作为一种重要的文献资源，其内容全面系统，技术成熟可靠，是获取某一专业或学科知识最行之有效的文献资源。图书按照写作方式可分为专著、编著、汇编、编译等；按版次可分为初版、再版、修订版等。

正式出版的图书在版权页上印有国际标准组织ISO指定的国际标准书号ISBN（International Standard Book Number），这段号码由四部分组成：包括EAN码、国家代码、出版社号、图书序号及计算机校验码。

以978-7-5114-4466-0这个ISBN号为例。第一段为EAN码（英文全称：European Article Number），是国际物品编码协会制定的一种通用于全世界的商品用条码，我们日常购买的商品包装上所印的条码一般就是EAN码，图书作为特殊的商品也采用了EAN码，图书ISBN号第一段用978为前缀。第二段是国家地区代号，7代表中国，我国被分配使用7开头的 ISBN 号，我国出版社出版图书上的条码全部为 9787 开头。第三段为出版社代码，由 2~6 位数字组成，5114 代表中国石化出版社。第四段为这本图书在该出版社出版的流水顺序号，由 2~6 位数字构成。第五段是计算机校验码，由 1 位数字构成。

(2) 连续出版物

连续出版物有统一题名，是定期或不定期以分册形式出版、有卷期或年月标识、按计划无限期连续出版的文献。连续出版物有内容新颖、报道及时、信息集中、出版连续等特点，其类型包括期刊、报纸及年度出版物。

① 期刊是连续出版物的主体和最重要的信息源，期刊出版周期短，内容新颖，以学科形成知识流，汇集了大量的第一手资料和原创性的观点，具有较强的参考价值，是科研人员撰写科技论文的主要信息源。期刊按照出版周期分为周刊、旬刊、半月刊、月刊、双月刊、季刊等。

国家新闻出版总署正式批准出版的期刊都应具备 CN 刊号。该类刊物是指在我国境内注册、国内公开发行的期刊，是我国当前鉴定期刊真伪的唯一标准。由于刊物标注有 CN 字母，人们习惯称之为 CN 类刊物。

在我国，期刊的封面或版权页上通常印有 ISSN 号。ISSN(国际标准连续出版物编号，International Standard Serial Number)是根据国际标准 ISO3297 制定的连续出版物国际标准编码，其目的是使世界上每一种不同题名、不同版本的连续出版物都有一个国际性的唯一代码标识。该编号是以 ISSN 为前缀，由 8 位数字组成。8 位数字分为前后两段各 4 位，中间用连接号相连，格式如下：ISSN XXXX-XXXX，前 7 位数字为顺序号，最后一位是校验位。

学术期刊中最重要的资源是核心期刊，一般是指所含专业情报信息量大、质量高、能够代表专业学科发展水平并受到本学科读者重视的专业期刊。通过有关研究发现，在文献情报源的实际分布中，存在着一种核心期刊效应，即某一专业的世界上的大量科学论文，是集中在少量的科学期刊中，如《化学文摘》从 9%的期刊中可摘录到全部文摘条目的 75%。因此，在文献资源数量激增的时代，核心期刊引起了人们的重视。我国一般从载文量，即刊载本学科的文献量、被二次文献摘录量、被引用次数三个方面来确定核心期刊。

国内有七大核心期刊体系：

1) 北京大学图书馆"中文核心期刊要目总览"；

2) 南京大学"中文社会科学引文索引来源期刊"(Chinese Social Sciences Citation Index，简称 CSSCI)，是全国高校评估、成果评奖、项目立项、人才培养等方面的重要考核指标；

3) 中国科学技术信息研究所"中国科技论文统计源期刊"又称"中国科技核心期刊"；

4) 中国社会科学院文献信息中心"中国人文社会科学核心期刊"；

5) 中国科学院文献情报中心"中国科学引文数据库(Chinese Science Citation Database，简称 CSCD)来源期刊"；

6) 中国社会科学院"中国人文社会科学核心期刊要览"；

7) 万方数据股份有限公司的"中国核心期刊遴选数据库"。

② 报纸是以报道新闻及评论为主，多为活页的定期连续出版物，以日报为主，兼有周报、旬报。报纸出版迅速，受众面广且内容庞杂零散，不易积累积存。人民日报为中国第一大报，被联合国教科文组织评为世界上最具权威性、最有影响力的十大报纸之一。随着信息技术的发展，电子报纸越来越多地走进人们的生活中去。

③ 年度出版物是根据文献类别，汇集年内重要资源按年出版的连续出版物，包括年鉴、

年报、按年修订的百科全书等。内容系统全面，便于检索，参考价值大。

（3）技术标准

技术标准是对标准化领域中需要协调统一的技术事项所制订的标准。它是根据不同时期的科学技术水平和实践经验，针对具有普遍性和重复出现的技术问题，提出最佳解决方案。它的对象既可以是物质的（如产品、材料、工具），也可以是非物质的（如概念、程序、方法、符号）。每一项技术标准都是独立完整的资料，有一定的法律效力。标准文献按使用范围可分为：国际标准、区域标准、国家标准和企业标准；按约束性程度可分为：强制性标准和推荐性标准。

（4）专利文献

专利一般是由政府机关或者代表若干国家的区域性组织根据申请而颁发的一种文件，这种文件记载了发明创造的内容，并且在一定时期内保持这样一种法律状态，即获得专利的发明创造在一般情况下他人只有经专利权人许可才能予以使用。

专利文献是作为技术信息最有效的载体，囊括了全球90%以上的最新技术情报，相比一般技术刊物所提供的信息早5~6年，而且70%~80%发明创造只通过专利文献公开，并不见诸于其他科技文献，相对于其他文献形式，专利更具有新颖、实用的特征。可见，专利文献是世界上最大的技术信息源，另据实证统计分析，专利文献包含了世界科学技术信息的90%~95%。

（5）学位论文

学位论文指作者为获得专业资格的学位而撰写的介绍其研究成果的文献。学位论文分为学士论文、硕士论文和博士论文三种。一般说来，通过答辩的硕士和博士论文有较高的专业水平和一定的研究参考价值。

学位论文一般不发行，读者不方便利用，但也有个别作者将博士论文付印成书的情况。现在，硕士论文和博士论文可通过特定的数据库检索其电子版，从而获取原文。

（6）会议文献

会议文献指各种学术会议所发表的论文或报告。随着学术会议的召开而产生，一般没有固定的出版形式。会议文献的特点是传递情报比较及时，内容新颖，专业性和针对性强，种类繁多，出版形式多样，能及时反映科学技术中的新发现、新成果、新成就以及学科发展趋势，是一种重要的情报源。

会议文献在一定程度上反映了国际上或某个国家某些专业研究水平的动向，属一次文献，是重要的文献情报源之一。

会议文献可分为会前、会中和会后三种。

① 会前文献包括征文启事、会议通知书、会议日程表、预印本和会前论文摘要等。其中预印本是在会前几个月内发至与会者或公开出售的会议资料。有些会议不再出版会议录，所以预印本就显得更加重要。

② 会议期间的会议文献有开幕词、讲话或报告、讨论记录、会议决议和闭幕词等。

③ 会后文献有会议录、汇编、论文集、报告、学术讨论会报告、会议专刊等。

（7）科技报告

科技报告是在科研活动的各个阶段，由科技人员按照有关规定和格式撰写的，以积累、传播和交流为目的，能完整而真实地反映其所从事科研活动的技术内容和经验的特种文献。其特点是内容广泛、具体、完整，技术含量高，具有实用意义大、时效性强等优势。

按照其发行范围可分为绝密报告、机密报告、秘密报告、非密报告和解密报告。世界著名的科技报告是美国的四大报告，即 PB 报告、AD 报告、NASA 报告和 DOE 报告。

(8) 档案

中华人民共和国档案行业标准《档案工作基本术语》对档案定义的表述是：“国家机构、社会组织或个人在社会活动中直接形成的有价值的各种形式的历史记录。”

确切地表述为：“档案是社会组织或个人在社会实践活动中直接形成的具有清晰、确定的原始记录作用的固化信息。”

档案具有社会性、历史性、确定性和原始记录性的特征，其中“原始记录性”是档案的本质属性。按照不同的角度，档案可以分为不同类型。从形成领域上看，可以分为公务档案和私人档案；从形成时间上看，可以分为历史档案和现行档案；从社会应用上看，可以分为文书档案、科技档案和专门档案；从行政管理机关的档案管理工作上看，可以分为中华人民共和国时期档案(1949 年 10 月 1 日至今)、革命历史档案(1949 年 10 月 1 日之前，中国共产党领导下的机构形成的档案)和旧政权档案(1949 年 10 月 1 日之前，除革命历史档案之外的所有档案)。

(9) 政府出版物

政府出版物是由各国政府及所属机构发布的文件总称，包括行政性文件和科技性文件两类。行政性文件指政府报告、会议记录、法律、法令、条约、规章制度、决议、通知、统计资料等；科技性文件指科研报告、科普资料、科技政策、技术法规等。科技文献在政府出版物中占有较大比例，具有权威性、可靠性、指导性强等特点，出版发行形式多样、数量庞大，是了解一个国家科技政策和经济发展政策的可靠信息资源。

(10) 产品样本

产品样本资料是指厂商为宣传和推销其产品而印发的资料，是对产品的性能、构造、原理用途、作用方法、规格等进行说明的文献资料。其类型包括产品目录、产品样本、产品说明书、产品手册等。产品样本图文并茂，形象直观，所反映的技术较为成熟，数据可靠，对技术革新、选型、设计、试制新产品以及引进设备等均有一定的参考价值。

1.5.3 按文献的加工深度进行划分

(1) 一次文献

一次文献即原始文献，是著者以本人的研究作为基础撰写的论文、报告、著作等。一次文献未经过系统化的组织，表现形式多样，如手稿、日记、原始统计数据、调查报告、讲演稿等，具有原始性、表达性、创造性等特点。

(2) 二次文献

二次文献是以一次文献为基础，通过对分散无序的一次文献信息进行加工整理和提炼压缩使之系统化、有序化，是一种检索性的文献形式。其类型有四种，即目录、提录、文摘和索引，是查找一次文献的重要工具。

(3) 三次文献

三次文献是根据一定的要求和目的，在总结一次、二次文献的基础上，再生产再加工，形成的再生信息资源。三次文献具有综合性、工具性、资料性和系统性等特点，能够直接提供参考和借鉴，具有很高的使用价值。三次文献的类型包括各种评述、进展报告、动态综述、手册、年鉴和百科全书等。

第 2 章　信息检索概述

2.1　信息检索的定义

“信息检索”源于英文“Information Retrieval”，最初见于 20 世纪 50 年代，是情报工作术语。

信息检索的定义分为广义和狭义两种。广义的信息检索是将大量无序的信息资源通过标引组织使之有序化地存储起来，形成不同的检索系统，而后根据用户的信息需求进行分析，使用检索方法和策略找到相关信息的过程。可以看出，广义的信息检索包括二个部分，即信息的组织存储和信息的分析查找。狭义的信息检索仅指信息的分析查找。目前，对于大部分信息用户而言，信息检索主要是利用检索策略找到相关信息这一狭义的过程。

信息检索的基本原理是检索提问标识与存储在检索系统中的著录标引标识相匹配的过程。匹配的依据称为检索点，每件信息都包含其内部及外部特征，这些特征可以用来作为检索的出发点和匹配的依据，即检索点，分类、主题、著者、名称、代码等均为检索点。

2.2　信息检索的类型

2.2.1　按照检索的对象划分

（1）事实信息检索

以事项为检索的目的和对象，检索结果是有关某一事实或事件发生的时间、地点和情况等信息。事实类的信息检索课题类型多样，如文字的形、音、义等，如“蓍”的读音；古今文献中的名言的出处，如“太上立德，其次立功，其次立言”出自何书？历史人物的姓名、字号、室名、别名、笔名、生平、官职、生卒年等，事实检索的答案是确定的，可以根据检索结果能得出最终结论。

（2）数据信息检索

以数值形式表示的数据为检索对象和目标。这些数据形式多样，包括市场行情数据、各类物质的物理化学常数，国民生产总值等，如“男子 110 米栏的世界纪录是多少？”所获得的各种数据可为定量分析提供依据。

（3）文献信息检索

文献是记录有知识的一切载体。文献信息资源检索通常指的是通过二次信息（目录、题录、索引、文摘），查找原始文献的出处以获取原文的检索，其检索结果通常是一篇文章，一本图书、一篇报道等内容特征的描述集合体，检索系统不直接解答。

2.2.2　按照信息的组织方式

（1）全文检索

全文检索是对系统中的整本图书或整篇文章中的任意内容进行检索，也可以将检索范围控制在整篇文献的某段话或某句话，从中找到所需要的字句，从而对该篇文献的字、词、句的使用频率进行统计分析。随着计算机检索技术的发展，全文检索在多个数据库系统中均可实现。如利用全文检索可以查到在《共产党宣言》中，“马克思主义”一词共出现了多少次。

(2) 超媒体检索

超媒体检索即为超文本检索和多媒体检索的综合，是对超文本检索的提升或补充。超文本技术在诞生初期管理对象是纯文本，所以叫做超文本。随着多媒体技术的兴起和发展，超文本技术的管理对象从纯文本扩展到多媒体，因而产生了超媒体这个词。

超文本(Hypertext)是用超链接的方法，将各种不同空间的文字信息组织在一起的网状文本，是一种按信息之间关系非线性地存储、组织、管理和浏览的计算机技术。超文本技术将自然语言文本和计算机交互式地转移或动态显示线性文本的能力结合在一起，它在文档内部和文档之间建立关系，从而实现文本的非线性组织。现时超文本普遍以电子文档方式存在，其中的文字包含可以链接到其他位置或者文档的链接，允许从当前阅读位置直接切换到超文本链接所指向的位置。我们日常浏览的网页上的链接都属于超文本。

超文本是由若干信息结点和表示信息节点之间相关性的链接构成的一个具有一定逻辑结构和语义关系的网状结构，通过强调节点之间的语义联系实现浏览查询和跨库检索。

超媒体则在文本内容的基础上，增加了包含图形、图像、声音、动画或影视片段等多种媒体形式来表示信息，这些媒体之间用超级链接组织，同样适用于浏览查询和跨库检索。

(3) 数据库检索

数据库是利用计算机对数据进行管理的技术，是计算机发展过程中的一个重要分支。根据《文献情报术语国际标准(草案)》(ISO/DIS5127)，数据库被定义为：至少由一种文档组成，并能满足某一特定目的或某一特定数据处理系统需要的一种数据集合。简单地说，它是带有某些特征的检索标识的集合，为了某种需要将相关联的数据进行搜集、加工并保存在计算机中以供多个用户共同使用，是计算机检索的基础。

数据库中的数据泛指可被计算机处理的数字、符号、图形、文字、声音等，是描述事物的符号记录。

不同的数据库，虽然结构不同且检索途径也有差别，但有其共同特征。数据库通常是以文档的形式组织起来的，文档的基本组成单位是记录，每条记录又是由不同的字段构成的。本书以图书馆中常使用的书目数据库为例。

① 字段。字段是构成书目数据库的最基本单元，用以描述文献信息的某一属性或特征，类似于文献的著录项目。书目数据库中的各个字段组合起来可以反映一条文献信息的内容特征和外部特征，即构成一条记录的基本单位。数据库中每个字段通常都有字段名，如题名/责任者项、出版发行项、载体形态项等，与之相对应的机读字段名则为 200 字段、210 字段和 215 字段。见图 2.2.2-1 和图 2.2.2-2。

② 记录(Record)。记录由若干字段组成，可作为一个单元处理的有关数据的集合，是字段的上级数据单位，是组成文档的基本单位。在书目数据库中，一条记录通常包括题名、著者、分类号等字段。并代表一本书，记录着图书的题名、著者、分类号等内容特征和外部特征，每条记录都有一个记录号。

③ 文档(File)。文档是由数据库内的记录构成的数据集合，是记录的上级数据单位。根据其组织形式，可分为顺排文档和倒排文档。

顺排文档也称为主文档，它是按一种重要字段顺序排列而成的数据库中全部记录的集合。书目数据库中，文献记录一般按存取号的顺序呈线性排列。顺排文档是数据库的主体部分，相当于手工检索工具的正文。

书目信息　机读格式(MARC)

题名/责任者:平凡的世界/路遥著 ——→ 字段

出版发行项:北京:北京十月文艺出版社,2009

ISBN及定价: 978-7-5302-0955-4/CNY68.00

载体形态项: 3册(412, 420, 419页):图;21cm

个人责任者:路遥著

学科主题:长篇小说-中国-当代

中图法分类号: I247.57

提要文摘附注:全书共三部。作者在近十年间广阔背景上,通过复杂的矛盾纠葛,刻画了社会各阶层众多普通人的形象。劳动与爱情,挫折与追求,痛苦与欢乐,日常生活与巨大社会冲突,纷繁地交织在一起,深刻地展示了普通人在大时代历史进程中所走过的艰难曲折的道路。

豆瓣简介:《平凡的世界(套装共3册)》是一部现实主义小说,也是小说化的家族史。作家高度浓缩了中国西北农村的历史变迁过程,作品达到了思想性与艺术性的高度统一,特别是主人公面对困境艰苦奋斗的精神，对今天的大学生朋友仍有启迪。

图 2.2.2-1　字段名(一)

书目信息　机读格式(MARC)

机读格式显示(MARC)

000 00883nam0 2200241 450
001 0000194962
005 201 006131 02900.0
010__ | a 978-7-5302-0955-4 |d CNY68.00
100__ | a 201 00603d2009 em y0chiy50 ea
101 0__ | a chi
102__ | a CN | b 110000
105__ | a af z 000ay
106__ | a r

2001__ | a平凡的世界|A ping fan de shijie |f路遥著 ——→ 字段

210__ | a北京|c 北京十月文艺出版社|d 2009
215__ | a 3册(412, 420, 419页) |c图|d 21cm
330__ | a 全书共三部。作者在近十年间广阔背景上,通过复杂的矛盾纠葛,刻划了社会各阶层众多普通人的形象。生活与巨大社会冲突,纷繁地交织在一起,深刻地展示了普通人在大时代历史进程中所走过的艰难曲折的道路。
6060__ | a长篇小说|A chang pian xiao shuo |y中国|z 当代
690__ | a1247.57 |v 4
701__0 | a路遥|Aluyao |4著
801__0 | a CN |b FSPUL |c 20100603
905__ | a LNPU |d 1247. 57/703
920__ | a113001 |z 1

图 2.2.2-2　字段名(二)

将文档记录中的可检索字段抽取，如题名字段、主题字段、语种字段，按照一定次序排列组织，在其后附上文档记录号，即可得到倒排文档，其相当于手工检索工具中的索引，可以增加计算机检索的速度和检索入口。

④ 基本索引和辅助索引。在检索系统中，用来表达文献内容特征的可检字段组成的倒排文档称为基本索引，如主题索引、关键词索引等，提供以主题途径进行检索；用来表达文献外表特征的字段组成的倒排文档称辅助索引，如刊名索引、出版年代等，也是文献信息检索的重要途径。

2.2.3 按照信息检索的手段

(1) 手工检索

手工检索(Manual retrieval)是一种传统的检索方法，即以手工翻检的方式，利用工具书(包括图书、期刊、目录卡片等)来检索信息的一种检索手段。

手工检索不需要特殊的设备，用户根据检索目标，利用相关的检索工具实现。手工检索的方法比较简单，容易掌握，但费时、费力，特别是进行专题检索和回溯性检索时，需要翻检大量的检索工具反复查询，花费大量的人力和时间，很容易造成误检和漏检。随着计算机检索的普及，手工检索将逐渐退出历史舞台。

(2) 计算机检索

计算机检索就是利用电子计算机查找文献。文献著录以一定的格式输入计算机，成为文献记录。经过处理，将大量的文献记录以一定的结构存贮在磁性材料上，生成文献数据库或文档。用户按一定的要求将检索词输入计算机内，由计算机对其进行处理，并与数据库或文档中的文献记录进行匹配，最后将检索结果按要求的格式输出。计算机检索包括存贮和检索两个方面。计算机检索方便快捷，范围广泛，功能强大，获得信息类型多。

2.3 信息检索的方法

2.3.1 顺查法

以研究课题的起始年代为起点，按照时间顺序逐年查找。这种方法可系统地收集到某一课题的相关信息。例如，已知某课题的起始年代，用顺查法从该课题的最初年代逐渐向近期查找，收集到其发展的全过程的文献信息。该方法优点是漏检率、误检率比较低，但工作量大。

2.3.2 倒查法

由近及远，从新到旧，逆着时间的顺序，以课题的最新研究内容为起点查找相关资料的方法。使用此方法可以获得有关课题发展的最新资料，能反映出课题最新发展水平和动向，这种方法工作量较小，但是漏检率较高，较适于新课题立项前的调研。

2.3.3 抽查法

根据学科发展的特点，查找该学科发表文献信息较多的时间段进行检索。该方法省时省力，效率高，适用于对学科发展脉络较清晰的研究人员。

2.3.4 追溯法

利用已经掌握的文献末尾所列的参考文献，进行逐一追溯查找“引文”的一种最简便的扩大信息来源的方法。它可以从查到的“引文”中再追溯查找“引文”，依据文献间的引用关系，获得越来越多的相关信息。

2.4 信息检索的语言

检索语言也称为标引语言、索引语言等，是一种由表达其相互关系的词汇及规则组成的人工语言，适用于信息加工人员和信息检索用户从检索工具中找到所需信息时使用的语言，适用范围小，专业性强。在信息检索时，用来与检索系统中的检索标识相匹配，以确定检索结果。依据检索信息的内容特征，检索语言可以分为分类语言和主题语言。

2.4.1 分类语言

分类语言，即分类法，以分类号作为检索标识和概念表达，按照内容之间的相互关系加以组织的文献整序系统。

(1) 中国古代分类法

中华文化源远流长，历代产生的典籍难以数计。中国古代就有图书分类，是世界上最早把分类理论应用于目录制作的国家。

史上记载的第一次大规模古籍整理，始于公元前26年西汉成帝时，刘歆以他父亲刘向的《别录》为基础，按书的内容性质和先后次序，编成一个综合性的分类目录《七略》。

《七略》将当时搜辑整理的典籍分为六艺、诸子、兵书、数术、方技、诗赋六大类，加上概论性质的辑略，总题《七略》；各“略”之下又分“种”，如六艺略分易、书、诗、礼、乐、春秋、论语、孝经、小学九种。公元一世纪，东汉班固著《汉书·艺文志》，就沿袭了这一分类方法。

《七略》早已亡佚，但它的基本内容都被保存在班固的《汉书·艺文志》中，因此，《汉书·艺文志》成为今存最早的古籍分类目录。

汉代以后，各种官修、私撰的古籍分类目录不断涌现，分类方法也不断有所改进。魏晋时期，出现了一种新的分类法——四分法。魏郑默撰成国家藏书目录《魏中经簿》14卷，又称《中经簿》，记载魏国藏书情况；西晋荀勖依据《中经簿》著《中经新簿》，将六略改为甲乙丙丁四部，奠定了四部分类的基础，甲部录经书(相当于六艺)，乙部录子书(包括诸子、兵书、数术、方技)，丙部录史书(史记、旧事、皇阅览簿)，丁部为诗赋(诗赋，图赞，汲冢书)；东晋李充著《晋元帝书目》将史书改入乙部，子书改入丙部，经、史、子、集四部分类略具雏形；在《隋书·经籍志》中，唐初名臣魏征所编目录正式标注经、史、子、集四部的名称，并进一步细分为40个类目，代表着四部分类体制的最终确立。唐朝初年设立集贤书院，按经、史、子、集分四库贮藏图书，名为“四库书”，这便是“四库”名称的由来。

清代修《四库全书》，仍沿用经、史、子、集的名称和顺序，是我国历史上最大的一部丛书。由于纂修《四库全书》出自“钦定”，四部分类法便占据了分类界的统治地位。

乾隆三十八年(公元1773年)，成立纂修《四库全书》的机构，名“四库馆”，共向十五个省份征集了三万三千多种书，收入《四库全书》3470余种；另有6790多种因不合要求仅保留书名，列入《四库存目》；尚有650余种被认为违反了清朝统治利益被禁毁。

乾隆四十七年(公元1782年)，第一部《四库全书》历时十年缮写告成，总计收书三千五百余种，七万九千三百余卷，三万六千三百余册，在北京皇宫内修建文渊阁用于藏书；同年十一月第二部完成，藏于奉天(今辽宁省沈阳市)故宫的文溯阁；次年冬天完成第三部，藏于北京圆明园的文源阁；乾隆五十年(1785年)第四部竣工，藏于热河(今河北承德市)避暑山庄的文津阁。这就是通常所称的北四阁，也叫内廷四阁。

四库分类法中，经部收录五经、四书、春秋、小学等十四类；史部收录各种体裁的史书、地理及典章制度、书目等十五类；子部收录先秦以来诸子百家的著作，以及历代编辑的类书、丛书等十四类；集部收录历代作家一人或多人著作的诗文集、楚辞、词曲文学评论等五类。

随着人类的不断创新，技术的不断进步，学科的发展和演变体现在现代分类体系中，现代分类法主要有两种，等级体系分类法和组配分类法。

(2) 等级体系分类法

又称列举式分类法，这种分类法将所有类目组织成一个等级系统，各级类目组合在一起形成树状结构，使用特定的区分标准划分类目，每一等级层次都尽量列举详尽的专类目录，展示类目层级时，以缩格的方式显示等级关系。

人们的工作模式使其对某个专业范围内的科研、生产、教学、管理等活动十分了解，对于专业知识和信息的获取也习惯于从一个学科或专业范围内进行。因此，等级体系分类法就成为对信息/文献进行系统化处理的重要方法，是使用最普遍的信息组织语言。

等级体系分类法的制定，首先要保证类目设置的科学性和实用性，类目的划分标准应符合事物的客观属性并明确分类的目的；其次，分类类目的母类外延总和应等于各子类的外延总和，应尽量避免划分不完全或有多余子类的情况发生；最后，每个类目划分的标准应具有唯一性，在同一个类目中不能使用两种及以上的划分标准，保证各子类之间无交叉、无重叠。

等级体系分类法主要就是运用这种逻辑分类原理，依据文献内容的学科、专业性质及其他特征，对文献信息进行系统化组织的一种方法。在以知识分类为基础建立起来的体系分类表中，任何一个知识部门的位置大体显示出了这门知识在知识总体系中的地位、内容范围以及与其他知识部门的关系。这就好像一张“知识地图”一样，使检索者容易找到他所要到达的目的地，即找到记载着其所需要的知识和信息的文献。体系分类表中有成千上万个类目，它们在这张“知识地图”上代表着大小不等和各知识领域的“地名”。所以，类目的划分，类目的排列，类目名称及含义，类目之间相互关系的处理，是体系分类法原理的几个主要方面。

具有代表性的体系分类法有《中国图书馆图书分类法》、美国的《杜威十进分类法》(Dewey Decimal Classification，简称 DDC)、《美国国会图书馆图书分类法》(Library of Congress Classification，简称 LCC)。

(3) 组配分类法

这种分类法从概念的综合性和可分析性入手，以简单概念组成复合类目，在类目表中列举出各范畴的基本概念，并给予相应号码；使用时通过各个概念的组合来表示该主题在分类体系中的位置。组配分类法将类目按照“分面-亚面-类目”的结构编辑列表，能够准确地揭示复杂、专深或新出现的文献主题概念，表达出各种文献主题之间的相互关系，克服了体系分类法中线性排列所造成的部分类目概念无法容纳和无法多面标引的缺点，提供了多角度检索的可能。

分“面”是组配分类法的最基本特征，“面”就是事物属性的一种分类标准，同一类事物有多种不同属性，就可以认为其有多面，根据不同面进行划分，就可以产生一组类目，将同一类事物的一种属性集合在一起。表 2.4.1-1 就是桥梁这一主题的分面表述。

表 2.4.1-1　桥梁分面组配表

	按结构划分	按使用材料分	按用途分
桥梁	梁式桥	木桥、竹桥	人行桥
	拱式桥	石桥、砖桥	两用桥
	刚构桥	混凝土桥	铁路桥
	斜撑式桥	钢筋混凝土桥	公路桥
	悬索桥	预应力钢筋混凝土桥	城市桥
	开启式桥	钢桥与其他金属桥	农村桥
	斜拉桥	塑料桥	跨线桥
	高架桥	混合材料桥	栈桥、旱桥
	……	……	……

组配分类法在应用中大致分为以下三种类型：

① 分面组配分类法。这是一种完全的组配分类法，分类表由若干分面(基本范畴)构成，

这些分面无主次之分，均可作为检索的途径，一般应用于范围比较窄或者内容简单的专业使用。

② 体系-组配分类法。体系-组配分类法是以体系分类为主，并与分面组配分类相结合的分类方法。这种分类方法更接近于等级体系分类法，在体系分类法中采用大量的分面组配的方法，即使用复分表、仿分表和组配方法。具有代表性的是《国际十进分类法》(Universal Decimal Classification，简称 UDC)。

③ 组配-体系分类法。组配-体系分类法是以分面组配为主，并与体系分类法相结合的分类方法。首先将知识分为若干基本大类(一个学科领域或一个主题领域)，构成分类表的主干结构，然后再对每个基本大类进行分面分析，划分为若干分面。具有代表性的为印度图书馆学家阮冈纳赞编著的《冒号分类法》(Colon Classification，简称 CC)。

(4) 代表分类法示例

①《中国图书馆图书分类法》。《中国图书馆图书分类法》简称《中图法》，1971 年着手编制，1975 年出版第 1 版，1980 年、1990 年、1999 年、2010 年分别出版第 2、3、4、5 版。《中图法》的编制和历次修订，以学科分类和知识分类为基础，同时结合文献内容特点及某些外表特征进行，形成了系统排列的类目表，是等级体系分类法的代表。《中图法》已经成为一部适应我国国情、适合各类型文献机构分类标引、广泛使用的一部大型综合性文献分类法。

《中图法》共分五大部类，类目顺序的确定根据毛主席在《整顿党的作风》中的论述："什么是知识？自从有阶级的社会存在以来，世界上的知识只有两门，一门叫做生产斗争知识，一门叫做阶级斗争知识。自然科学、社会科学，就是这两门知识的结晶，哲学则是关于自然知识和社会知识的概括和总结。"

《中图法》将马克思主义列宁主义、毛泽东思想、邓小平理论作为思想的理论基础，列于首位。同时，将一些内容庞杂、类无专属、无法按某一学科内容性质分类的图书，概括为"综合性图书"，置于最后。

由此，确定的五大部类序列为：

马克思主义、列宁主义、毛泽东思想、邓小平理论；

哲学；

社会科学；

自然科学；

综合性图书。

在这五大部类的基础之上，按照从总到分，从一般到具体的编制原则，完成了社会科学和自然科学完整体系的 22 个大类。在 22 个大类中，T 工业技术类由于类目内容庞杂，采用双字母细分下位类，其余类目均为单字母。22 个大类如表 2.4.1-2 所示。

表 2.4.1-2 《中国图书馆图书分类法简表》(第五版)

A 马克思主义、列宁主义、毛泽东思想、邓小平理论	N 自然科学总论
B 哲学、宗教	O 数理科学和化学
C 社会科学总论	P 天文学、地球科学
D 政治、法律	Q 生物科学
E 军事	R 医药、卫生

续表

F 经济	S 农业科学
G 文化、科学、教育、体育	T 工业技术
H 语言、文字	U 交通运输
I 文学	V 航空、航天
J 艺术	X 环境科学、安全科学
K 历史、地理	Z 综合性图书

利用《中图法》类分文献，可以将文献按学科和专业集中，从而揭示文献内容的区别与联系，提供从学科和专业角度检索文献方法。为了把数以万计的类目按学科排列成一个严密的等级分类体系，以标明各类科学知识在类目体系中的位置，反映各类科学知识之间的隶属关系和亲疏远近，《中图法》主要依据以下原则进行分类。

首先，要按照学科专业在其发展过程中，各类知识形成的特定分类体系进行类目划分；

其次，把文献的学科知识内容属性作为主要分类标准，把文献的其他显著特征作为辅助分类标准，类目划分时，可根据读者检索利用文献的需求和习惯出发，确定分类标准及运用次序；再次，部分知识内容的类目划分要依据国家的政治制度、经济发展水平、民族历史和文化传统选择分类标准与确定运用次序。最后，当需要集中或突出某类文献时，可不完全遵守概念划分的基本规则。见表 2. 4. 1-3。

表 2. 4. 1-3 《中图法》示例

K 历史、地理	
K81	**传记**
K811	**世界人物传记**
……	
K82	**中国人物传记**
K825	人物传记：按学科分
……	
K825. 1	哲学、社会科学
……	
K826. 1	自然科学、工程技术
……	
K833/837	**各国人物传记**

②《杜威十进分类法》。《杜威十进分类法》(Dewey Decimal Classification and Relative Index，简称 DDC)是由美国图书馆学家麦维尔·杜威(Melvil Dewey，1851—1931)于 1873 年设计，并于 1876 年首次正式出版的一部综合性等级列举式分类法。DDC 采用阿拉伯数字十进(小数)制号码作标记符号，开创了文献分类法的新纪元。DDC 可随着知识内容的不断发展而调整类目结构以适应图书馆馆藏结构，是国外文献分类法发展历史上的里程碑式杰作。经过 130 多年的发展，DDC 被翻译成阿拉伯语、法语、德语、希腊语、意大利语、挪威语、俄语、西班牙语、瑞典语、越南语等 30 多种语言，有 60 多个国家使用 DDC 组织国家书目，140 多个国家的图书馆使用 DDC 组织馆藏书目，OCLC 联机计算机图书馆中心利用 DDC 组

织网络上的各种资源。

计算机技术的不断进步促进了 DDC 的网络化发展，在 OCLC 的官方网站上(https://www.oclc.org/)提供了如下内容：儿童版和成人版的 DDC 演示文稿；DDC 的详细综述，包括基本术语、结构说明及相关示例；DDC 术语表；DDC 结构的高层次视图；DDC 的创立者麦维尔·杜威的信息；还可通过 Dewey 博客，了解与分类问题相关的新闻和观点、独特有趣的 DDC 资源及相关反馈信息。

DDC 的十大类目如下：

000 Computer science, information & general works

100 Philosophy & psychology

200 Religion

300 Social sciences

400 Language

500 Science

600 Technology

700 Arts & recreation

800 Literature

900 History & geography

DDC 在文献分类领域首创了分类法的类目相关索引，首次使用小数标记制，首次使用复分和仿分；类号简明，体系完整有弹性，随时可以适应类目的扩充便于图书排架和检索；成立长期的管理机构(OCLC)用于类目的修订与维护，使分类法与知识进步同步更新，以保持分类体系旺盛的生命力。

③《国际十进分类法》。《国际十进分类法》(Universal Decimal Classification，简称 UDC)是比利时的目录专家保尔·奥特勒(Paul Otlet，1868—1944)和亨利·拉封丹(Henri La Fontaine，1854—1943)在《杜威十进分类法》的基础上编制的一部体系-组配式分类法。目前，UDC 被翻译成 40 种语言，应用于世界上 130 多个国家和地区的图书馆和文献机构，并用于组织网上资源，是世界上最为广泛使用的分类法之一，是图书情报界的国际交流语言。依据 UDC 发行版本类目的详简程度，可分为四版：完全版(Full Edition or Extended Edition)、中型版(Medium Edition or Standard Edition)、缩略版(Abridged Edition)和袖珍版(Pocket Edition)，其中，使用最多的中型版内容只有完全版的 1/3 左右；缩略版的篇幅约为完全版的 1/10；1999 年出版的袖珍版供教学使用。

1890 年，奥特勒和拉封丹在布鲁塞尔组织成立“社会政治研究会”，其中设有书目组，负责编制全世界社会政治科学专著和论文目录。1895 年召开第一次国际目录学会议，决定编制《世界图书总目》，并成立国际目录学会(International Institute for Bibliography，简称 IIB)，由该学会承担此项工作。当时，考虑到 DDC 类目用于资料分类不够详细，类目偏重美国观点，须加以扩充和调整。在经杜威同意后，在 DDC 第 5 版的基础上修改补充，于 1905 年编成《世界图书总目手册》(Manuel du repertoire bibliographique universel)，称为 UDC 第 1 版(法文版)，至 UDC 第 2 版，类目增至 7 万个，之后陆续出版第 3 版(德文版)、第 4 版(英文版)、第 5 版(法文修订版)、第 6 版(日文版)、第 7 版(西班牙版)、第 8 版(德文版)等。1977—1984 年英国标准学会出版的 UDC 详本英文版，共 22 册，可视作 UDC 最新、最全的版本。

基于奥特勒的指导思想，UDC 作为一种实用性强的分类法，一篇文献只要经过正确的编号与排档，就可以从任何角度查到。UDC 利用 DDC 的基本原理，加入一套辅助性的联系符号与关联符号，从而通过类号组配来表达复杂的主题概念。

《国际十进分类法》大类

0 科学与知识、组织、计算机科学、信息、文献、图书馆、机构、出版

1 哲学、心理学

2 宗教、神学

3 社会科学、统计、政治、经济、贸易、法律、政府、军事事务、福利、保险、教育、民俗

5 数学、自然科学

6 应用科学、医学、技术

7 艺术、消遣、娱乐、运动

8 语言、语言学、文学

9 地理、传记、历史

④《冒号分类法》。《冒号分类法》(Colon Classification，简称 CC)，是由著名的印度图书馆学家阮冈纳赞(S R Ranganathan)独创的分面组配式分类法，于 1933 年正式发表。阮冈纳赞是印度马德拉斯辖区学院的数学助教，受到机械组装玩具“梅卡洛”(Meccano)的启发联想到图书分类，利用少而短的类表，通过对类表中的各种成分适当变换而构成主题类号，因使用“:”作为分面组配符号而得名。

相对于 DDC 等典型的等级列举式分类法，CC 类目的设定没有严格的限定关系和层层划分的学科主题，而是设置了更为细致的基本类目，将每一个主题划分为若干范畴，下设具体的点和面，形成类表。当对文献进行标引时，通过主题分析选择相关范畴及分面，从而确定类目的代码。

CC 作为分面组配分类法的代表，克服了等级体系分类法对于复杂主题概念标引的局限性，可以灵活而全面地揭示标引对象的主题特征，满足多角度检索及全面标引的要求，是分类领域的一次革命，推动了等级体系分类法中分面理论的应用，为文献分类学注入了新的活力。但 CC 忽略知识的内在联系，标记符号复杂，术语专深等缺陷，也限制了 CC 的使用范围。

CC 大类的设置没有严格的排列次序，并可依据新学科的出现而增加相应类目。第 6 版大类如表 2.4.1-4 所示。

表 2.4.1-4 《冒号分类法》第 6 版大类

Z	综合类	LZ	药学
1	知识全体	M	实用技艺
2	图书馆学	△	精神体验与神秘主义
3	图书学	MZ	人文科学与社会科学
4	新闻学	MZA	人文科学
A	自然科学	N	美术
AZ	数理科学	NZ	文学与语言
B	数学	O	文学
BZ	物理科学	P	语言学
C	物理学	Q	宗教

续表

D	工程学	R	哲学
E	化学	S	心理学
F	工业技术	Σ	社会科学
G	生物学	T	教育
H	地质学	U	地理
HZ	采矿学	V	历史
I	植物学	W	政治学
J	农业	X	经济学
K	动物学	Y	社会学
KZ	畜牧学	YZ	社会工作
L	医学	Z	法律

对每个类目进行主题分析时，从五个基本范畴进行分面，即：

本体(personality)，P 指事物本身的各种体现，逗号“,”；

物质(mater)，M 指构成事物的材料，代表符号分号“;”；

能量(energy)，E 指事物的各种活动、影响、状态和问题，代表符号冒号“:”；

空间(space)，S 指事物存在或发生的地点，代表符号句点“.”；

时间(time)，T 指事物存在或发生的时期，代表符号倒逗号“‘”。

CC 在使用时，还需要用到分面公式，特定的标记制度，及各种复分表。

2.4.2 主题语言

主题是指文献论述的对象，包括事物、问题、现象等。主题语言即主题法，以词语表达信息内容，以字顺或其它方式加以组织的文献整序系统，通常附有参照系统以提示词间关系。

1909 年《美国国会图书馆标题表》诞生，经过近百年的发展，主题语言逐步朝着规范化语言与自然语言并用的方向发展。根据选词方式的不同，主题法可分为标题法、元词法、叙词法和关键词法。标题法是最早出现的主题法类型，以比较通用的规范事物名称(如“图书分类”、“图书馆”)来标引和检索；元词法的出现在一定程度上克服了主题法的不足，它以不可再分的基本词汇，如“工业”、“橡胶”等通过组配来标引文献，如组配为“工业橡胶”或“橡胶工业”，随着时间的发展，已被叙词取代；叙词法，我国又称为主题词法，吸取了标题法、元词法的优点，使用索引(范畴索引、词族索引)，利用参照系统(用、代、属、分、参)通过概念的适当组配对信息进行标引，如“工业橡胶”在叙词法里可以直接进行标引而不引起误解。下面以《汉语主题词表》示例叙词法，见表 2.4.2-1。

表 2.4.2-1 《汉语主题词表》示例叙词法

正式叙词款目著录格式举例：

汉语拼音	Dian zu han	
款目主题词	电阻焊　[66L]	范畴号
英文译名	Resistance welding	
代项符号	D 接触焊	非正式主题词
分项符号	F 点焊	下位主题词

正式叙词款目著录格式举例：		
	缝焊	
	凹焊	
属项符号	S 加压焊	上位主题词
参项符号	C 电阻焊机	相关主题词
正式叙词(非正式主题词)款目著录格式举例：		
汉语拼音	Jie chu han	
款目非正式主题词	接触焊 ［66L］	范畴号
用项符号	Y 电阻焊	正式主题词

随着计算机技术的发展，关键词这一从属于自然语言类型的主题法为适应索引编制自动化而产生发展，关键词是直接出现在题名、文摘正文中的对描述主题具有实际检索意义的词，对文献的主题描述具有客观性和专指性，可减少主题分析和标引而产生的误差，科技期刊中的“关键词”项是最好的示例，即用关键词来概括一篇文献的主题内容，但这些关键词之间在整个检索系统中确是彼此孤立无联系的。

2.5 信息检索的途径

信息检索途径即为信息检索的出发点，是与信息检索系统中的资源相匹配的依据，受检索系统组织方式的制约。检索信息时，利用检索系统中提供的检索途径实现信息资源的查找。检索途径分为描述文献外部特征的途径和描述文献内容特征的途径。描述文献外部特征的检索途径有责任者途径、题名途径、序号途径等；描述文献内容特征的检索途径有分类途径和主题途径。

2.5.1 责任者途径

责任者途径是指利用责任者姓名或名称索引检索相关文献的方法，责任者是指对文献内容负责或做出贡献的个人或团体，包括著者、编者、整理者、译者等。一般检索工具中均设有著者索引和机构索引，并将这两种索引作为系统中必备的辅助索引。若已知某些专业领域的知名学者或机构，通过责任者途径可检索到其发表的大量文献，系统地掌握他们的研究水平和发展方向。

著者途径检索应注意以下两个问题。

(1) 外国著者姓名编制规则

在编制著者索引时，无论西方国家还是东方国家，检索系统者会将个人姓名采用姓前名后的排列方式进行编制。另外，各检索系统对西方姓名中的家族称号、宗教称号和其他前缀的处理有具体规则，检索时应遵照执行。

(2) 不同语种著者姓名的翻译

在英美检索系统中通过著者途径查找文献时，要将非拉丁字母译成拉丁字母的，检索时应注意对非拉丁语言的文献著者姓名、机关团体名称、刊名、书名等转换成拉丁字母。

2.5.2 题名途径

题名途径从书名、刊名、篇名着手检索文献，一般利用表达、象征、隐喻文献内容及特征的词或短语，如图书馆的书名目录、刊名目录和篇名索引等。需要注意的是，一些检索工具为了节省篇幅，常对刊名、书名进行缩写，通过掌握简写规则，可理解检索系统中的书刊名称；不同检索工具对不同语种的翻译方式不尽相同。

2.5.3　号码途径

号码包括序号和代码。

文献序号指不同类型文献的专利号、报告号、合同号、标准号、国际标准书号和刊号等，序号对于识别文献具有专指性，简洁、唯一。根据各种序号编制不同的序号索引，可以查到所需要的特定文献。

利用代码检索文献指利用事物的某种代码编制的索引检索文献，如化学物质索引。

2.5.4　分类途径

分类途径即指通过分类语言来检索系统内的文献信息。一般说来，检索系统提供适用于本系统的分类目录或分类索引，检索者通过对分类表的理解，掌握该分类体系的特点，将检索目标划分到不同的类目中去，按类查找相关文献。

从分类途径检索获得的文献信息从属于同一学科体系，较为系统，可满足族性检索的需要；由于分类体系本身的局限性，对于新兴学科、边缘学科文献的分类难以确定，易造成误检和漏检。多数检索工具按分类方式排列正文，各个数据库均提供分类检索的入口。

2.5.5　主题途径

根据文献信息内容的主题特征，利用主题词、关键词、叙词等查找相关文献。主题检索要求检索者能根据检索课题确定相关主题词，且主题标识形式与检索系统相一致，并将这些主题词按照与课题的相关度进行排序，从而获取相关文献信息。这些主题词有的是从文献的题目、正文或摘要中选出的，表征文献主题内容的具有实际意义的词汇；有的不一定完全出现在论文的题目中，而是能概括文献内容的规范化词语。

利用主题检索文献信息，主观性强、直接专指，无论课题新旧，是否为交叉学科，都能直接表达并检索，符合特性检索的特点。随着计算机检索的发展，主题途径越来越受青睐，检索者利用数据库检索时，多从主题途径入手检索文献。

2.6　信息检索的应用

2.6.1　科技查新

科技查新，简称查新，根据《科技查新规范》的定义，是指查新机构根据查新委托人提供的需要查证其新颖性的科学技术内容，按照本规范操作，并作出结论。

通过科技查新，可避免科研课题重复立项，能够客观公正地判别科研成果的新颖性，为科研人员节省查阅文献的时间，为科研成果转化，专利申请，科技立项等提供科学、权威和可靠的理论支持，是科学研究、产品开发和科技管理等活动中的一项重要基础工作。科技查新工作由具有科技查新资质的查新机构承担，按照科技查新规范操作，根据查新委托人提供的需要查证的科学技术内容，完成科技查新工作。

（1）查新工作的开展应遵循的原则

① 自愿原则。查新委托人，查新机构，咨询专家互相间的选择聘请都是在合法自愿的基础上进行的。

② 依法查新原则。从事查新的机构应当是具有查新业务资质的信息咨询机构；查新机构承办的一切查新业务都要以法律、法规为准绳，其所有活动都应当在法律、法规规定的范

围内进行。

③ 独立、客观、公正原则。独立原则指查新机构、查新员、查新审核员、查新咨询专家应当是与查新项目无利害关系的第三者；客观原则指查新机构应当依据文献，客观地为查新委托人完成查新事务，查新报告中的任何分析、技术特点描述和结论，都应当以文献为依据，不包含任何个人偏见；公正原则指查新机构在处理查新事务的过程中，应公正地为查新委托人完成查新事务，查新机构不可偏袒或者迁就查新委托人，查新咨询专家不可迁就查新机构。

(2) 查新程序

查新委托人根据待查新项目的专业、科学技术特点、查新目的、查新要求以及需要查证其新颖性的科学技术内容，自主选择查新机构并提交必需的科学技术资料。接受委托的查新机构与查新委托人订立查新合同。查新员认真、仔细地分析查新项目的资料，明确检索目的，确定检索文献的主题概念，类型和时间范围，制定具有良好操作性的检索策略，选择检索工具，完成查新报告。查新项目完成后，将相关资料、查新合同、查新报告及其附件、查新咨询专家的意见、查新员和审核员的工作记录等文件归档，将查新报告登录到国家查新工作数据库。

2.6.2 定题服务

定题服务是根据用户研究课题需要，文献信息机构以重点研究课题或需要解决的关键问题为目标，对信息进行收集整理并提供给用户，直至协助课题完成或将关键问题解决的一种综合性服务。

一方面定题服务主要面向教学科研人员或工程技术人员，主动性是其重要的特征之一。文献信息机构通过主动了解科研和生产活动中的信息需求，与用户建立联系，主动将收集检索到的相关课题信息推送给用户以协助用户完成其科学研究，体现了信息找用户的服务理念。

另一方面定题服务的质量要求相对较高。在信息找用户的服务理念引导下，文献信息机构收集到的信息应是系统高效的，这些信息既包含通过各种方式收集到的最新信息，又可以系统地体现某一研究课题。只有高效系统的信息才能受到用户的欢迎，才能帮助用户缩短科研时间，提高工作效率。

定题服务的形式多样，如代查代检、代翻译代复制、代找原文等，可满足不同层次、不同学科专业人员和广大读者的需求，具有十分重要的意义，是其他服务不可替代的。

2.6.3 开放获取的信息资源

随着网络技术和数字技术的发展，信息服务更加个性化，人们对信息的加工深度和揭示程度较之前有很大提升；越来越多的高质量学术期刊被少数出版商垄断，阻碍了信息的传播与利用，文献作者失去了自己作品的版权，限制了学术交流；网络出版技术不断发展和应用，使得网络期刊的出版越来越得到学者的认可，在这一时代背景下，“开放获取运动”蓬勃兴起。

1998 年的“自由扩散科学成果运动”是较早的具有开放存取意向的倡议，该运动反对将作品复制权从作者处转移给出版商，要求减少科学文献版权条约中的限制条款；2001 年 12 月，开放协会研究所(Open Society Institute OSI)在布达佩斯召开了开放存取国际研讨会(布达佩斯会议)，制定了“布达佩斯开放存取倡议”(Budapest Open Access Initiative，BOAI)，确定了开放存取的国际权威定义；2003 年全球众多科技机构、资助机构、大学，包括中国科学院和国家自然科学基金委签署了《关于自然与人文知识开放获取的柏林宣言》；2005 年，45 名英国皇家学会院士发表公开信支持开放获取；2007 年美国 26 名诺贝尔奖获得者和 25 所大学教务长，分别联名致信国会要求支持开放获取法案；2008 年，美国国立健康研究院明确规定，受资助者必须把项目发表论文的最终审定稿在发表后立即存储到 NIH 的医学知识库，若没有遵守规定，后续将不再予以资助；2013 年全球研究理事会（Global Research Council），发布开放获取行动计划，要求所有公共科研资助机构要实现所资助项目论文的开放获取，中国科学院和国家自然科学基金委员会签署了该计划，并在 2014 年分别发布了所有公共资助项目学术论文开放获取的正式政策；2016 年 3 月欧盟研究与创新部长“竞争力会议”明确提出，到 2020 年欧盟各国公共资金资助的所有科技论文应该立即开放获取，2017 年 5 月发布了欧盟地平线 2020 项目的相关资助政策；2016 年 3 月，德国马普学会联合多家科研教育机构和科研资助机构发起 OA2020 倡议（OA2020 Initiative），提出加快推进学术期刊大规模从订购模式向开放出版模式转变，2018 年 11 月 30 日，全球已有 113 家文献机构签署了该倡议的意向书，包括中国科学院文献情报中心、国家科技图书文献中心、上海科技大学图书馆、中国农科院信息研究所、广东科技图书馆、北京大学图书馆、清华大学图书馆，也包括美国加州大学伯克利分校、加州大学旧金山分校、加州大学戴维斯分校等；2018 年 9 月 4 日，由欧洲科研资助机构联盟（Science Europe）牵头发布了开放获取 S 计划，要求 2020 年 1 月 1 日起其资助项目的论文必须以立即开放获取形式发布；2018 年 12 月 2 日在德国召开了第 14 届开放获取柏林会议，37 个国家的与会代表一致表示期待实现论文的全面立即开放获取，中国国家自然科学基金委员会、国家科技图书文献中心、中科院文献情报中心在会议上发布声明，明确表示中国支持 OA2020 和开放获取 S 计划，支持公共资助项目研究论文立即开放获取，开放获取正以其稳健的步伐不断成熟，为人类知识共享提供极大支持。

根据“布达佩斯开放存取倡议”，国际公认的“开放存取”（Open Access，简称 OA）定义为：开放存取是指通过公共网络免费获取所需要的文献，用户可以通过 Internet 免费阅读、下载、复制、传播、打印和检索作品，实现对作品全文的链接，为作品建立索引，将作品作为数据传递给相应软件，或者进行任何其他出于合法目的的使用。而这些使用方式除非网络本身造成数据获取的障碍外，不应受经济、法律和技术的任何限制。对复制和传播的唯一约束是，应该保证作者拥有保护其作品完整性的权利，并要求使用作者作品时以适当的方式表示致谢并注明引用出处。

OA 期刊（Open Access Journals）和开放获取仓储被认为是实现开放存取的两种主要途径。

（1）OA 期刊（Open Access Journals）

根据开放存取期刊目录（Directory of Open Acess Journals，简称 DOAJ）网站的定义，OA 期刊是指那些无需读者本人或其所属机构支付使用费用的期刊，并且允许读者进行阅读、下载、复制、分发、打印、检索或链接到全文，即能在 Internet 上自由获取学术性文献的网络期刊。

OA 期刊与传统期刊的区别在于对期刊的访问方式和访问权限，OA 期刊提倡用户利用互联网就可以不受限制地访问期刊论文全文；同时，OA 期刊论文同样实施严格的同行评审；就 OA 的运作成本而言，基于作者发表科研成果的愿景，且论文发表费用多来自于项目研究经费，OA 论文采用作者付费模式。

现阶段 OA 期刊可分为完全 OA 期刊、部分 OA 期刊和延时 OA 期刊。

① 完全 OA 期刊是指期刊论文一经发表，就为读者提供免费访问全文的服务。在这类期刊的出版过程中，大部分机构会对作者收取一定的出版费用，如科学公共图书馆（the

Public Library of Science，简称 PMC）和生物医学中心（BioMed Central，简称 BMC）；也有部分期刊对读者实施免费访问、对作者也不收取出版费用，如开放获取早期的纯电子期刊。

② 部分 OA 期刊是指只对期刊上部分内容开放存取，是由传统订购期刊向完全 OA 期刊的过渡。在这类期刊的出版过程中，有的需要在作者支付出版费用后才允许用户即时免费访问，如德国斯普林格出版社（Springer）的 Open Choice 政策，由作者本人决定是否付费进行论文的开放获取；有的允许用户访问部分论文的全文，以吸引用户付费订阅全文服务；有的针对不同的国家和地区实施不同的收费标准，如牛津大学出版社的“发展中国家特惠服务”。

③ 延时 OA 期刊是在期刊出版一段时间以后再通过网络为用户提供免费服务，时滞从数月到几年不等。这种保护出版商合理经济利益的延时 OA 期刊在现阶段的三种 OA 期刊类型中占有较高比例，如由美国国家健康机构（National Institutes of Health，简称 NIH）所支持的公共医学研究中心（PubMed Central，简称 PMC）的免费期刊知识库中，大部分是延时的 OA 期刊。

（2）开放获取仓储

开放获取仓储，也称为开放获取知识库，即自存储（Self-archiving），是一种免费网络信息资源库，其内容是由作者自行将数字文档存储在一个网站上，供用户免费检索和使用，实现个人资源的公共获取。开放获取仓储的资源类型丰富，包括学术论文、实验数据、技术报告、课程演示资料、声像文件等任何种类的数字文档，并且不对内容进行实质审查，只要求作者按统一格式提交数字资料，并符合一定的学术规范。

开放获取仓储可以分为基于学科的开放获取仓储和基于机构的开放获取仓储。

① 学科开放获取仓储，也称为学科知识库，收集某一学科或某几个学科的数字化学术成果，并提供这些知识内容的全球化免费获取。最具代表性的为 ArXiv 电子印本文档库，网址为 https：//arxiv. org/，见图 2. 6. 3-1。

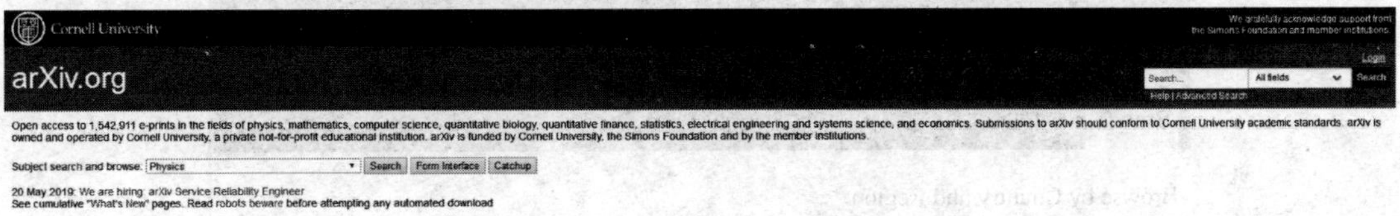

图 2. 6. 3-1　ArXiv 电子印本文档库

1991 年，美国量子物理学家 Paul Henry Ginsparg 于美国洛斯阿拉莫斯国家实验室创建了 ArXiv，2001 年转由美国康奈尔大学图书馆运营。系统提供物理、数学、计算机科学、计量生物学、计量金融、统计学、电气工程和系统科学及经济学 8 个学科的预印本论文共享服务。

ArXiv 创建了一种与传统不同的新型科研成果支持方式，对人类知识成果的共享起到了积极的促进作用，最具代表性的为以下二件论文发表事例。俄罗斯数学家格里戈里·佩雷尔曼（Grisha Perelman）利用 8 年多的时间研究庞加莱猜想，分别于 2002 年 11 月 11 日、2003 年 3 月 7 日和 2003 年 7 月 17 日在 ArXiv 上提交了三篇论文，且没有发表在任何正式刊物上。这三篇没有在正式刊物上发表的论文引发了数学界的重大讨论，并因为这三篇论文，格里戈里·佩雷尔曼分别于 2006 年 8 月 22 日被授予菲尔兹奖，2010 年 3 月 8 日被授予千禧年大奖。这一事例突显了 ArXiv 在科技界的重要地位，而另一事例则为加速科学研究成果的交流、共享提供了积极意义上的支持。2012 年 3 月 7 日晚，大亚湾中微子实验室将一篇有关于新的中微子振荡的论文投稿给美国《物理评论快报》并于 3 月 8 日向 ArXiv 提交预印本，到 2012 年 4 月 1 日论文被《物理评论快报》接收，在这 24 天时间内，该论文已被引用了 22 次。该事例充分证明了学科开放获取仓储对于知识交流所起到的积极作用。2012 年 8 月，康奈尔大学图书馆提出的 ArXiv 可持续发展模式得到了 Simons Foundation 的资助，新的 ArXiv 会员制度和管理模式将保障 ArXiv 健康发展。

学科开放获取仓储的论文提交没有评审程序，强调自我管理，文责自负。预印本论文的版权完全属作者个人所有，一旦论文发表，若出版机构允许作者保留论文版权，作者可以对后印本进行自存储；若版权归属于出版机构，作者可以再次对学科开放获取仓储提供勘误本，即与在正式刊物上发表的论文内容方面有不同之处的版本，从而以另外一种方式继续实现学科知识的开放存储。

② 机构开放存取仓储，也称为机构知识库，是利用互联网技术和数字化技术，专门收集特定机构成员学术成果的数据库。利用机构开放存取仓储，可以将本机构内成员的学术成果进行分类标引后，允许用户通过互联网免费获取利用。一个成熟的机构知识库中应存储教师和学生的智力成果，它可以是“研究资料、教学资料、实验和观察数据、记录和反映机构历史活动的文件”，也可以是“期刊论文的预印本和已印本(postprints)、技术报告、官方报告(white papers)、研究数据、工作进程和重要图片资料等”。

OpenDOAR(The Directory of Open Access Repositories)是由英国的诺丁汉(Nottingham)大学和瑞典的伦德(Lund)大学于 2005 年 2 月共同创建的开放存取仓储目录，可按照学科和机构进行检索全球开放存取资源，亦可实现字顺浏览。到 2019 年 6 月，已收录全球机构知识库 4139 个，我国被收录的知识库有 42 个。OpenDOAR 的网址为：http：//v2. sherpa. ac. uk/，见图 2. 6. 3-2。

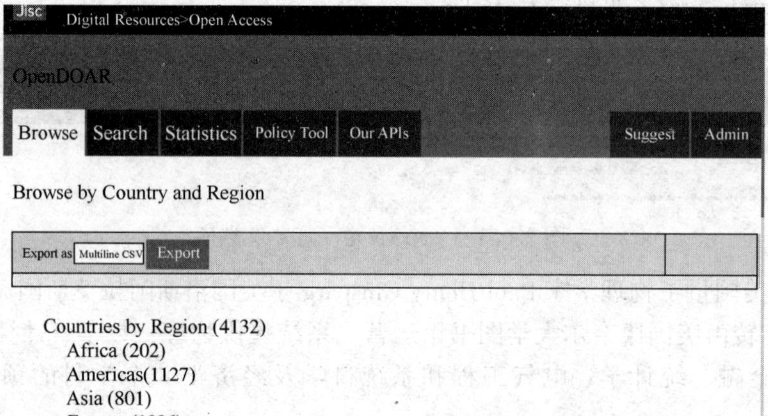

图 2. 6. 3-2　OpenDOAR 网址

(3) 开放获取资源列举

① Information Bri(http：//www. osti. gov/bridge/)。提供美国能源部 1994 年以来研究成果的全文文献和目录索引，涉及的学科领域包括物理、化学、材料、生物、环境、能源、计算机与情报科学和可再生能源等。

② 佛罗里达州立大学的数字仓储 http：//diginole. lib. fsu. edu/。是佛罗里达州立大学为各个院系及其研究人员提供的对自己的研究成果和教学资料实施自我存档和自我管理的全面服务系统。从存储对象来看，DigiNole 仓储不仅存储论文的预印本，而且也涉及其他几乎任何基于电子格式的学术内容，包括教育资料、会议录、实验数据、电子演示文稿、学生论文等资源。见图 2. 6. 3-3。

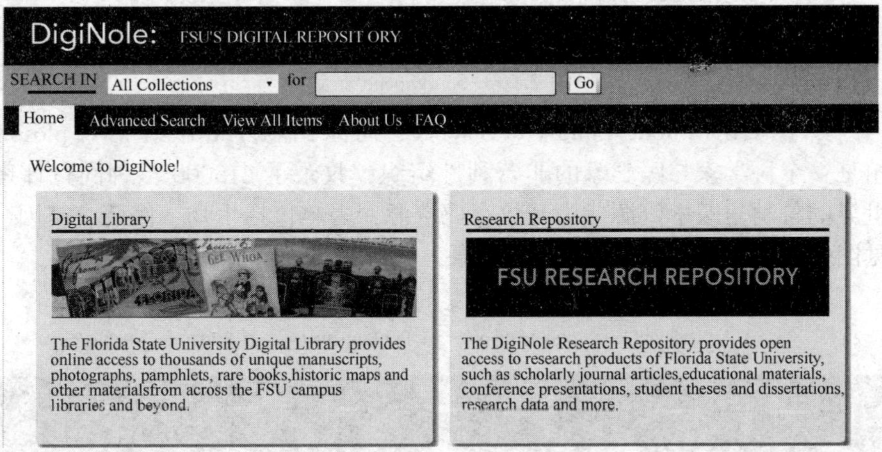

图 2. 6. 3-3　DigiNole 仓储

③ 英国南安普敦大学的开放存取仓储 http：//eprints. soton. ac. uk。作为世界范围内排名前 100 的学校，英国南安普敦大学的机构开放存取仓储为本校研究人员和学术作品提供开放存取服务，数据库首页提供快速检索，资源内容按周更新，并可分部门进行浏览。数据库基于 EPrints 软件建立，由南安普敦大学开发。见图 2. 6. 3-4。

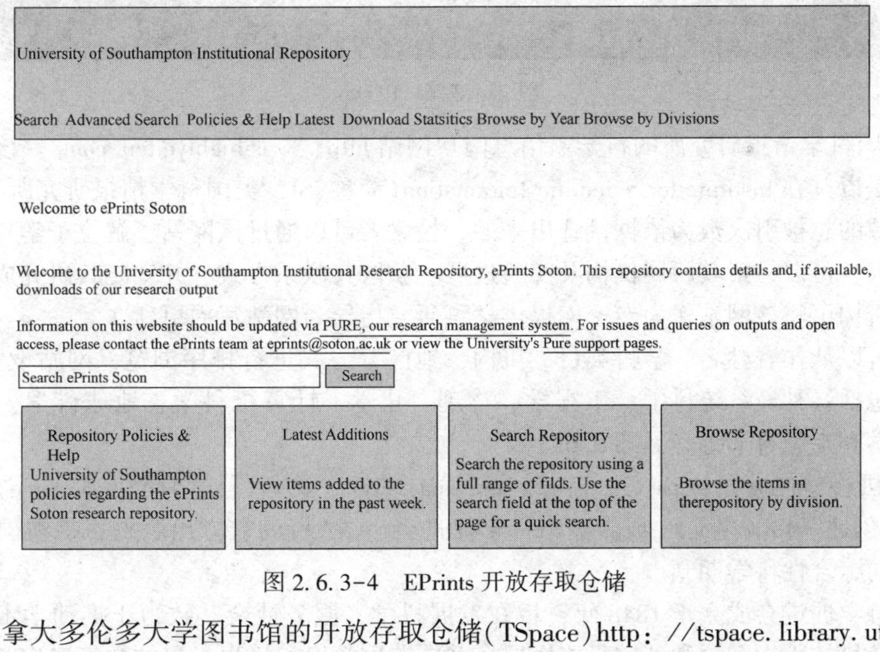

图 2. 6. 3-4　EPrints 开放存取仓储

④ 加拿大多伦多大学图书馆的开放存取仓储(TSpace)http：//tspace. library. utoronto. ca。TSpace 由多伦多大学图书馆组建，为本校学术作品提供开放存取服务，包括学生与老师，也收录不受版权限制的其他加拿大公民的研究成果。数据库可按机构和作品、时间、作者、

标题及主题浏览。见图 2.6.3-5。

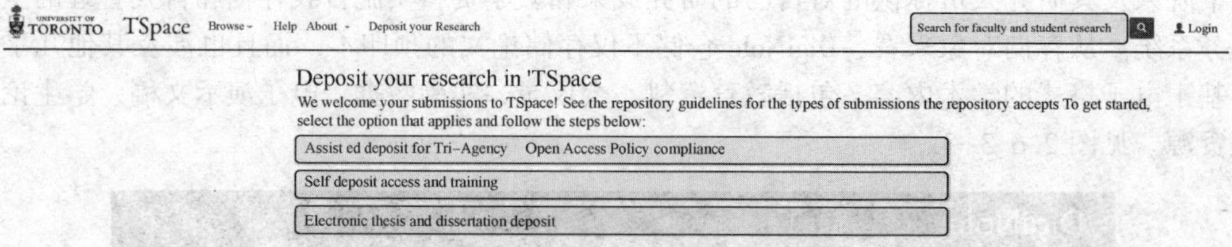

图 2.6.3-5 TSpace 仓储

⑤ 科学公共图书馆(Public Library of Science，简称 PLOS) http：//www. plos. org/。科学公共图书馆是一个科学家与医学家的非营利性组织，收录了 215000 多种同行评审期刊，其目的是使世界的科学与医学资源成为开放存取资源，内容包括生物、医药、基因、病原体等六大类。见图 2.6.3-6。

图 2.6.3-6 PLOS

⑥ 美国科学情报研究所的科学家信息门户网站 http：//isihighlycited. com/。该网站收录的科学家是以其在 Institute for Scientific Information(简称 ISI，美国科学情报研究所)数据库中各学科领域的总被引次数为依据挑选出来的。检索者可以通过该网站了解位于学科研究前沿的科学家们、可以检索其所属机构及实验进展、获取其联系方式、并知晓其研究成果及出版物，研究机构可将该网站作为专家库提供学科研究指导。网站每周更新。

网站可以从作者姓名、学科类目、机构、地区等方式进行排序浏览，网站设置 21 个学科类目，包括：神经系统科学、工程学、物理、化学、计算机科学、地球科学、分子生物学、遗传学和空间科学等。见图 2.6.3-7。

⑦ 美国科学促进会 https：//www. sciencemag. org/。美国《科学》周刊(Science)由爱迪生于 1880 年创建。1900 年起，成为美国科学促进会(AAAS)的官方出版物，是在国际学术界享有盛誉的综合性科学期刊。

美国科学促进会成立于 1848 年，旨在发展科学，服务社会，致力于推动学术交流、科学教育以及科技人力资源和基础设施发展，并向美国政府积极提供科技政策咨询意见。

AAAS 出版物主要包括，《科学》周刊(Science)，《科学转化医学》(Science Translational Medicine)，《科学信号》(Science Signaling)，《科学快讯》(Science Express)等。文献涵盖学

图 2.6.3-7　科学家信息门户网站

科包括生命科学(Life Science，53%)、自然科学(Physical Science，35%)、其他学科(Other subject，12%)；文献体裁包括新闻和社论(49%)，专家评审的研究论文(51%)，兼具科学新闻杂志和学术期刊双重特点。网站提供部分内容的开放获取，可选择 text 或 PDF 格式下载文献全文。见图 2.6.3-8。

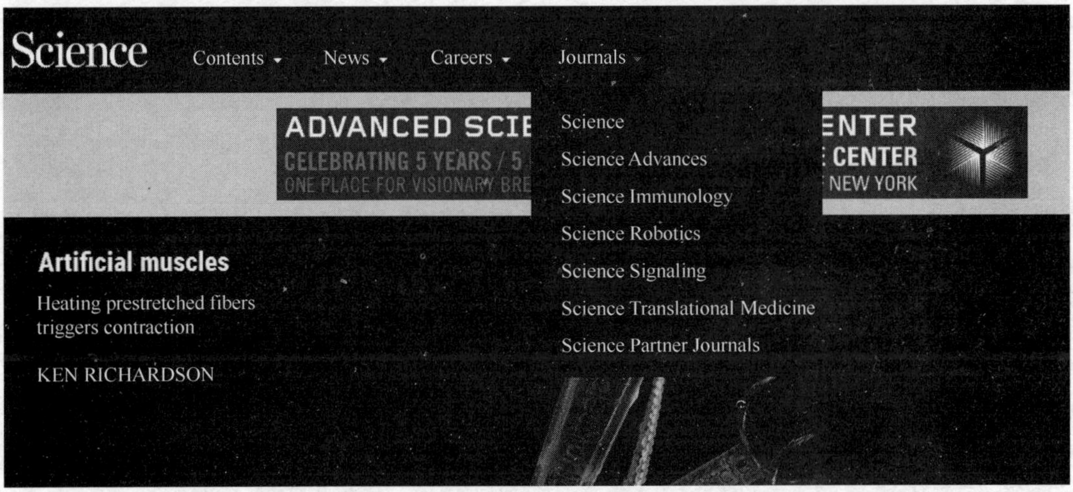

图 2.6.3-8　美国科学促进会网站

⑧ 英国医学生物中心(BioMed Central) https://www.biomedcentral.com/。BMC 拥有约 300 种同行评审的期刊，学科涵盖科学、技术、工程和医学研究领域的科学研究。1999 年，BMC 即对研究人员开放期刊的免费获取，并在今后的工作中不断探索开放获取的可持续发展模式，以保证发布文献的完整性，对学术出版产生了巨大影响。

2017 年，BMC 发布开放获取文章 7 万篇，下载文章 500 多万篇。作为开放获取的先行者，BMC 将不断创新和改进作为一种态度，希望通过开放获取为每位研究员提供高质量的科学研究成果。见图 2.6.3-9。

图 2.6.3-9　英国医学生物中心

第3章　计算机检索与网络信息资源

伴随着计算机技术、远程通信技术、数字化技术和信息存储技术的飞速发展，非纸信息量超过纸质文献信息量并急速上升，手工检索方式已无法满足科研人员的信息需求，计算机信息检索取而代之，方便人们及时、准确、全面地利用信息资源。

3.1　计算机检索的发展

根据计算机检索的发展历史来看，可以分为以下四个阶段：

3.1.1　脱机检索阶段(20世纪50年代起)

1946年，第一台计算机问世，1954年美国海军军械实验中心利用IBM701机将有关海军军械的4000篇技术报告进行了计算机存储与检索的试验，建立了世界上第一个计算机文献信息检索系统。20世纪50年代中期相继产生了美国航空航天局的NASA，美国国立医学图书馆的MEDLARS等一系列检索系统。这一时期的计算机检索系统每进行一次检索都要从头到尾读一遍磁带，在检索文献时，由系统工作人员集中一批用户的信息要求，将预先制定好的检索策略存储在计算机中，并定期地将数据库中新的命中文献信息分发给用户。

由于这一时期的计算机检索只能在检索系统所在地由检索人员进行，用户不能参与即时浏览检索结果，修改检索方案，参与检索过程，因此称为脱机检索；同时，为克服计算机读取的缺陷而定期将用户课题汇总后批量输入，因此称这一时期的检索为批处理方式进行的脱机检索。

此种检索方式的不足之处体现在时间和空间上的障碍。因为需要集中批量输入检索课题，时间上有迟滞性；空间上表现为不能参与检索过程、及时获取检索结果。

3.1.2　联机检索阶段(20世纪60年代起)

随着计算机磁盘存储介质的出现，以及通信、操作系统等技术的发展，在脱机检索的基础上发展了联机检索。

1965年，美国系统发展公司(SDC)研制书目信息分时联机检索(Online Retrieval of Bibliographic Information Time Shared，ORBIT)，标志着联机信息检索系统阶段的开始。1966年，美国洛克希德导弹与宇航公司(Lockheed Missile &Space Company Inc.)研制了著名的Dialog系统，实现了以人机对话方式进行的多国家联机检索，即用户在终端直接输入检索提问，计算机在联机数据库检索并立即显示检索结果，用户如对结果不满意，可即时修改检索提问重新检索，直至得到满意结果。1969年欧洲空间研究组织(European Space Research Organization，ESRO)建立了ESA-IRS系统。

20世纪80年代以后，信息检索进入了信息、卫星通信、计算机三位一体的新阶段，即国际联机检索阶段，也有人称之为网络时期。1983年，美国、联邦德国和日本共同开发创建了国际科技信息网络(The Scientific and Technical Information Network，STIN)。国际联机信息检索进入了国际信息领域，促进了全球信息资源的共享。

联机检索成功实现内部实验性应用后，开始进行商业化运营，利用国际(卫星)通信网络，为世界各地的用户终端提供人机对话式的检索；用户则利用终端设备，与检索系统的主机联结而检索世界各国存储在计算机数据库中的信息。国际联机检索速度快、效率高、范围广、途径多、内容新、检索的实时性强，但费用高；由于检索系统研制的机构不同，用户对其数据库的收录、标引等内容较难了解，检索技巧不易掌握。

3.1.3 光盘检索阶段

1983年，随着CD-ROM光盘的问世，信息检索历史又向前迈进一步。这种新的存储器储量大而体积小，可随时安装在计算机上进行操作，检索费用低并可随时修改检索策略，受到用户的普遍欢迎。但由于光盘内信息不可更改，其更新要滞后于文献信息的实际更新速度，因此不能完全取代联机检索。目前，很多文献信息机构利用光盘数据库实现本地中文信息检索，如《中国知网》，《维普中文科技期刊数据库》等。

3.1.4 网络化检索阶段

1992年，因特网面向社会公众，传统的联机检索逐步网络化，特别是1994年，斯坦福大学的博士David Filo和杨致远共同创办了Yahoo！后，搜索引擎不断发展，帮助用户快速、广泛、准确的获取信息。同时，一些著名的联机检索系统也将检索界面网络化。

作为目前最先进的信息检索方式，网络信息检索相对于国际联机检索更经济，相对于光盘检索内容不滞后。通过遵守共同的网络协议，一个用户可以同时访问多个服务器，一个服务器也可面向多个用户。检索速度快，效率高、范围广，在方便检索信息的同时，也极大地促进了信息的高速增长。

3.2 网络的基本概念

计算机网络是利用通信线路和通信设备将分布在不同地点的多台计算机系统相互连接起来，并按照共同的网络协议，共享硬件及软件，最终实现资源共享的系统。

作为一个数据通信系统，计算机网络的内容日益丰富，功能也越来越强大。网络可通过文字阅读、图片查看、影音播放、下载传输、游戏聊天等软件工具给人们带来极其丰富的使用享受、大大提高了科技和人类社会的发展。

计算机网络按照它覆盖的地理范围，可以划分为局域网、城域网和广域网。

3.2.1 局域网

局部区域网(Local Area Network)，缩写为LAN，简称“局域网”(见图3.2.1-1)，是结构复杂程度最低的计算机网络。它是在一个局部地理范围内，一般是几千米以内(如一个学校、工厂或机关内)，将各种计算机、外部设备和数据库等互相联接起来组成的计算机通信网。

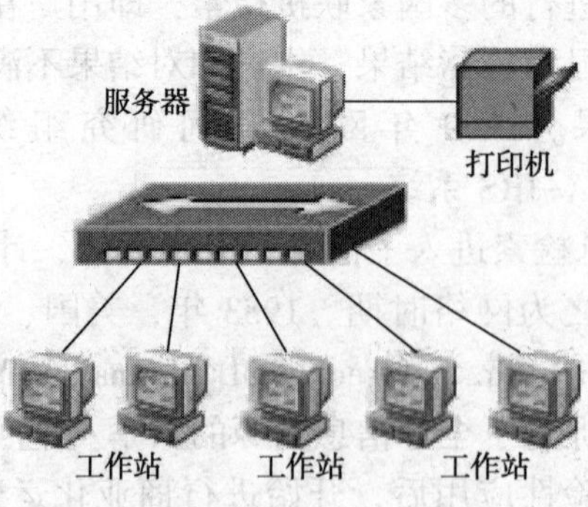

图3.2.1-1 局域网连接示意图

局域网可以实现文件管理、应用软件共享、打印机共享、电子邮件、传真通信、工作组内的日程安排等功能。局域网是封闭型的，可以由办公室内的两台或几台计算机组成，也可以由一个公司内的上千台计算机组成。

由于局域网通常分布在一个有限的地理范围内，所涉及的地理范围只有几千米。因此其专用性非常强，具有比较稳定和规范的拓扑结构。常见的局域网拓扑结构有：星型结构、树型结构、总线型结构、环型结构(见表 3. 2. 1-1)。

表 3. 2. 1-1　常见局域网拓扑结构

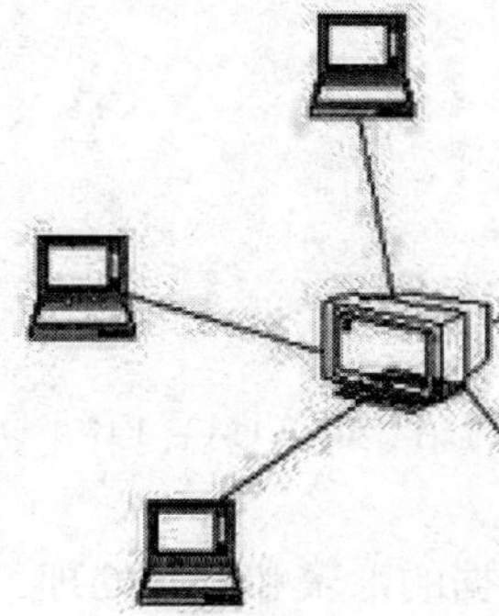	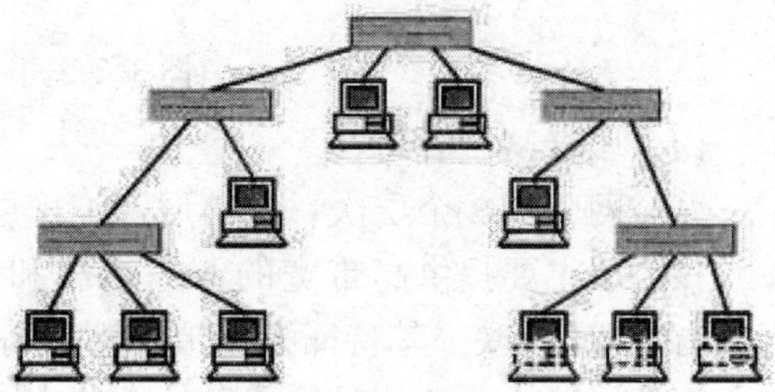
星型结构	树型结构
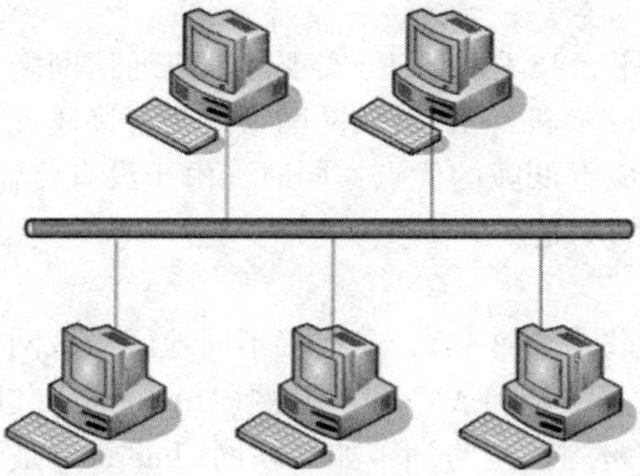	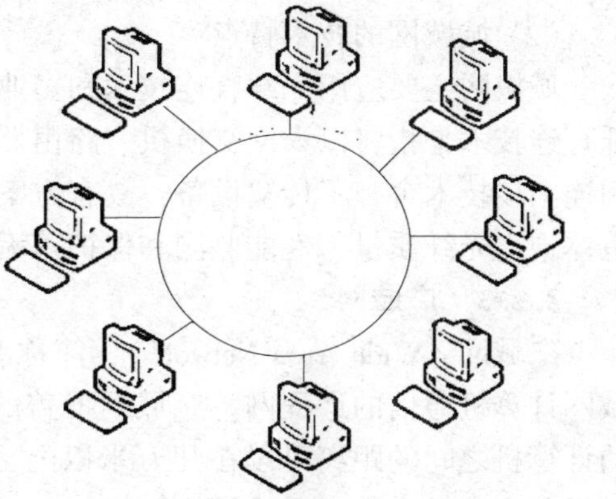
总线型结构	环型结构

3. 2. 2　城域网

城域网(Metropolitan Area Network)，简称 MAN(见图 3. 2. 2-1)，是在一个城市范围内建立的计算机通信网，基本上是一种大型的局域网，通常使用与局域网相似的技术，传输媒介主要采用光缆，传输速率在 100 兆比特/秒以上。MAN 被用作骨干网，通过它将同一城市内不同地点的主机、数据库以及 LAN 等互相连接起来。

城域网的典型应用为宽带城域网，即在城市范围内，以 IP 和 ATM 电信技术为基础，以光纤为传输媒介，集数据、语音、视频服务于一体的高带宽、多功能、多业务接入的多媒体通信网络。它能够满足政府机构、金融保险、学校、银行、企业等单位对数据通信业务的高速率、高质量的需求，尤其是满足快速发展起来的互联网用户群对宽带高速上网的需求。

城域网为人们的生活带来了许多便利，例如：视频通话、视频点播、网络电视、远程教育、远程会议、远程医疗等。

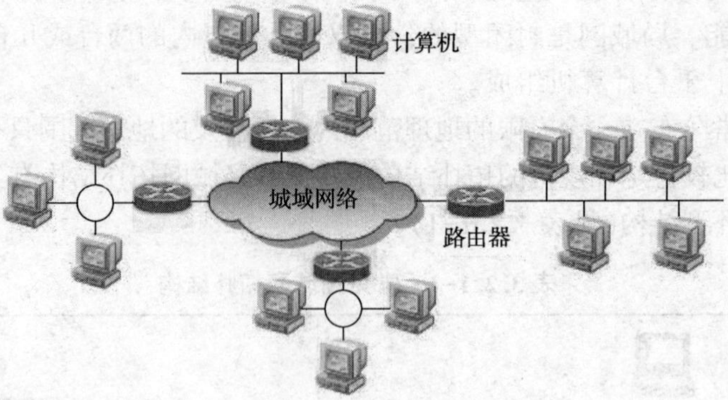

图 3.2.2-1　城域网连接示意图

(1) 城域网主要特征

城域网分为 3 个层次：核心层、汇聚层和接入层。

核心层主要提供高带宽的业务承载和传输，完成和已有网络(如 ATM、FR、DDN、IP 网络)的互通互联，其特征为宽带传输和高速调度。

汇聚层的主要功能是给业务接入节点，为用户提供业务数据的汇聚和分发处理，同时实现业务的服务等级分类。

接入层利用多种接入技术，进行带宽和业务分配，实现用户的接入。

(2) 城域网的技术特点

城域网主要应用光纤直连技术和多业务传送平台技术(MSTP)实现计算机通信网络。光纤直连技术是指将以太网交换机、路由器、ATM 交换机等 IP 城域网网络设备直接通过光纤相连，该技术舍弃了传输设备，具有方案简单，成本低廉的优点；同时，由于没有传输层，也体现出光纤质量、性能监测和保护等无法实现的不足。

3.2.3　广域网

广域网 (Wide Area Network)，简称 WAN(见图 3.2.3-1)，是连接不同地区局域网或城域网计算机通信的远程网。广域网覆盖的范围比局域网(LAN)和城域网(MAN)都广。联网的计算机之间的距离可以在几万米以上，跨省、跨国甚至跨洲，如互联网(Internet)是现今世界范围内最大的广域计算机网络。

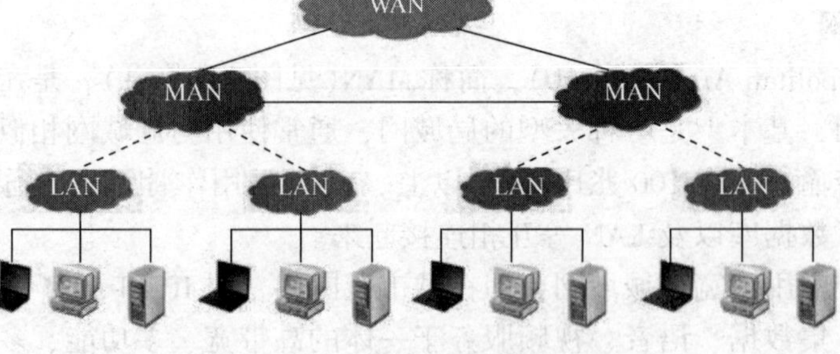

图 3.2.3-1　广域网连接示意图

广域网的通信子网主要使用分组交换技术。可以利用公用分组交换网、卫星通信网和无线分组交换网，将分布在不同地区的局域网或计算机系统互连起来，达到资源共享的目的。

广域网由许多交换机组成，每个交换机实际上就是一台计算机，具有处理器和输入/输出设备，用来进行数据包的收发处理。交换机之间采用点到点线路连接：发送的数据包先由交换机完整接收下来，然后经过路径选择找出一条输出线路，最后再由交换机将接收到的数据包发送到该线路上去，以此类推，直到将数据包发送到目的结点。

3.2.4 互联网

国际计算机互联网络(Internet)，简称互联网，音译因特网、英特网，是通过 TCP/IP(Transmission Control Protocol/Internet Protocol) 连接起来的全球所有计算机及其各级网络的统称。

互联网将广域网、城域网、局域网及单机组成国际计算机网络，把全世界各部门、各领域的信息资源汇集起来，形成一个庞大的数据资源网，用户可以从中寻找所需资源，从而帮助他们的工作与学习。与此同时，Internet 也实现了计算机之间的数据通信、资料共享和协同工作。任何两台或者两台以上的计算机终端、客户端、服务端通过计算机信息技术相互连接，人们可以相隔千里互发邮件、视频通话、视频会议或共同完成一项工作等。在生活中，人们不仅可以通过互联网聊天、玩游戏，还可以进行广告宣传以及购物。

Internet 是人类发展史中一个最伟大的里程碑，它已经渗透到人类经济与社会活动的各个领域，大大推动了信息全球化的进程。

(1) 万维网

WWW 是环球信息网的缩写，英文全称为“World Wide Web”，简称“Web”，中文名字为“万维网”。分为 Web 客户端和 Web 服务器程序。万维网可以让 Web 客户端(常用浏览器)访问浏览 Web 服务器上的页面。是一个由许多互相链接的超文本组成的系统，WWW 由欧洲核子物理研究中心研制，提供了世界上应用最广泛、功能最全、发展最快的服务。万维网并不等同于互联网，它只是互联网所能提供的服务之一，是靠着互联网运行的一项服务。

(2) TCP/IP 协议

TCP/IP 指传输控制协议/网际协议(Transmission Control Protocol/Internet Protocol)，是一系列网络协议的总和，它是构成网络通信的核心骨架，定义了电子设备如何连入因特网，以及数据如何在它们之间进行传输的。TCP/IP 提供点对点的链接机制，将数据应该如何封装、定址、传输、路由以及在目的地如何接收，都加以标准化。该协议采用 4 层结构，分别是链路层、网络层、传输层和应用层。

链路层：对 0 和 1 进行分组，定义数据帧，确认主机的物理地址，传输数据；

网络层：定义 IP 地址，确认主机所在的网络位置，并通过 IP 进行 MAC(硬件地址)寻址，对外网数据包进行路由转发；

传输层：定义端口，确认主机上应用程序的身份，并将数据包交给对应的应用程序；

应用层：定义数据格式，并按照对应的格式解读数据。

(3) IP 地址

IP 地址是指互联网协议地址(Internet Protocol Address，又译为网际协议地址)，是 IP Address 的缩写。IP 地址是 IP 协议提供的统一的地址格式，是为标识 Internet 上主机位置而设置的。

Internet 网络上有上千百万台主机，为了能够将这些主机区分开来而为每台主机都分配了一个专门的 IP 地址。IP 协议就是使用这个地址在主机之间传递信息，这是 Internet 能够运行的基础。

IP 地址有固定和动态之分：固定 IP 是长期固定分配给一台计算机使用的地址，一般是特殊的服务器才拥有固定 IP 地址，公网 IP 在全球是唯一的；由于 IP 地址资源短缺，通过电话拨号上网或普通宽带上网的用户由 ISP 动态分配暂时的一个 IP 地址为动态 IP 地址，动态网 IP 是专门给一些局域网内使用的，在网络上不是唯一的。

（4）域名系统

域名系统（英文：Domain Name System，缩写：DNS），是互联网的一项服务，它作为将域名和 IP 地址相互映射的一个分布式数据库，能够更方便地访问互联网。域名系统按地理域或机构域进行分层，书写时每层之间用句点分开，由低到高，其顺序为：计算机主机名、机构名、网络名和最高层域名。

（5）Internet 起源与发展

1969 年，为了能提供一个通信网络，即使一些地点被核武器摧毁也能正常工作，美军在 ARPA（阿帕网，美国国防部研究计划署）制定的协定下将美国西南部的大学 UCLA（加利福尼亚大学洛杉矶分校）、Stanford Research Institute（斯坦福大学研究学院）、UCSB（加利福尼亚大学）和 University of Utah（犹他州大学）的四台主要的计算机连接起来。这个协定由剑桥大学的 BBN 和 MA 执行，在 1969 年 12 月开始联机。

1970 年 6 月—1972 年 1 月，MIT（麻省理工学院）、Harvard（哈佛大学）、Stanford（斯坦福大学）、MIT's Lincoln Labs（麻省理工学院的林肯实验室）、Carnegie-Mellon（卡内基梅隆大学）等著名高校有关机构陆续加入进来。1974 年，TCP/IP 体系结构由 Bob · Kahn（鲍勃·卡恩）在 BBN 提出，由史坦福大学的 Kahn（卡恩）和 Vint · Cerf（温特·瑟夫）等人进一步发展完善，使互联网得到迅速发展。20 世纪 80 年代，美国国防部采用了这个结构，到 1983 年，TCP/IP 体系结构在全世界范围内得到了广泛的应用。

1980—1986 年，因特网覆盖了数以百计的单个网路，连接近 20000 台分布于大学、政府机构和合作实验室的计算机；20 世纪 90 年代初达到 3000 个网络和 20 万台计算机；1995 年网络个数达到 25000 个，主机数达 680 万台，用户数达 4000 万人，遍布世界 136 个国家和地区；1997 年 7 月，据欧洲市场协会统计：上网人数达 1.37 亿(其中，英语国家 7200 万，欧洲国家 3360 万，亚洲 1400 万)，并且每年仍有数万台网络服务器诞生，用户数以每年 20%的比率增长。

中国 Internet 用户主要由科研领域、商业领域、国防领域、教育领域、政府机构、个人用户等组成。1994 年 4 月，我国正式接入互联网，弹指间，我们已共同度过了其创新变化的 20 多年。互联网的诞生和变革给人们的学习、工作与生活皆带来了巨大的改变。

Internet 在我国的发展，可以粗略地划分为两个阶段，第一阶段为 1987—1993 年，我国的一些科研部门已开展了和 Internet 联网的科研课题和科技合作工作，通过拨号 X.25 实现了和 Internet 电子邮件转发系统的联接，并在小范围内为国内的一些重点院校、研究所提供了国际 Internet 电子邮件服务。1987 年 9 月 14 日，中国向世界发出了第一封电子邮件，揭开了中国人使用互联网的序幕。

第二阶段是从 1994 年开始，实现了和 Internet 的 TCP/IP 联结，从而开通了 Internet 的全功能服务，数个全国范围的计算机信息网络项目相继启动，Internet 在我国得到了迅速的发展。

3.3 网络信息资源

网络信息资源（Network Information Resource）是指以数字化的形式，将文字、图像、音频、视频等多种形式的信息记录储存在光、磁等非印刷型的介质上，并通过计算机网络通信方式进行发布、传递的各类信息资源的总和。网络信息资源在内容性质、数量、结构、分布、传递方式、传播范围及载体形态等方面，都呈现出不同的特点。以数字化形式存在的信息，体现了网络资源的社会性和共享性。随着互联网的发展，网络信息资源已渗透到社会生活的方方面面，成为人们获得信息的重要渠道。

3.3.1 网络信息资源的特点

(1) 内容丰富，数量繁多，形式多样

网络信息内容极其丰富，如学术信息、商业信息、政府信息、个人信息、新闻信息、娱乐信息等，信息资源由传统的印刷文字变为磁光介质上的数字信号或光电信息，具有信息存储密度高、容量大的优点，它包含不同学科、不同领域、不同地区和不同语言的信息资源。这些信息资源以文本、图像、音频、视频、软件、数据库等多种形式存在。网络信息资源一方面给用户提供了较大的信息选择空间，另一方面，大量冗余信息也给用户的选择带来很大困扰。

(2) 信息开放，更新速度快

网络信息内容新颖，来源分散、它的发布和使用都具有开放性。由于网络技术的发展，同一时间发生的事件可以很快地传播到世界各地，因此网络信息资源还具有更新速度快的特点。此外，网络信息也会出现信息地址、信息链接、信息内容等被新的信息所取代的动态性和不稳定性。

(3) 信息共享，检索便捷

网络信息资源利用超文本链接，构成立体网状文献链，把不同国家、不同地区的各种服务器、网页、文献通过节点连接起来，增强了网络资源的关联度。用户只要将自己的电脑连入网络，就能够通过各种专用搜索引擎及检索系统对世界各地网络资源进行检索、查询和利用，从而满足用户对网络信息资源快速获得的需求。

(4) 价廉，使用广泛，方便交流

因特网大部分信息都是免费的，用户只要懂得一定的搜索技巧，具有一定的搜索经验，就可以找到所需的大量免费信息。

因特网为用户提供了更多的直接交流机会，扩大了人际交往的范围。他们可以参与新闻组(Newsgroups)、讨论组(Discussion Group)、邮件列表(Mailing List)的讨论。还可在许多学者、专家等的个人网页上留言，进行学术咨询、探讨。

网络信息资源虽不能取代传统的信息资源，但它却已成为传统信息资源最强有力的补充。

3.3.2 网络信息资源的分类

网络信息资源的类型并没有确定或唯一的划分标准，人们通常从以下角度对其进行划分。

(1) 按信息来源划分

① 政府信息资源。各国政府在互联网上发布的有关该国家与政府的各种信息，包括：新闻动态、统计信息、政策法规、政府部门介绍、政府档案、政府成就等。

② 公众信息资源。为社会公众服务的机构信息资源，包括：公共图书资源、科技信息资源、新闻出版资源、广播电视信息资源等。

③ 商用信息资源。商情咨询机构或商业性公司为生产经营者或消费者提供的有偿或无偿的商用信息，包括：产品、商情、咨询等。

(2) 按信息的安全级别划分

① 完全公开的信息资源。每个用户均可使用。如各类网站发布的新闻、视频、图片以及可以通过免费注册而获得的信息资源等。

② 半公开的信息资源。用户可以有条件地获得。如：通过注册并缴纳一定的费用后获得信息资源。

③ 机密信息资源。这类信息资源只提供给具有一定使用权限的高级用户，如：各军事机构、跨国公司等通过内部网络交流的机密情报和信息等。

(3) 按信息的内容范围划分

① 学术信息资源。为高校或科研工作者提供的各类学术期刊、会议论文等信息，如：用户可以通过中国知网、百度学术、谷歌学术等学术资源搜索平台获得所需信息资源。

② 教育信息资源。具有一定的教育利用价值，可作教学和学习之用的信息资源，如：电子百科、电子报刊、软件工具、音像资料等。

③ 文化信息资源。指中华民族几千年积淀的各种类型的文化信息及贴近大众生活的现代社会文化信息资源，全国文化信息“共享工程”充分利用中国现有的通信主干网络，通过在各级中心运行的系统，实现了文化信息资源的共享。

(4) 按网络信息的出版状态划分

① 正式出版信息指受到产权保护、信息质量可靠、利用率较高的知识性、分析性信息，如：电子图书、电子期刊、电子杂志和报纸、图书馆目录、网络数据库等。

② 半正式出版信息指受到一定产权保护但没有纳入正式出版信息系统中的信息，如：各种学术团体和教育机构、企业和商业部门、国际组织和政府组织、行业介绍以及宣传自己或其产品的描述性信息等。

③ 非正式出版信息指随意性强、流动性大、信息质量难以保证的动态信息，如：电子邮件、电子学术会议、专题讨论小组和论坛等。

3.4 网络信息检索

网络信息检索(Network Information Retrieval)，一般指 Internet 检索，是将因特网上的海量数据，通过网络接口软件，使用户根据需求，在终端查询信息并提取出来的过程。数据主要呈分布式存储，即大量数据分散存储在不同的服务器上，任何地方的终端用户都可以访问存储数据；数据分布式处理，即任何数据都可以在网上的任何地方进行处理。

网络信息检索工具通过自动索引程序 Robot(或人工)广泛搜集网络信息资源数据，经过一系列的判断、选择、标引、加工、分类、组织等处理后形成供检索用的数据库，并以 Web 页的形式向用户提供相关的资源导航、目录索引以及检索界面。当用户按照该检索工具的句法要求在检索界面输入想要查找的检索项时，系统检索软件会对用户输入的字符串、运算符、标识符、空格等进行识别和判定，并对检索结果进行评估比较，按与检索结果的相关程度排序后提供给用户。

3.4.1 网络信息检索的现状与发展

(1) 网络信息检索的现行模式

① 网络全文数据库检索 。网络全文数据库是收录有原始文献全文的数据库，以期刊论文、

会议论文、政府出版物、研究报告、法律条文和案例、商业信息为主，并在网上提供全文检索服务。按数据库的生产机构分类，可分为出版商全文期刊数据库和生产商全文期刊数据库。

国内全文数据库主要有维普《中文科技期刊数据库》CNKI的《中文期刊全文数据库》《中国优秀博硕士学位论文全文数据库》等。

② 网络搜索引擎检索。搜索引擎是一个专门的系统，它可以对互联网信息资源进行搜索整理和分类，并将其储存在网络数据库中供用户查询。搜索引擎已经成为互联网不可缺少的工具，它可以帮助用户更快地找到所需信息，使互联网信息资源得到高效利用。

目前，搜索引擎是各大网站建设中针对“用户使用网站的便利性”所提供的必要功能，同时也是研究“网站用户行为”的一个有效工具。高效的站内检索可以让用户快速准确地找到目标信息，而且通过对网站访问者搜索行为的深度分析，对网站的进一步建设具有指导意义，对制定更为有效的网络营销策略也具有重要价值。

③ 互联网“超链接”搜索。超链接是网页必不可少的一个元素，同一主题或相关的信息因超链接构成了信息网。相互链接的对象不受空间位置的限制，它们可以在同一个文件内，也可以在不同的文件之间，还可以通过网络与世界上的任何一台计算机相连。通俗讲，当用户在浏览器中单击高亮度(或带有下划线)的文本时，瞬间就可以被带到另一个文档或同一文档的其他部分，也就是说用户通过Web页寻找并捕捉所需信息。

(2)网络信息检索的未来发展趋势

① 智能化信息检索。网络信息检索的智能化体现在检索工具具有一定的分析与推理能力，当用户利用搜索引擎进行信息检索时，它会考虑到用户的年龄、所在地区、兴趣爱好、搜索历史等因素，来为用户做信息取舍，而后用户根据所呈现的搜索结果进行筛选与使用。近年来，因特网上不断涌现的人工智能产品，如智能搜索引擎、智能浏览器、智能代理等，它们将提高网络信息检索的智能化程度，促进智能信息检索的发展。

网络中的智能代理通常是一个专家系统、一个过程、一个模块或一个求解单元。智能代理可以获得用户的信息需求，自动检索信息和推送检索结果。多智能代理系统还具有信息发现、信息筛选、信息推送和信息导航功能，可满足专业研究人员的特定需求，实现网络信息检索与服务的智能化。

② 检索机制的完善与检索效果的提升。有关人员提出搜索引擎将向更专业的方向发展，通过确保搜索引擎面向某一专业领域，使得该专业人员在检索相关信息时，查全率与查准率都能够得到大大提升。另外，在社会分工更加细致的基础上，也会保证数据库所拥有的信息更具有针对性，在检索的过程中，有关技术可以得到更精准的使用。与此同时，随着检索机制的完善，检索效果也会朝综合性方向发展，通过将多网站内容整合到一起，用户在进行网络信息检索时可以在同一界面中获得各种相关的信息查询结果。

③ 检索形式多样化。信息检索的多样化体现在不仅仅能将文本作为关键词进行检索，同时还能将语音、图像等形式的信息作为关键词进行检索，如：自动识别标印、听音识曲、百度识图等功能。这些功能的发展将会使得信息检索变得更加简单与便捷。

④ 多语种化。多种语言的信息检索系统，为世界各地各种语种的用户提供信息检索服务，是信息检索必要的发展方向，有利于加强世界各地的文化交流，引进新型技术来服务各用户群体，也能更好地服务于国民经济建设。

3.4.2 网络信息检索的特点

网络信息检索的特点主要可以归纳为以下几个方面。

(1) 交互式方式，检索信息及时

网络信息检索工具具有交互式作业的特点，即从用户命令中获取指令以后，能够即时响应用户的要求，执行相应操作。因此网络信息检索具有瞬间相应功能和良好的信息反馈功能，这两个指标也是检验信息检索系统性能的最重要指标，在网络环境下具有同等重要的意义。

(2) 屏蔽差异，检索系统透明

网络信息检索系统对用户屏蔽了网络的各种物理差异，使用户在使用这些服务时能够明显地感受到系统的透明度。即用户及时有效地获得检索结果，而不需要考虑主机的地理位置、主机的硬件平台和操作系统等软件上的差异、客户程序和服务程序版本上的差异、信息的存储方式及各种不同的网络通信协议的差异等因素。

(3) 信息检索范围的广泛

利用信息检索工具可以检索互联网上的各类资源(如 Web、FTP、Telnet、Usenet、Gopher等)。随着信息检索范围对整个互联网的覆盖，访问和获取广泛分布于世界各地的成千上万台服务器和主机上的大量信息已经成为可能。

(4) 用户界面友好、操作便捷

用户界面(User Interface，UI)是对人机交互、操作逻辑、界面美观的整体设计。一个友好的界面会给人带来舒适的视觉享受，拉近人与电脑的距离。通过好的 UI 设计，使用户的操作环境变得舒适、简单、自由，检索者通过友好的检索界面和熟悉的命令方式输入检索信息即可实现对各种异构系统数据库的访问和检索，而不必经过太多的培训。

(5) 突破传统，实现超文本、超媒体检索

随着超媒体技术的诞生，用户的检索方式也不再停留于纯文本输入方式。超媒体不仅可以包含文字，还可以包含图形、图像、声音、动画或影视片段等多种媒体来表示信息，媒体之间用超链接组织，其本质与超文本相同。

3.4.3 网络信息的一般检索方法

面对丰富的网络信息资源，不同的用户对获取所需信息资源的方法也不尽相同，一般来说，获取网络信息的检索方法有以下三种。

(1) 直接浏览

直接浏览是用户使用最原始、最广泛的搜索信息的方法。用户在日常的网络阅读、漫游过程中，会偶然发现并获得一些信息，但由于这种获取信息的方式具有不可预见性，使用户可能会获得很多有用的信息，同时也可能一无所获。

另外，用户在阅读超文本文档时，也可能“顺‘链’而行”，即利用文档中的链接从一个网页转向另一相关网页，进而转向其它网页，在浏览的过程中检索范围不断扩大，获得大量信息，最终用户很有可能偏离检索目标，迷失于网络信息空间。

用户在浏览网络的过程中也可以通过创建 Bookmark 或 Hotlink、Hotlist，来将一些优秀的网址记录下来，组织成目录备用。

(2) 利用导航网站、门户网站查找信息

基于专业人员对网络信息资源分布的了解而对网络信息进行采集、评价、分类等工作，

再按一定的专业或学科组织，形成可供用户浏览和检索的具有良好分类体系的网络资源指南。用户通过逐级浏览网络资源指南的分类体系，获得所需信息。

可供浏览和检索网络信息资源的导航网站，如：360导航、hao123、2345.com网址导航等。

在全球范围中，最为著名的门户网站是谷歌(Google)及雅虎(Yahoo)，而在中国，著名的门户网站有新浪、网易、搜狐、腾讯、百度、新华网、人民网、凤凰网等。

对于学科专业、重要课题、研究领域等信息可从专业性的网络资源指南查找。这类资源通常是由专业人员在对网络信息资源进行鉴别、选择、评价、组织的基础上编制而成，对于有目的的网络信息发现具有重要的指导、导引作用。局限性在于，由于其管理、维护跟不上网络信息的增长速度，其收录范围可能不够全面，新颖性、及时性也不够强。

专业性网站，如：21世纪学习网、全球军事网、全球石油化工网等。

(3) 利用搜索引擎

当用户有明确的信息需求时，在搜索引擎中输入关键词、词组或自然语言，就能够直接定位到最新信息。

利用搜索引擎的优点是省时、高效、简捷、检索功能强、搜索范围广。但是由于搜索引擎是由计算机软件自动进行的信息搜集、索引，所以也可能造成检索时出现大量的信息，与用户的检索期望有一定的差距，查准率有待于提高。

3.5 网络信息资源搜索引擎

因特网上的信息浩如烟海，它们像汪洋上纵横交错的小岛，通过网页链接的方式将彼此连接起来。而搜索引擎，则为用户绘制了一幅一目了然的信息地图，可供用户随时查阅。搜索引擎从20世纪90年代开始出现，得到了迅速的发展，现在搜索引擎已经成为人们利用互联网的主要工具之一。

作为帮助Internet用户查询信息的搜索工具，搜索引擎既是用于检索的软件，又是提供查询、检索的网站。搜索引擎通过Internet接受用户的查询指令，当用户输入关键词查询时，搜索引擎会告诉用户包含该关键词信息的所有网址，并提供通向各网页的链接，起到信息导航的作用。

3.5.1 搜索引擎的工作原理

搜索引擎依托于多种技术，如网络爬虫技术、检索排序技术、网页处理技术、大数据处理技术、自然语言处理技术等。整个搜索工作过程通常视为三个部分：ⓐ抓取网页信息并存入原始网页数据库；ⓑ信息提取与组织并建立索引库；ⓒ信息检索并为用户提供查询结果。

(1) 抓取网页

抓取网页即信息采集模块，它以一定的策略在因特网等信息源中采集相关信息。每个独立的搜索引擎都有自己的网页抓取程序(web spider)。大多数搜索引擎利用Spider自动访问互联网，并顺着网页中的超链接，连续地抓取网页，由于互联网中超链接的应用很普遍，理论上，从一定范围的网页出发，就能搜集到绝大多数的网页。

(2) 信息处理

为了便于用户能够快速便捷地找到搜索结果，搜索引擎必须将Spider抓取的大量原始

web 页面做预处理工作，才能提供检索服务。信息处理模块即对搜集到的网页资源进行标引、建立索引、编制摘要、完成分类等。由分析索引系统对搜集回来的网页进行分析，提取相关网页信息(包括网页所在 URL、编码类型、页面内容包含的关键词、关键词位置、生成时间、大小、与其他网页的链接关系等)，建立网页索引数据库。处理网页还包括去除重复网页、分词(中文)、判断网页类型、分析超链接、计算网页的重要度和丰富度等。

(3) 查询服务

用户在搜索引擎界面输入关键词并点击“搜索”按钮以后，搜索引擎程序会从网页索引数据库中找出符合该关键词的所有相关网页，并对页面进行排序，由页面生成系统将搜索结果的链接地址、页面内容和摘要等组织起来提供给用户。查询服务最核心的部分是搜索结果排序，其决定了搜索引擎的好坏以及用户的满意度。

事实上，搜索引擎搜索的是预先整理好的网页索引数据库。搜索引擎系统搜集了因特网上几千万到几十亿个网页并对网页中的每一个词进行索引，建立索引数据库的全文搜索引擎。当系统接收到某个检索词时，所有页面内容中包含了该关键词的网页都将被搜索出来。经过复杂的算法进行排序后，搜索结果按照与关键词相关度的高低，依次排列并呈现给用户。

3.5.2 搜索引擎的类型

按照工作原理和检索机制的不同，搜索引擎一般分为全文搜索引擎、元搜索引擎、垂直搜索引擎和目录搜索引擎四大类。

(1) 全文搜索引擎

全文搜索引擎是利用爬虫程序抓取互联网上所有相关文章予以索引的搜索方式。根据搜索结果的来源不同，全文搜索引擎可分为两类：

① 能自建网页数据库，拥有自己的检索程序(Indexer)，“蜘蛛”(Web Spider)程序或“机器人”(Robot)程序，搜索结果直接从自身的数据库中调用，如：Google 搜索引擎和 360 搜索引擎。

② 租用其他搜索引擎的数据库，并按自定的格式排列搜索结果，如 Lycos 搜索引擎。

全文搜索引擎搜索方式方便、简捷，并容易获得所有相关信息，适合一般网络用户没有明确检索意图的情况下使用。但由于搜索到的信息过于庞杂，用户需逐一浏览并甄别出所需信息。

(2) 元搜索引擎

元搜索引擎是通过一个统一的用户界面接受用户查询请求以后，同时在多个搜索引擎中进行搜索，并将结果返回给用户的一种检索操作。因此，它也是一个对分布于网络的多种检索工具的全局控制机制。

一个真正的元搜索引擎由三部分组成：

①“检索请求提交机制”负责实现用户个性化检索的设置要求，包括调用哪些搜索引擎、检索时间限制、结果数量限制等；

②“检索接口代理机制”负责将用户的检索请求翻译成满足不同搜索引擎本地化要求的格式；

③“检索结果显示机制”负责所有源搜索引擎结果的去重、合并、输出处理等。

著名的元搜索引擎如：国外的 InfoSpace、Dogpile、Vivisimo 等；国内的比比猫搜索引擎、搜星搜索引擎等。在搜索结果排列方面，有的直接按来源排列搜索结果，如 Dogpile；有的则按自定的规则将结果重新排列组合，如 Vivisimo。

元搜索引擎有利于各基本搜索引擎间的优势互补，对基本搜索方式进行全局控制，引导全文搜索引擎的持续改善。

(3) 垂直搜索引擎

垂直搜索引擎是针对某一个行业的专业搜索引擎，它是搜索引擎的细分和延伸，通过对网页库中的某类专门的信息进行整合，定向分字段抽取出需要的数据进行处理后返回给用户。垂直搜索引擎于 2006 年后逐步兴起，主要专注于特定的搜索领域和搜索需求，如：机票搜索、旅游搜索、生活搜索、小说搜索、视频搜索等，适用于用户有明确搜索意图的情况下进行检索体验。相比于其它搜索方式，垂直搜索引擎具有所需硬件成本低、用户需求特定、查询的方式多样等优点。

(4) 目录搜索引擎

目录搜索引擎也称为分类检索，通过人工或半自动方式搜集和整理因特网的资源，根据网页的内容，将其网址分配到相关分类主题目录的不同层次的类目之下，形成像图书馆目录一样的分类树形结构索引。目录索引只需根据网站提供的主题分类目录，层层点击进入，便可查到所需的网络信息，而无需输入任何文字。目录搜索引擎因为加入了人的智慧，所以信息准确、导航质量高，但其同时也具有适用范围有限、信息量少，且需要较高的人工成本来支持维护的局限性。

目前，搜索引擎与目录索引有相互融合渗透的趋势。原来一些纯粹的全文搜索引擎现在也提供目录搜索，如 Google 就借用 Open Directory 目录提供分类查询。而有的老牌目录索引如 Yahoo！则通过与 Google 等搜索引擎合作扩大搜索范围。

3.5.3 搜索引擎检索方法

搜索引擎选定后，重要的工作是如何选择关键词和正确使用搜索引擎检索语法。在检索过程中，用户输入的检索提问标识与系统数据库中的文献标引标识进行匹配，从而获取检索结果。为了满足用户对查全率和查准率的要求，信息检索常采用一些运算方法对检索提问进行技术处理。

(1) 使用布尔检索

所谓布尔检索，是指通过标准的布尔逻辑关系来表达关键词与关键词之间逻辑关系的一种查询方法，这种查询方法允许我们输入多个关键词，各个关键词之间可以用逻辑关系词来表示。它是使用面最广、使用频率最高的一种检索方法。

① and，称为逻辑“与”。用 and 进行连接，表示它所连接的两个词必须同时出现在查询结果中，例如，输入“computer and book”，它要求查询结果中必须同时包含 computer 和 book。

② or，称为逻辑“或”。它表示所连接的两个关键词中任意一个出现在查询结果中就可以，例如，输入“computer or book”，就要求查询结果中可以只有 computer，或只有 book，或同时包含 computer 和 book。

③ not，称为逻辑“非”。它表示所连接的两个关键词中应从第一个关键词概念中排除第

二个关键词，例如输入“automobile not car”，就要求查询的结果中包含 automobile(汽车)，但同时不能包含 car(小汽车)。

布尔逻辑运算符的关系见图 3.5.3-1。

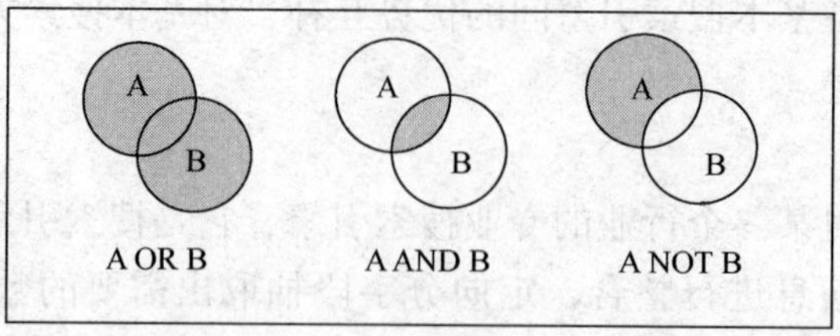

图 3.5.3-1　布尔逻辑运算符合关系

布尔逻辑运算符的运算次序为：逻辑“非”>逻辑“与”>逻辑“或”，即 not、and、or；但可以利用括号改变运算优先级别，类似于数学运算中的四则运算。

几乎全部的网络检索工具都支持布尔逻辑运算，但在运算符号的写法上要求有不同之处，有的用 NOR、AND、OR 或 not、and、or；有的用 *、+、-代替。随着信息检索越来越向大众普及，很多数据库中都将布尔逻辑运算符隐含在菜单中，通过下拉菜单可以轻松地实现布尔逻辑运算。

(2) 双引号(" ")

给要查询的关键词加上双引号，可以实现精确的查询。使用这种方法查询时得到的结果与检索词精确匹配，不包括演变形式。例如在搜索引擎的文字框中输入“聚合反应”，它就会返回网页中有“聚合反应”这个关键字的网址，而不会返回诸如“加聚”、“缩聚”之类的链接。

(3) 位置限制检索

又称为词位检索，是用一些特定位置算符来检索数据库原始记录中的检索词之间的特定位置关系，表达检索词与检索词之间的顺序和词间距离的检索。文献记录中词语的次序或位置不同，所表达的主题就有可能不同。布尔逻辑运算符可以限制检索词是否出现在检索结果中，但无法确定检索词的次序。在不同的检索系统中使用位置限制检索应注意该检索系统的使用规则及算符的表达形式。常见的位置算符如下。

① W 算符(W)和(*n*W)。A(W)B 表示 A 与 B 必须相邻，中间不可有其他词或字母，但有些系统允许有空格、标点符号；A(nW)B，表示 A 与 B 之间至多可以插入 *n*(*n*=1，2，3 …)个其他的词(包括系统禁用词)，同时 A、B 保持前后顺序不变。例如，CD(W)ROM 表示 CDROM 或 CD-ROM 等，而用 laser(1W)print 检索，可检索出含有 laser print、laser color print、laser and print 等内容的文献信息。

② N 算符(Near)。通常写作 A(*n*N)B，表示 A 与 B 之间至多可以插入 *n* 个其他的词，同时 A、B 前后顺序可变。如用 control(1N)system 检索，除可检索出含有 control system、control of system 等内容的结果外，还可得到含有 system of control 等内容的结果。

③ S 算符(Subfield)。通常写作 A(S)B，表示 A 与 B 必须同时在同一子字段内出现，但次序可随意变化，且各词之间可加任意个词。例如，用 computer(S)research 检索，可得到含有 computer research、computer information research 等内容的结果。

④ F 算符(Field)。通常写作 A(F)B，表示 A 与 B 必须同时出现在记录的同一字段中，但两词次序、A 与 B 之间加词个数不限。例如，检索 digital(F)library，表示两词同时出现在

记录内的同一字段(如主题字段)中的文献则为命中文献。

以上运算符的优先次序为(W)>(S)>(F)，不同检索系统有差异。

(4) 截词检索

截词检索是提高查全率的一种常用检索技术。截词检索是指利用截词符号在检索词的特定位置进行截断，由于这些截词符号代表检索词存在一定的变化形式，因此扩大了检索范围，提高了查全率。这种检索词的处理方式在西文检索系统中应用尤其重要。截词检索技术按所截断的字符数分为无限截词和有限截词两种；按截记号的位置分为右截词、中间截词和左截词。

无限截词和有限截词分别用星号(*)和问号(?)表示，前者表示匹配的数量不受限制，后者表示匹配的字符数要受到限制。

① 右截词。即前方一致，允许检索词尾部有若干变化形式。例如，使用检索式“librar?”将检索出包含 library、librarian、libraries 等词汇的结果；检索式“计算机?”表示检索以“计算机”开头的信息，可以检索出包含计算机技术、计算机检索、计算机应用等词的结果。

② 中间截词。即允许检索词中间有若干变化形式。例如，使用检索式“wom? n”可检索出有“woman”和“women”的等词的结果。

③ 左截词。即后方一致，允许检索词的前端有若干变化形式，例如，使用检索式“*bility”可以检索出包含 ability、responsibility、stability 等词的结果。

计算机检索对截词符号没有统一标准，数据库不同，其检索符号也有差异，但多使用“?”和“*”。目前的网络信息检索工具大多将截词检索内置于系统中，即以下拉菜单的形式表示，不需要用户手动输入截词符号。

(5) 使用单元词法检索

单元词法检索是以单元词作为检索标识的文献标引与检索方法，亦称元词法。元词采用自然语言的形式，在由元词组成的检索系统即元词索引中，各元词按字顺排列，在编排检索款目时，对元词不予组配，只在检索时才将有关元词下所列的文献号加以对照，号码相同者表明有组配关系。

大多数搜索引擎都支持“元词”功能，依据这类功能用户把元词放在关键词的前面，使搜索引擎更加明确用户想要检索的内容特征。例如，在搜索引擎中输入“title：清华大学”，搜索结果可以得到标题中含有“清华大学”字样的网页链接。其他元词还包括：image，用于检索图片；link，用于检索链接到某个选定网站的页面；URL，用于检索地址中带有某个关键词的网页。

在检索英文信息时需要注意区分大小写的问题，许多英文搜索引擎可以让用户选择是否要求区分关键词的大小写，这一功能对查询专有名词有很大的帮助，例如：Web 专指万维网或环球网，而 web 则表示蜘蛛网。

3.5.4 知名搜索引擎介绍

按照 2019 年 3 月更新的全球十大搜索引擎排名情况，见表 3.5.4-1。

表 3.5.4-1 全球十大搜索引擎排名

序号	搜索引擎	网址	全世界搜索份额/%
1	谷歌	http：//www. google. com	78. 23
2	必应	https：//cn. bing. com	8. 04

续表

序号	搜索引擎	网址	全世界搜索份额/%
3	百度	http：//www. baidu. com	7. 34
4	雅虎	http：//www. yahoo. com	3. 39
5	Yandex	http：//www. yandex. com	1. 53
6	Ask	http：//www. ask. com	0. 72
7	DuckDuckGo	http：//duckduckgo. com	0. 39
8	Naver	http：//www. naver. com	0. 13
9	AOL	http：//www. aol. com	0. 06
10	Seznam	http：//www. seznam. cz/	0. 05

（1）Google(http：//www. google. com)谷歌搜索引擎(见图 3. 5. 4-1)。谷歌公司(Google Inc.)成立于 1998 年 9 月 4 日，由斯坦福大学的两位博士拉里·佩奇和谢尔盖·布林共同创建，公司总部现位于美国加利福尼亚州山景城，公司旨在为全球提供最优秀的搜索引擎服务。

图 3. 5. 4-1　谷歌搜索引擎界面

谷歌是全球用户人数最多、覆盖面最广的搜索引擎。谷歌搜索在全球拥有 80%以上的搜索份额，每月的搜索量超过 1200 亿，广泛覆盖全球 33 亿互联网用户。

Google 属于索引型搜索引擎，采用超文本链接结构分析技术和大规模的数据挖掘技术，能根据 Internet 本身的链接结构对相关网站自动进行分类，提供最便捷的网上信息查询方法，并为查询者快速提供准确的结果。研究表明，谷歌的搜索结果能满足 80%的用户搜索需求，并且搜索结果更具逻辑性、科学性和人性化。这也正是谷歌备受用户青睐的重要原因之一。

Google 的主要搜索服务有：网页、图片、音乐、视频、地图、新闻和问答等。

（2）Bing(https：//cn. bing. com)微软必应搜索引擎(见图 3. 5. 4-2)。Bing. com 是一款微软公司推出的用以取代 Live Search 的搜索引擎。微软 CEO 史蒂夫·鲍尔默(Steve Ballmer)于 2009 年 5 月 28 日在《华尔街日报》于圣地亚哥(San Diego)举办的“All Things D”公布，简体中文版 Bing 于 2009 年 6 月 1 日正式对外开放访问。Bing 中文名称为“必应”，有“有求必应”的寓意。

Bing 主要搜索特性包括：

图 3. 5. 4-2　必应搜索引擎页面

Best Match -显示最匹配结果

Deep Links -网站所提供资源的深入链接

Instant Answers -即时搜索，提供公司信息、赛况、天气、汇率等信息

Quick Preview -通过悬停窗口显示相关站点的搜索结果

Explorer Pane -左侧的相关搜索，及搜索工具导航

Rich Listing Results -提供商家的地点、电话等信息

Hotel Rate Key -比较宾馆的地理位置、价格和设施，并通过不同颜色显示评价

Price Predictor -帮助用户决定何时能够购买到最低价机票

与传统搜索引擎只是单独列出一个搜索列表不同，Bing 搜索的最大特点在于，微软还会对返回的结果加以分类。例如，当用户搜索某位歌手的名字时，搜索结果的主要部分会显示传统的列表，左侧的导航栏则会显示图片、歌曲、专辑和视频等几个类别。当用户输入某歌曲名时，侧边栏 Related searches 则会出现相应的歌词、简谱、下载等(见图 3. 5. 4-3)。

同样，当用户输入某一产品名称时，侧边栏则会显示评价、使用手册、价格和维修等类别。而如果输入的是某一城市名称，则会显示地图、当地商业指南、旅游路线以及交通信息等类别。

(3) 百度(http://www. baidu. com)(见图 3. 5. 4-4)。百度是全球最大的中文搜索引擎，2000 年 1 月由李彦宏、徐勇两人创立于北京中关村。“百度”二字源于中国宋朝词人辛弃疾的《青玉案》诗句：“众里寻他千百度”，象征着百度对中文信息检索技术的执著追求。百度的服务宗旨是向用户提供“简单，可依赖”的信息获取方式。

百度拥有数万名研发工程师，这是中国乃至全球最为优秀的技术团队。这支队伍使中国成为和美国、俄罗斯和韩国并列的，全球仅有的 4 个拥有搜索引擎核心技术的国家之一。百度以自身的核心技术“超链分析”为基础，提供的搜索服务体验赢得了广大用户的喜爱。

作为全球最大的中文搜索引擎公司，百度一直致力于让网民更便捷地获取信息，找到所求。用户通过百度主页，可以瞬间找到相关的搜索结果，这些结果来自于百度超过数百亿的

图 3.5.4-3 必应搜索引擎图例

图 3.5.4-4 百度搜索引擎界面

中文网页数据库。百度拥有全球最大的中文网页库，同时，百度在中国各地分布的服务器，能直接从最近的服务器上，把所搜索信息返回给当地用户，使用户享受极快的搜索传输速度。百度每天处理来自 138 个国家超过数亿次的搜索请求，每天有超过 7 万用户将百度设为首页，用户通过百度搜索引擎可以搜到世界上最新最全的中文信息。2004 年起，“有问题，百度一下”在中国开始风行，百度成为搜索的代名词。百度的“超链接分析”就是通过分析用户使用链接网站的多少来评价被链接的网站质量，保证了用户在百度搜索时，越受欢迎的内容排名越靠前。百度总裁李彦宏是超链接分析专利的唯一持有人，该技术已为世界各大搜索引擎普遍采用。

在中文搜索领域，百度首次提供了多项体贴普通用户的搜索功能，包括相关搜索、中文人名识别、简繁体中文自动转换、百度快照等。秉承“用户体验至上”的理念，百度一直为用户提供最完善的搜索体验，满足用户多样化的搜索需求。目前，百度提供的产品和服务主要包括百度新闻、百度图片、百度地图、百度人工翻译、网页搜索、视频搜索、百度翻译等。

2004 年 8 月，百度收购了中国国内最大的个人网站"HAO123"，为初级网民提供网络站点导航等服务(见图 3.5.4-5)。

图 3.5.4-5　HAO123 搜索引擎页面

(4) 雅虎(http：//www.yahoo.com)(见图 3.5.4-6)。雅虎(Yahoo!)是美国著名的互联网门户网站，也是 20 世纪末互联网奇迹的创造者之一。其服务包括搜索引擎、电邮、新闻等，业务遍及 24 个国家和地区，为全球超过 5 亿的独立用户提供多元化的网络服务。雅虎是全球第一家提供因特网导航服务的网站，是最老的“分类目录”搜索数据库，在全部互联网搜索应用中所占份额达 36%左右。雅虎所收录的网站无论是在形式上还是内容上质量都非常高。收录网站全部由人工编辑目录，因此具有目录分类合理，层次深，设置好等特点。网站提要严格清晰，收录丰富，检索结果精确度也较高。

(5) Yandex(http：//www.yandex.com)(见图 3.5.4-7)。Yandex 是俄罗斯重要网络服务门户之一。据 Gallup 传媒，ФОМ 和 Комкон 调查公司资料，Yandex 是俄罗斯网络拥有用户最多的网站。Yandex 目前所提供的服务包括搜索、新闻、地图和百科、电子信箱、电子商务、互联网广告及其他服务。Yandex 在俄罗斯本地搜索引擎的市场份额已远超俄罗斯 Google。

几乎每个人都会用谷歌(Google)搜索互联网。但俄罗斯人不这样做，他们更喜欢用人们可能从未听说过的 Yandex 搜索引擎。提到 Yandex 时，人们的脑海里可能会有些印象。它不是什么新软件，只是在 Google(谷歌)、Yahoo(雅虎)和 Windows Live 搜索(Bing 的前身)的遮蔽下找到了一小块儿空间。从 1997 年开始，Yandex 就在莫斯科流行开了。

该款搜索引擎因掌握了大量复杂的俄语语法而占有 44%的俄罗斯市场份额。据 ComScore 数据显示，Yandex 在俄罗斯的市场份额要比谷歌在俄罗斯的市场份额高出 10 个百分点。

(6) ASK(http：//www.ask.com)(见图 3.5.4-8)。Ask 是一个以问答为核心的搜索引擎网站，于 1996 年由加州大学伯克利分校的 Garrett Gruener 和 David Warthen 在加利福尼亚伯克利创办的。Ask 在美国是继 Google、雅虎和微软之后的第四大搜索引擎，其原名为 AskJeeves，是一家老牌的搜索服务网站，最初以自然语言搜索作为特色。2005 年被 IAC 公司收购之后，网站改名为 Ask。Ask Jeeves 最初想法是让用户在日常生活中获得提出的问题答案，以及传统的关键字搜索。目前，Ask 还增加数学、字典、和转换问题等支持。

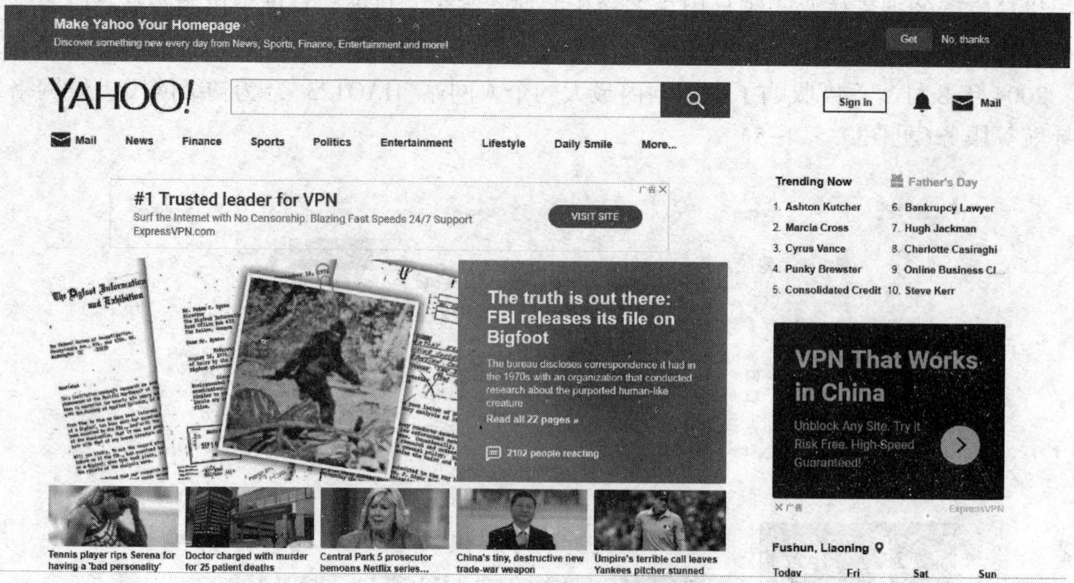

图 3.5.4-6　雅虎搜索引擎页面

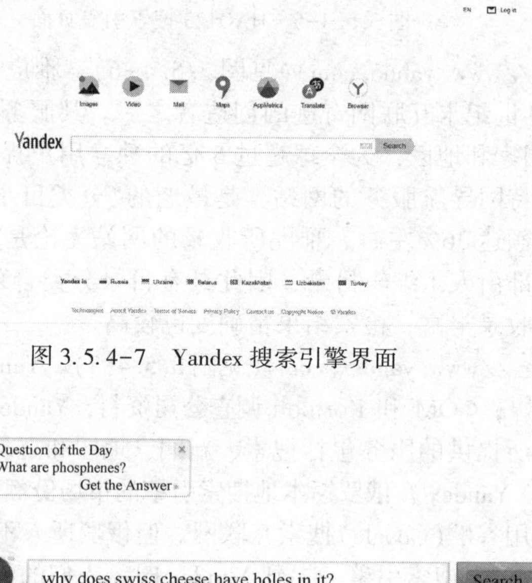

图 3.5.4-7　Yandex 搜索引擎界面

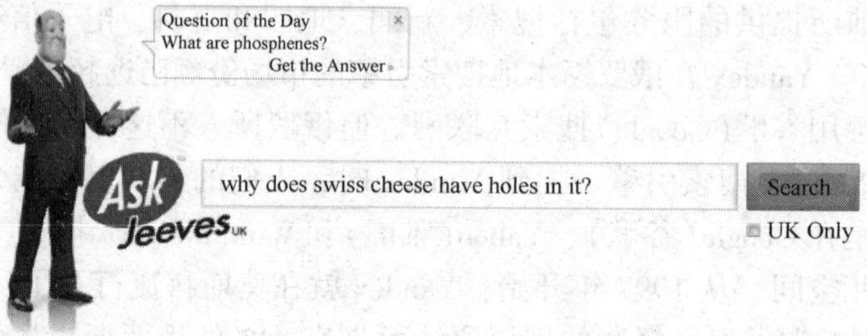

图 3.5.4-8　ASK 搜索引擎界面

（7）DuckDuckGo（https：//duckduckgo. com）鸭鸭走精准搜索引擎（见图 3.5.4-9）。DuckDuckGo 是一个新型的互联网搜索引擎，于 2008 年 9 月 25 日成立，总部位于美国滨州 Valley Forge 市。DuckDuckGo 强调在传统搜寻引擎的基础上引入各大 Web 2.0 站点的内容。其办站哲学主张维护使用者的隐私权，并承诺不监控、不记录使用者的搜寻内容。

图 3.5.4-9　DuckDuckGo 搜索引擎界面

DuckDuckGo 支持语法垂直搜索，搜索界面简洁，可以让用户更容易地找到所需的信息；屏蔽那些无用的广告网站，减少垃圾搜索。网站的长远目标是让你从最源头的资料中获得最理想的即时答案。

很多时候，用户对搜索引擎的使用需求仅仅是为了解决一个疑问，或者查询一点生活信息，对于这类搜索请求，DuckDuckGo 可以精准地识别出需求类型，并完成运算或调取数据。用户只需要在搜索框中用自然语言提出一个问题，在 DuckDuckGo 的结果页面上便可直接获得所需信息，而无需跳转到对应网站进行二次查询。

（8）Naver（http：//www. naver. com）（见图 3.5.4-10）。Naver 是韩国最大的门户网站，同时也提供搜索服务。据统计，Naver 独自占了整个韩国搜索市场的 77%的份额，远比排在第二的 Daum. net 的 10.8%要高。Naver 的页面上聚合了大量的如新闻、天气、购物、热门搜索等资讯信息。

图 3.5.4-10　Naver 搜索引擎页面

Naver 为韩国用户提供了优秀的本土化搜索服务，在用户进行搜索时，Naver 会将搜索结果按照网站、新闻、博客、图片、购物等进行分类整理，过滤和拒绝了很多垃圾站点和垃圾信息，使用户在搜索时能够更方便更快捷。

（9）AOL（http：//www. aol. com）（见图 3. 5. 4－11）。AOL 搜索是美国一家搜索引擎，AOL 网页搜索引擎通过 Google 增强，可以提供更多的搜索结果以及来自 AOL 的相关内容。目前，AOL 中文搜索是 AOL 与美国 Google 直接签订协议，由 AOL 优化的无任何限制的中文搜索引擎。

图 3. 5. 4－11　AOL 搜索引擎页面

（10）Seznam（https：//www. seznam. cz/）（见图 3. 5. 4－12）。Seznam 是捷克最大的门户网站，由捷克人 Ivo Lukacovic 在 1996 年创办，最开始该网站提供的是网络搜索服务，是捷克首家搜索网站。

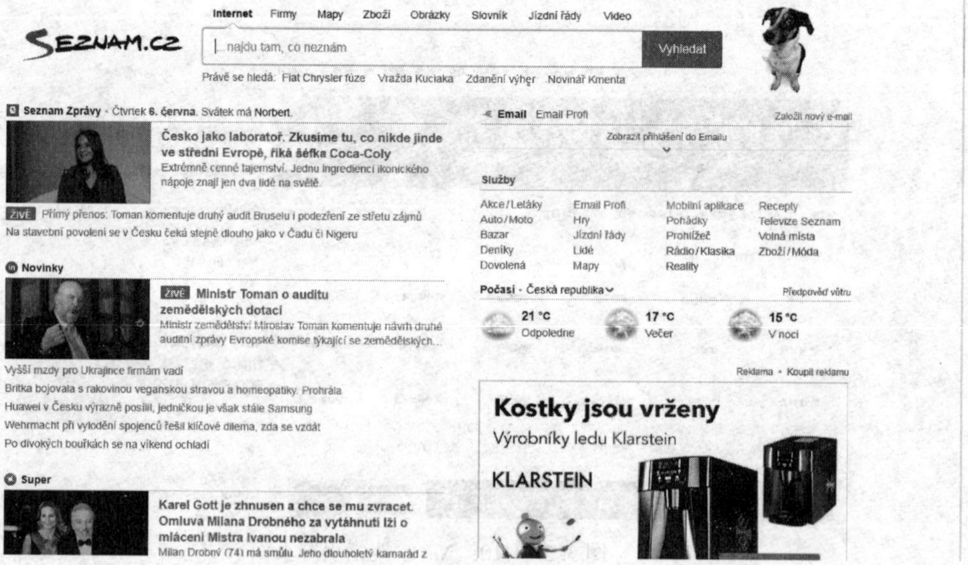

图 3. 5. 4－12　Seznam 搜索引擎页面

3.6 因特网信息资源综合利用

如今，网络免费信息资源几乎涵盖了人类生活的一切领域，人们所遇到的大多数问题都可以通过信息检索的方式寻求答案。本节以提升个人的学习能力为主线做几种常用信息检索介绍。

3.6.1 有关字、词、短语等信息检索

(1) 汉语字、词、成语等信息检索

例如：检索“羟”字的读音、字义及相关词语解释。

① 直接输入法。打开百度，在搜索框中输入“羟”，单击“百度一下”。搜索引擎系统会自动链接到有关“羟”字的“百度汉语”或“百度百科”(见图 3.6.1-1)，以供用户选择学习。

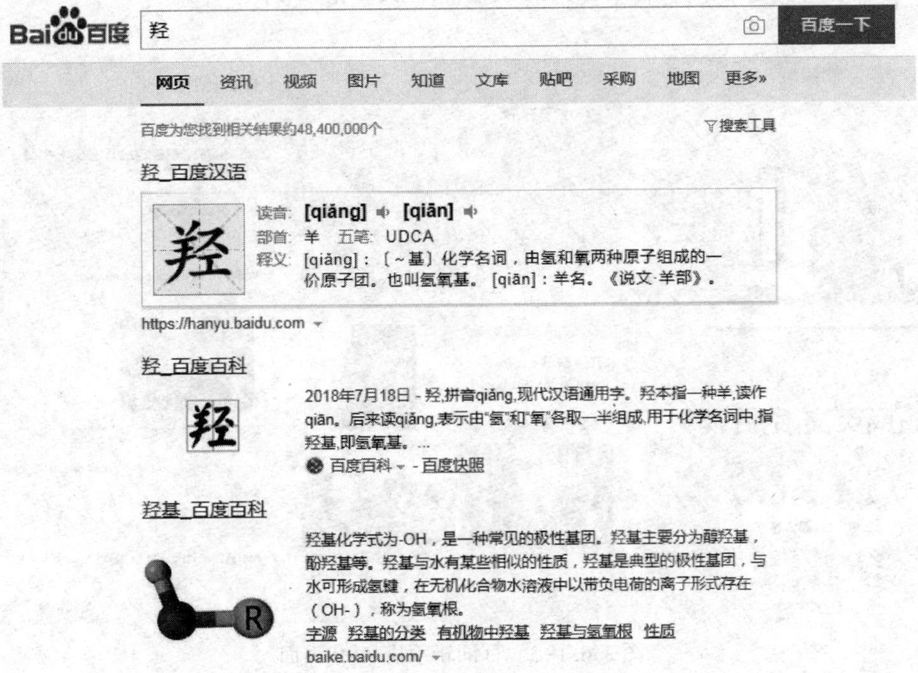

图 3.6.1-1 百度“羟”字相关介绍

② 上传图片法。可以单击“百度一下”左面的“相机按钮图片”，通过上传图片的方式获得检索结果。

③ APP 法。手机下载安装“百度汉语 APP”，用户可以通过“拍照识字”功能获得，使用这种方法，当用户遇到陌生字词时，可以随时拍照检索，获得字词的读音、释义。检索“词”或“词组”时，方法同上。

(2) 外文单词、词组、短语等信息检索

① 在线翻译。打开“百度翻译”或“Google 翻译”，在文字框内输入想翻译的中文或外文单词或词组等，选择对应语种，单击“翻译”即可。

例如将“玫瑰花”翻译成外文，检索过程及结果(见图 3.6.1-2)。

② 百词斩。百词斩是由成都超爱学习科技有限公司针对英语学习开发的一款“图背单词软件”。软件为每一个单词提供了趣味的配图和例句，帮助用户在背单词时，建立关联记忆，让记单词成为一种乐趣(见图 3.6.1-3)。

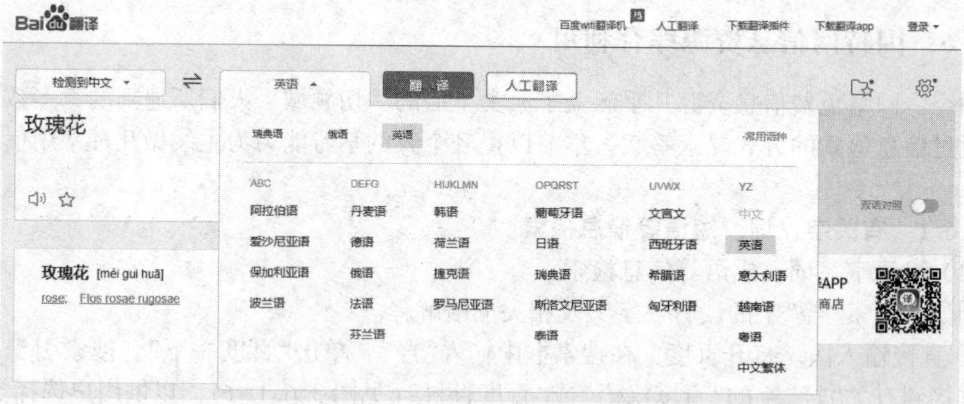

图 3.6.1-2　百度翻译“玫瑰花”单词

图 3.6.1-3　百词斩手机 APP 页面

“百词斩”已经成为英语学习者的必备神器，用户既可以通过该款手机软件查词、记词，同时为了提高学习者的阅读能力，“爱阅读”栏目为他们提供了海量的精品英文阅读资源。如今，有越来越多的英语爱好者选择使用它帮助自己的学习。

③ 英语趣配音。英语趣配音是由杭州菲助科技有限公司开发的一款英语学习软件。用户通过为电影视频配音的方式练习英语口语，在轻松愉悦的环境中，不知不觉提高英语口语能力，掌握地道欧美发音(见图 3.6.1-4)。

通过给 1~2 分钟的短视频配音，让英语学习充满趣味。APP 中每日会更新最新最热的美剧、动漫、歌曲等视频资源，英语学习和英语爱好者可以摆脱枯燥无味的背书学习方式，自由选择模仿、跟读喜欢的视频，从而真正爱上英语学习。

“英语趣配音”曾获百度金熊掌推荐奖，多次被 360、小米、华为、联想应用商店等推荐为优质精品应用，是 App Store 前十的教育类。

④ 省心英语。省心英语是一款免费好用的网上英语学习软件，它具有很多贴心功能，让英语爱好者的英语学习更加轻松、简单(见图 3.6.1-5)。省心英语具有“听力素材，资源丰富；口语练习，智能打分；学习工具箱，免费实用”三大特色。

图 3.6.1-4　英语趣配音手机 APP 页面

图 3.6.1-5　省心英语手机 APP 页面

3.6.2　免费网络书库检索

(1) 天涯书库

天涯书库(https://www.tianyabooks.com/)是一个免费的小说网站。在百度中搜索“天涯书库”，获得链接“天涯书库-天涯在线书库-免费阅读小说网”，单击进入，可以看到该网站包含“华人文学”、“世界文学”、“校园小说”、“网络小说”、“侦探推理”等栏目(见图 3.6.2-1)。读者可以从中挑选自己喜欢的书目进行在线阅读。

(2) 国学经典书库

国学经典书库(http://www.gxjdsk.cn/)是一个免费的古籍图书资源网站，收藏了汇集中华 5000 年的经、史、子、集、蒙等国学古典书籍(见图 3.6.2-2)。旨在传播中国传统文

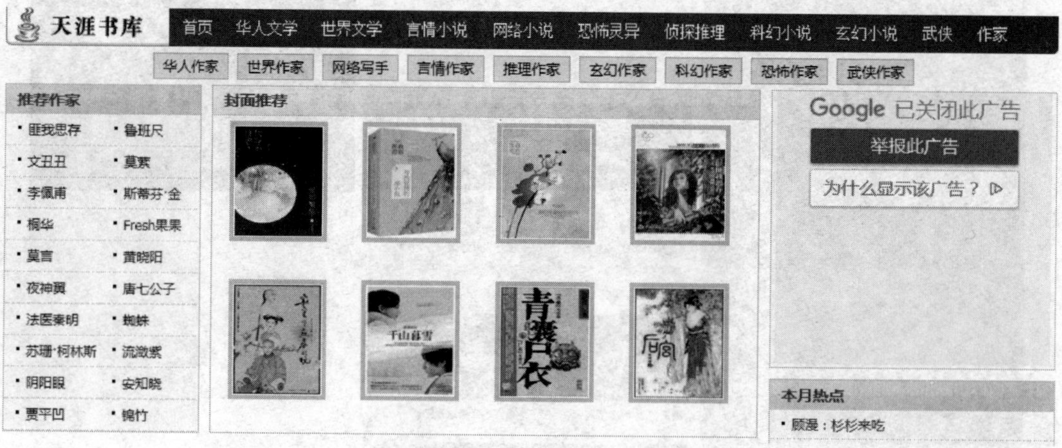

图 3.6.2-1　天涯书库首页

化的精髓，以分享、传播为理念，积极推动国学的发展，读者可以通过书名检索途径查找所需书籍。

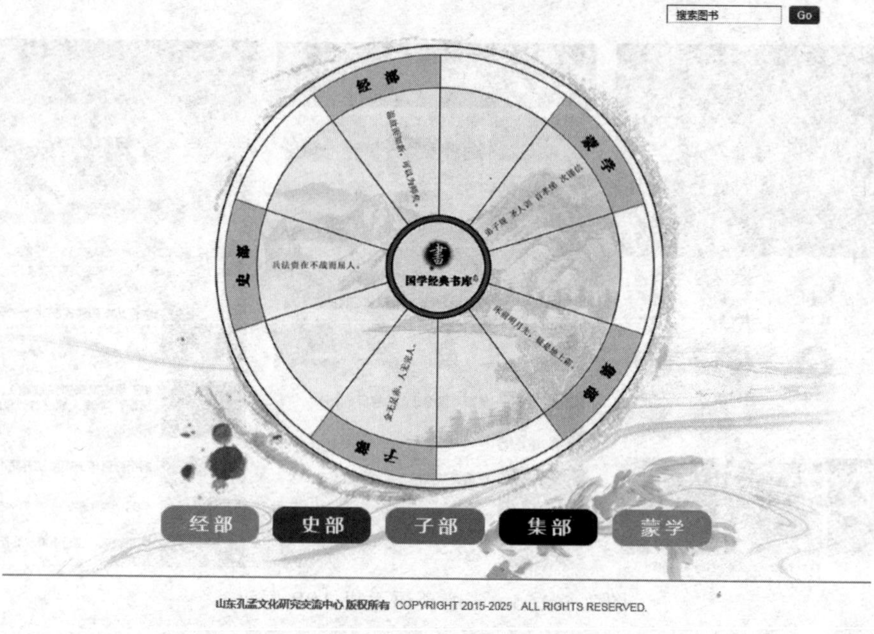

图 3.6.2-2　国学经典书库首页

（3）古诗文网

古诗文网（https：//www. gushiwen. org/）是一个传承经典的公益性网站（见图 3.6.2-3），成立于 2011 年，专注于古诗文服务，致力于让古诗文爱好者更便捷地发现及获取古诗文相关资料。古诗文网包含历朝历代著名作家的诗、词、曲、文言文、辞赋，设有推荐、诗文、名句、作者、古籍等栏目，用户可根据自己的需要进行检索，也可以从“写景”、“咏物”、“励志”、“爱国”等栏分类中直接浏览，查找所需诗词资源。扫描网站二维码可下载“古诗文网客户端”。

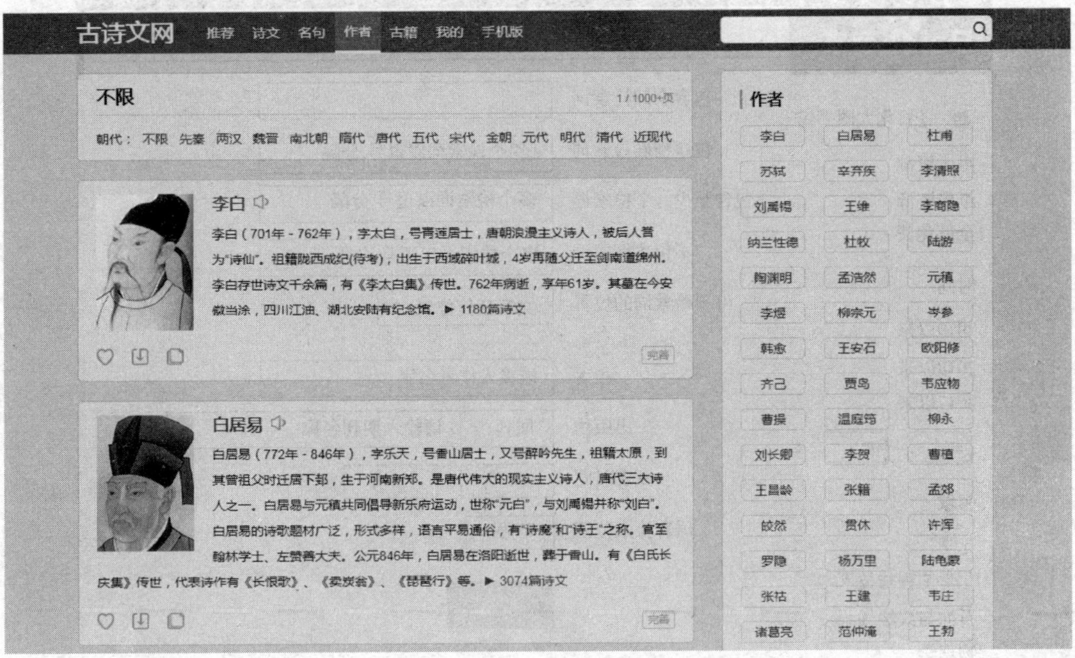

图 3.6.2-3　古诗文网页面

3.6.3　免费学术论文检索

（1）利用“百度学术”或“搜狗学术”检索

利用“百度学术”(https：//xueshu. baidu. com/)检索某专业课题的免费学术论文。检索时可以用简单查询方法，大多数情况下需要利用逻辑组配的检索方式，进行检索(见图 3.6.3-1)。

（2）利用“中国科技论文在线” 检索

“中国科技论文在线”(http：//www. paper. edu. cn/)是经教育部批准，由教育部科技发展中心主办的科技论文网站，它打破传统出版物的概念，利用现代信息技术手段主要解决论文发表困难，学术交流渠道窄，不利于研究成果快速、高效地转化为现实生产力等问题。该网站为科研人员提供了一个方便、快捷的交流平台，是高校教师及科研人员能够及时发表成果和新观点的有效渠道(见图 3.6.3-2)。

3.6.4　考试及教学信息资源检索

（1）无忧考网。无忧考网(https：//www. 51test. net/)是中国教育考试门户网站，专业提供有关考试的最新资讯、考试报名、成绩查询、模拟试题、真题答案、备考辅导、报考指南等最新信息。有关考试的信息资源丰富而且实用，各种学历考试、职业资格考试、外语等级考试、公务员考试等，考生均可从该网站找到相应的考试大纲、报考资讯以及报考入口。同时在该网站还提供为考生提供留学、移民等信息。

以研究生考试信息为例，可单击“考研”，获得考试动态、考研报名、考研时间、考研成绩查询、考研真题、考研辅导等相关信息(见图 3.6.4-1)。

(2)中国教育考试网。中国教育考试网(http：//www. neea. edu. cn/)由教育部考试中心主办，主要承担教育考试专项职责任务。1987 年，国家教委考试管理中心成立；1990 年，更名为国家教委考试中心；1998 年，国家教委改称教育部，国家教委考试中心相应改称教

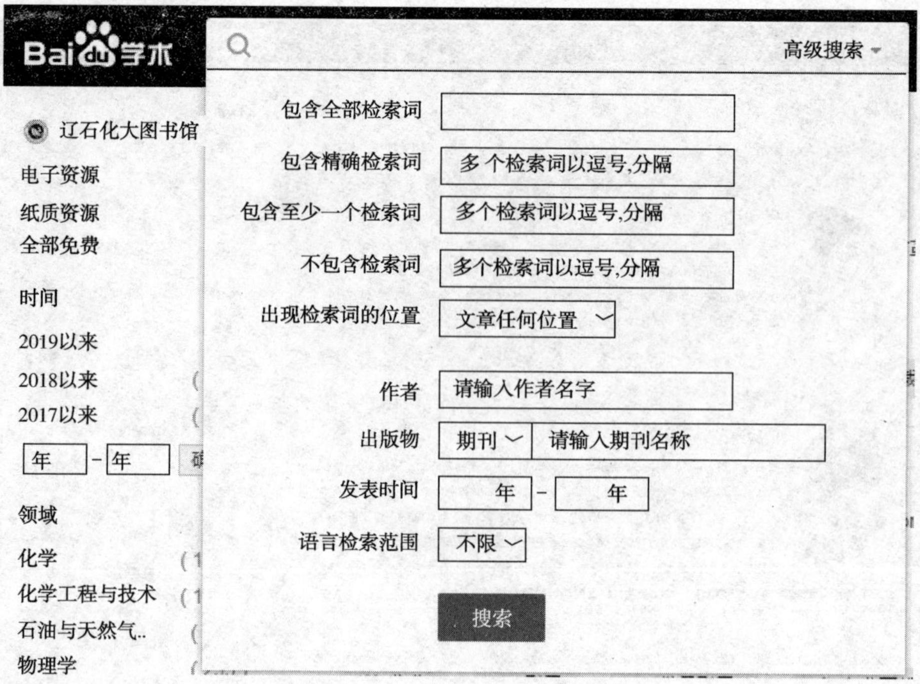

图 3.6.3-1 百度学术“高级搜索”页面

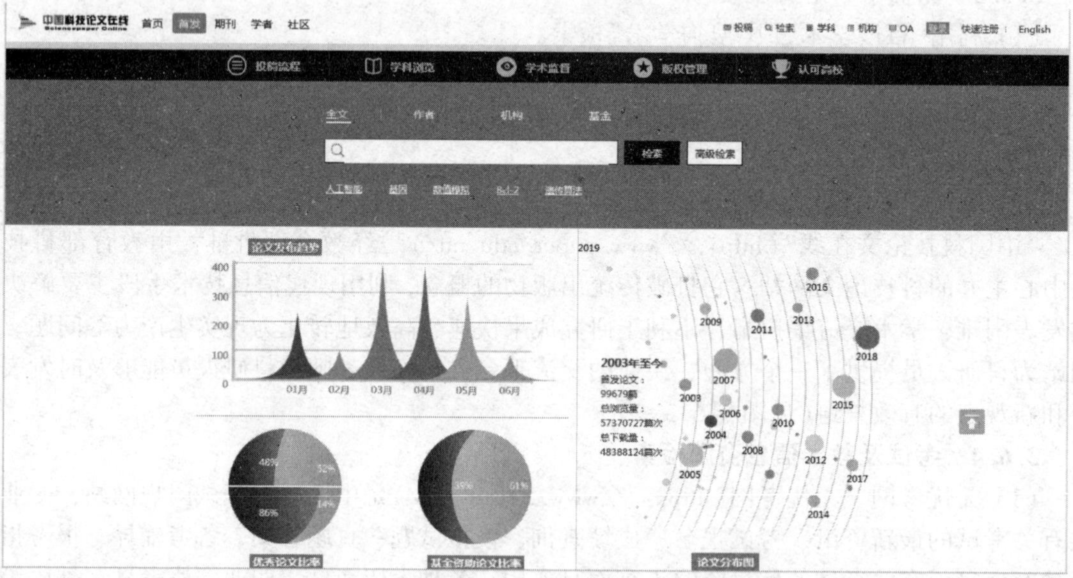

图 3.6.3-2 中国科技论文在线“首发”检索页面

育部考试中心。

该网站共设考试资讯、公示公告、考试项目、考试报名、成绩查询、证书查询、考试研究 7 个栏目(见图 3.6.4-2)，其中考试项目包括我国国家教育考试、社会证书考试、海外考试等。

考生通过“中国教育考试网”既可以获得相关考试资讯，以免错过考试报考时间，考试后还可以及时进行成绩查询、证书查询；同时，该网站还为考生提供“补办合格证明书”、

图 3.6.4-1　无忧考网“考研”页面

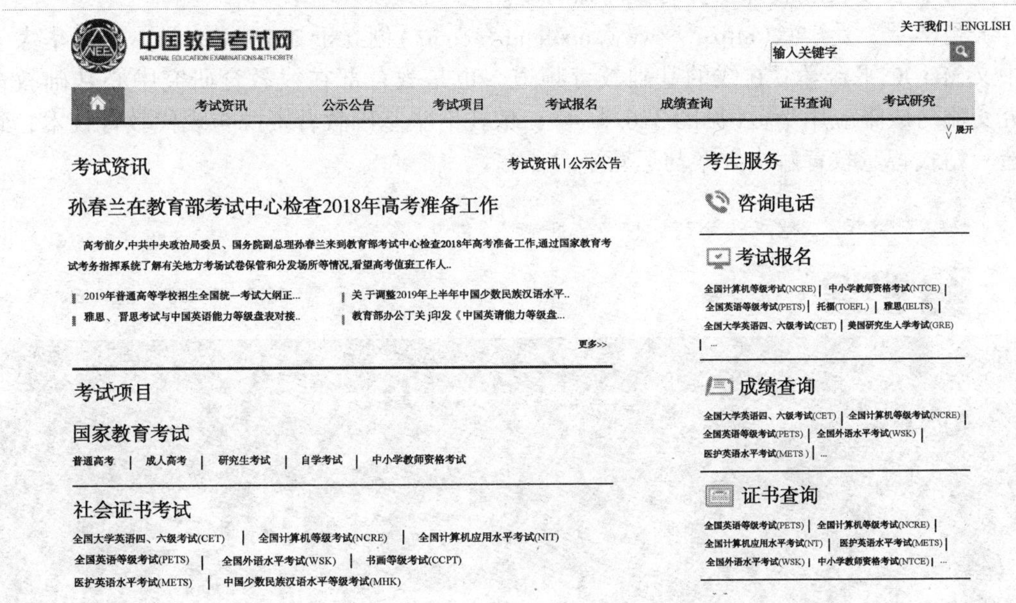

图 3.6.4-2　中国教育考试网首页

“补办成绩证明书”、“证书直邮服务”。

(3)学科网。学科网(http：//www.zxxk.com/)由归国博士陈学艺先生 2003 年创办，是权威专业的 K12 教育信息化一站式解决的中小学教育教学资源网站(见图 3.6.4-3)。该网站主要为各类教育人群提供三大服务：教学资源、教学信息化软件和教育云平台，并通过这些服务形成系统化解决方案，最终实现“让学习更容易”的目标。

图 3.6.4-3　学科网首页

经过十多年耕耘，学科网已经为全国 1500 多万用户（80%以上是教师用户）、数万所合作学校（90%以上的全国百强校都是学科网友好合作伙伴）提供了专业的教育信息化服务，“学科网”品牌在学校和教师中拥有极高知名度。

（4）爱学堂。爱学堂（http：//www. aixuetang. com/）创立于 2014 年 5 月，是清华大学发起的中文 MOOC 平台学堂在线的基础教育频道，也是教育部在线教育研究中心基础教育部的研究交流与成果应用平台（见图 3.6.4-4），依托清华基础教育资源与现代教育技术，致力于打造一站式智慧教育解决方案与运营平台。

图 3.6.4-4　爱学堂首页

爱学堂为政府、学校、师生提供优质的课程资源和平台技术服务，帮助区域和学校搭建教育资源平台和智慧教学系统，为学生提供个性化学习产品，通过教育资源平台扩大优质教育资源覆盖面，通过智慧教学系统创新课堂教学模式，从而提高课堂效率，实现区域发展公平而有质量的教育。爱学堂现已为全国 25 个省(含香港、澳门特别行政区)、100 多个市县区、2 万多所学校、500 多万学员提供教育服务。

爱学堂曾多次被 CCTV、人民日报、新华网、中国教育报等官方媒体采访报道，并获得 2018 年中国教育产业独角兽 TOP30、2017 博鳌论坛中国领军企业、2018《中国企业家》未来之星百强榜、2016 国家“高新技术企业证书”等多项荣誉。在为客户、员工、股东、创造价值的同时，积极履行企业的社会责任，尤其在教育扶贫中打造多个经典模式。

爱学堂的使命是：科技让学习更美好！它的愿景是：让亿万孩子同在蓝天下共享优质教育资源。

(5) 优课网。优课网(http：//www. uken. cn/)是 2012 年为推广教育部教育管理信息中心全国多媒体课件大赛获奖成果、推进教育资源共建共享而设立，致力于打造全国最大的教学资源运营平台，为全国教育机构信息化教学提供了有力的支撑和保障(见图 3. 6. 4-5)。目前在教学资源领域，尤其是教学素材库建设方面，已经处于全国的领先地位。

图 3. 6. 4-5　优课网首页

优课网汇集了自 2001 年以来历届全国多媒体课件大赛的全部授权资源，在此基础上打造了精品素材库、优质课件库、微课程资源库等，资源数量超过 50 万条，已经成为全国资源最多、质量最好、应用最佳的教学资源库。教学资源覆盖了高教、高职、中职和基础教育的绝大多数学科和知识点，为全国广大教师的多媒体教学和网络教学，提供了坚实的支撑。

目前，全国有近两百多所本科、高职、中职院校，使用优课网的各类教学资源，包括中国石油大学(华东)、大连海事大学、北京工业大学、哈尔滨工程大学、河北工业大学、中北大学、北京财贸职业学院、辽宁职业学院、南京卫生学校、上海市贸易学校、卢龙县职教中心学校、山东经贸职业学院、秦皇岛职业技术学院、滨州市滨城区职业中心学校、重庆经贸中等专业学校、青岛胶南珠山职业学校等，优课网的使用，推动了各院校校本级教学资源库的搭建，有力地促进了信息化教学水平的提升。

(6) 大学生自学网。大学生自学网(http://v.dxsbb.com/)，隶属于武汉赢在大学网络科技有限公司，创立于2012年6月30日。网站主要为大学生精选大学生活指南类励志文章、励志演讲视频，提供大学学习资料、学习视频(见图3.6.4-6)。大学生自学网，让每一个大学生都能够度过最充实的大学四年!

图3.6.4-6 大学生自学网首页

3.6.5 生活信息检索

(1) 58同城网。58同城网作为覆盖全领域的生活服务平台，业务覆盖招聘、房产、汽车、金融、二手及本地服务等各个领域(见图3.6.5-1)。在用户服务层面，它不仅仅是一个信息交互的平台，更是一站式的生活服务平台。同时也逐步为商家建立了全方位的市场营销解决方案。

(2) 香哈网。香哈网(https://www.xiangha.com/)是一个专业的美食网站，提供丰富的菜谱、健康食疗、食物相克大全等方面内容(见图3.6.5-2)，让人们轻松地学会怎么做美食，怎样吃得健康。

(3) 新浪旅游。新浪旅游频道(http://travel.sina.com.cn/)，是全球华语界最具影响力的旅游在线媒体(见图3.6.5-3)。为网友提供一个愉悦且易操作的游记攻略分享平台，用户可以获得权威实用的旅游资讯和景点信息、可信赖的旅游线路以及机票酒店预订服

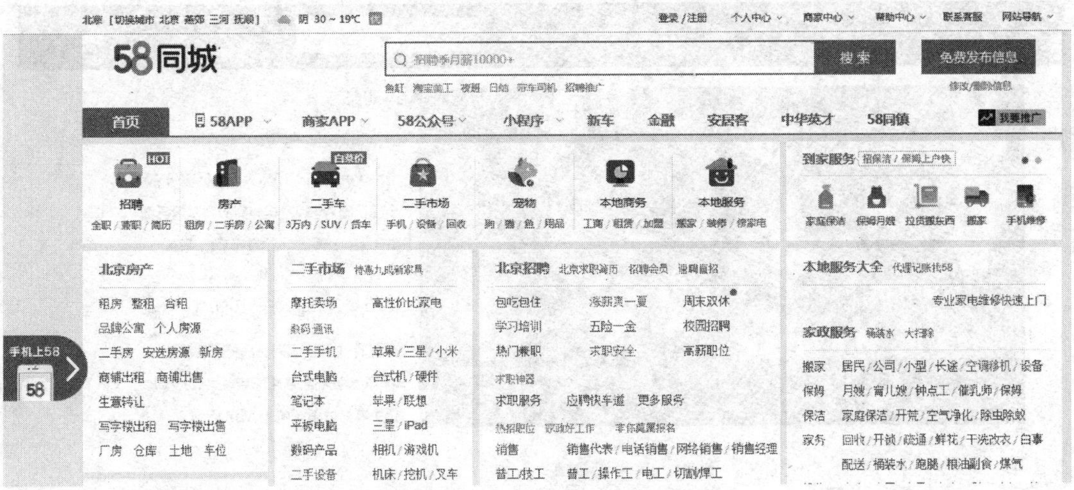

图 3. 6. 5-1　58 同城网北京地区首页

图 3. 6. 5-2　香哈网首页

务等。

(4) 搜狐旅游。搜狐旅游(http://travel.sohu.com/)是搜狐旗下的旅游资讯平台(见图 3.6.5-4)。致力为读者提供多元、实用、国际化的旅游资讯，相信行走的价值，推动国人在旅途中获得成长。

(5) 携程旅行网。携程旅行网(https://hotels.ctrip.com/)，创立于 1999 年，总部设在中国上海，员工超过 30000 人，作为中国领先的综合性旅行服务公司，携程成功整合了高科

图 3.6.5-3　新浪旅游频道

图 3.6.5-4　搜狐旅游网

技产业与传统旅行业，向超过 3 亿会员提供集无线应用、酒店预订、机票预订、旅游度假、商旅管理及旅游资讯在内的全方位旅行服务（见图 3.6.5-5），被誉为互联网和传统旅游无缝结合的典范。

目前公司已在北京、广州、深圳、成都、杭州、南京、厦门、重庆、青岛、武汉、三亚、南通等 95 个境内城市，新加坡、首尔、香港等 22 个境外城市设立分支机构，在中国南

图 3.6.5-5　携程旅行网首页

通、苏格兰爱丁堡设立服务联络中心。携程在线旅行连续 4 年被评为中国第一旅游集团，目前是全球市值第二的在线旅行服务公司。

(6) 途牛旅游网。途牛旅游网(http：//www. tuniu. com/)创立于 2006 年 10 月，2014 年 5 月登陆美国纳斯达克，是美股市场第一支专注于在线休闲旅游的中国公司。

截至 2018 年年底，途牛合作旅游服务供应商逾 16500 家，可以为消费者提供的跟团和自助等打包旅游产品超过 220 万种，还有丰富的机票、酒店、签证等单项旅游产品(见图 3.6.5-6)。截至 2019 年 3 月，途牛累计服务超过 1.08 亿人次出游，共获得客户点评 600 多万条，产品综合满意度达到 93%。

(7) 去哪儿网。去哪儿网(https：//www. qunar. com/)是中国领先的在线旅游平台，创立于 2005 年 5 月，总部位于北京。

去哪儿网通过网站及移动客户端的全平台覆盖，以自有技术为驱动，随时随地的为旅游服务供应商和旅行者提供专业的产品与服务。凭借其便捷、先进的智能搜索技术对互联网上的旅行信息进行整合，去哪儿网的产品与服务覆盖国内外机票、酒店、度假、门票、租车、接送机、火车票、汽车票和团购等多个领域(见图 3.6.5-7)。

截至 2019 年 3 月，去哪儿网搜索覆盖全球 68 万余条航线、580 家航空公司、147 万家酒店、9000 家旅游代理商、120 万余条度假线路、1 万余个旅游景点，并与国内外超 100 家航空公司进行了深度的合作，构建起一个融合线上、线下全价值链的在线旅游服务生态系统，持续提升用户的旅行品质。

图 3.6.5–6　途牛旅游网首页

图 3.6.5–7　去哪儿网首页

第4章 专利文献及其检索

4.1 专利文献的起源

据史料考证，专利的萌芽产生于公元前500年，在今意大利南部古都Sybaris的一种烹调方法被授与一年的独占权；1236年，英格兰的亨利三世授与一名波尔多人在该城市生产花布的独占权15年；1421年，意大利建筑师布鲁内来西利用在Arno河上运输重物的方法获取三年独占权；1474年3月19日，威尼斯共和国颁布了世界上第一部专利法，即《发明人法规》(Inventor Bylaws)，从1475年到16世纪，威尼斯的许多工业发明，如碾米机、运河开凿机、提水机等均被授与10年的特许证。

1449年，最早的发明专利在英国产生。亨利六世国王向佛兰芒人John of Utynam授与伊顿公学制造彩色玻璃的方法专利；1545年，德国查尔斯五世国王颁发了风轮机和水轮机的12年专利权；1551年法国授与测距仪专利权。

随着专利权的历史，专利文献逐步正规化。1611年，英国专利申请人斯特蒂文特自愿在专利申请书中附了一份描述其发明的文件，这可以说是专利文献的起源；1617年，英国出现了第一份专利文献，编号为1/1617号(即1617年的第一件专利)，内容是拉思伯恩和伯吉斯申请的专利“Engraving and Printing Maps, Plans &C.”。1624年，英国开始实施《垄断法》，此项法律被视为现代专利制度的鼻祖，它规定的一些专利法的基本范畴对今天的专利法仍有很大影响。其后欧美各国纷纷制定专利法规。1790年，美国颁布专利法；1791年，法国颁布第一部专利法。

1852年英国发生了专利史上的重要变革，建立了现代意义的专利局，并颁布《专利法修正法令》(Tme Patent Lam Amendment Aef 1852)。该法令明确规定：发明人必须充分陈述其发明内容并予以公布，专利在申请后无论是否授权都要公开出版。这项规定体现了“以技术公开换法律保护”的现代专利理念。这是专利法中首次明确规定了专利文献，标志着专利文献的正式诞生，同时代表着具有现代特点的专利制度的最终形成。同年，英国正式印刷出版了1617年的第1号专利说明书，这是第一份成为印刷体的专利文献。英国专利局将从1617年第1号专利开始的所有专利说明书，编上系列号，正式印刷出版。

此后，人类的很多发明创造都以专利形式予以公开并被授予专利权，1752年富兰克林发明的避雷针、1812年斯蒂芬森发明的火车、1867年诺贝尔发明的炸药、1887年爱迪生发明的留声机等。

我国于1985年4月1日颁布了《中华人民共和国专利法》(以下简称专利法)。法律规定对发明、实用新型、外观设计实行专利保护。1985年9月10日，我国的第一件专利文献正式出版。

4.2 专利的定义

专利一词来源于拉丁语Litterae Patent，意为公开的信件或公共文献，是中世纪君主用来颁布某种特权的证明，后指英国国王亲自签署的独占权证书。

专利(Patent)一词有两个含义，其一指特定权利，即某种发明的独占权或控制权；其二为官方文件，记录发明人对一项发明所具有的制造、使用和销售的独占权；其三为被授予专利权的发明创造本身。

4.2.1 专利的特定权利

专利这一特定的权利包含三个方面的含义：申请专利的权利、专利申请权及专利权。

(1) 申请专利的权利

申请专利的权利指某种发明创造已经完成，但尚未提出专利申请，发明人有权决定是否对该发明创造进行专利申请以及如何申请专利。

(2) 专利申请权

专利申请权指已经对某项发明创造提出申请但尚未被授权时，申请人有权决定是否继续进行申请程序、是否转让专利申请。

(3) 专利权

专利权是国务院专利行政部门依据《专利法》授予有权提出专利申请的申请人在一定期限内的禁止他人未经允许而实施其专利的权利。

凡经审查，认为符合《专利法》及《实施细则》规定的发明创造才能被授予专利权；同一项发明创造有两个以上的申请人时，专利权将授予最先申请的人。

专利权有如下特征：

① 时效性。专利权只在法律规定的期限内受到保护，期满后不再享有专利权，原保护的发明创造则成为促进社会进步的人类共同财富，任何人都可以免费使用。自申请日起，发明专利权的受保护期限为20年，实用新型专利权的受保护期限为10年，外观设计专利权的受保护期限为10年。

② 地域性。因为各国的法律只能在其主权管辖范围内有效，专利权作为受法律保护的特权只在授权的国家范围内有效，对其他国家没有任何约束力。

③ 独占性。专利权的独占性，也称排他性。未经专利权人许可，任何人不得利用被授予专利权发明创造。

4.2.2 专利文献

世界知识产权组织(WIPO)1988年编写的《知识产权法教程》将专利文献定义为："专利文献是包含已经申请或被确认为发现、发明、实用新型和工业品外观设计的研究、设计、开发和试验成果的有关资料，以及保护发明人、专利所有人及工业品外观设计和实用新型注册证书持有人权利的有关资料的已出版或未出版的文件(或其摘要)的总称。"

依据图书馆学的基础理论，专利文献分为一次专利文献，二次专利文献和专利分类资料三种类型。

(1) 一次专利文献

一次专利文献是指各工业产权局、专利局及国际(地区)性专利组织出版的各种专利说明书。

专利说明书是专利文献的主体，有出版发行和内部查阅两种形式。通过专利说明书既可以限定专利权限范围，又可以开公专利的技术信息。

(2) 二次专利文献

二次专利文献是指各工业产权局出版的专利公报、专利文摘出版物和专利索引。

二次专利文献是由出版一次专利文献(专利说明书)的同一机构(专利局)出版的，而不是由其他专利文献收藏单位出版的。同时，二次专利文献在内容上是对一次专利文献(专利说明书)的补充说明。以上是二次专利文献与二次文献的区别。

专利公报是通报近期专利申请和授权的最新情况、进行专利追溯检索，收录专利审查和授权情况，报道相关法律法规信息的定期出版物。

专利文摘是专利公报的补充性出版物，是报道最新专利申请或授权专利的技术文献。

专利索引是根据一次专利文献的某个著录项目编制的检索工具。按出版周期划分为专利年度索引、专利季度索引、专利月索引等。按索引编制条目划分为号码索引、人名索引、分类索引等。

(3) 专利分类资料

专利分类资料是按发明技术主题对专利进行分类和对专利文献进行检索的工具。专利分类资料有专利分类表和分类表索引等。

专利分类的目的是对发明创造的技术内容进行组织和建立索引，以使特定主题或某一技术领域的专利说明书归属在同一类目，便于检索利用。世界上具有代表性的专利分类表有美国专利分类表、英国专利分类表、国际专利分类表等。

4.2.3　专利类型

专利权保护的客体是被授予专利的发明创造。《中华人民共和国专利法》第一章“总则”第二条规定：本法所称的发明创造分别指发明专利、实用新型专利和外观设计专利。

(1) 发明专利

发明专利是指利用自然法则创造的产品、方法、及技术方案，是创造的新事物和新的制作方法。如计算机的发明，照相机的发明都属于前所末有的发明创造；现代社会的很多发明专利都是对原有的产品、方法和技术的改进，鲜有开拓型的发明创造。

(2) 实用新型专利

实用新型专利是指对产品(机器、设备、装置、用具等)的形状、构造或者其组合所提出的技术解决方案。相对于发明专利创造性水平低，只涉及有形物品，即产品可以从外部观察到的确定空间形状。

(3) 外观设计专利

工业品外观设计一般指对产品的外形、图案、色彩或其组合所做出的富于美感并适于工业应用的新设计。外观设计应以产品为主体，既包含式样也包括模型。为适于工业应用，要求外观设计专利可以适用于产业并可以进行机械方式或手工方式的批量生产。

4.2.4　不授予专利权的类型

(1) 科学发现

科学发现不属于技术发明的范畴，不能取得专利保护。发明专利在本质上区别于科学发现，发现是指人通过主观能动性对客观世界已存在的现象和规律的认识。例如，卤化银在光照下有感光特性这种发现不能被授予专利权，但是根据这一科学发现产生的感光胶片的制造方法则可以被授予专利权。

(2) 智力活动的规则和方法

智力活动的规则和方法是指导人们进行思维理解、判断记忆的规则和方法。因其没有利用自然规律，也未解决技术问题而不被授予专利权。如图书分类法、各种快速记忆法、游戏规则和方法等。

(3) 疾病的诊断和治疗方法

世界上很多国家出于人道主义及社会伦理的原因，将疾病的诊断和治疗方法排除授予专利权的范围。但是，用于疾病诊断和治疗的医疗器械可被授予专利权。

（4）动物和植物品种

动物和植物品种不能被授予专利权。对动物和植物品种的生产培育方法，可以授予专利权。

（5）用原子核变换方法获得的物质

原子核变换方法以及用该方法所获得的物质不能被授予专利权。但用于原子核变换的设备仪器可以被授予专利权。

（6）违反社会公德和妨害公共利益的发明创造不授予专利权

对违反法律、社会公德或者妨害公共利益的发明创造，不授予专利权。对违反法律、行政法规的规定获取或者利用遗传资源，并依赖该遗传资源完成的发明创造，不授予专利权。

4.3 专利权的授予条件

4.3.1 发明专利或实用新型专利的授予条件

对于发明专利或实用新型专利的授予应符合新颖性、创造性和实用性，通常简称为“三性”。

（1）新颖性

新颖性指所申请的专利在申请日以前没有同样的发明或者实用新型在国内外出版物上公开发表过且没有在国内公开使用过。

（2）创造性

创造性是指同已有的技术相比，该发明或实用新型有显著的进步，能够创造更好的经济效益。这里突出强调其显著进步是指对于所属技术领域的技术人员而言，其发明创造是非显而易见的；反之，则不具有创造性。

（3）实用性

实用性是指该发明或者实用新型能够制造或者使用，并且能够产生积极效果，即产生技术效果、经济效果和社会效果。

4.3.2 外观设计专利的授予条件

外观设计专利要求不属于现有设计，且没有任何单位和个人就同样的外观设计在申请日之前提出专利申请。

4.4 专利的审查制度及程序

审查制度是指各工业产权局对受理的专利申请或注册证书申请依照本国相关工业产权法或专利公约规定的程序进行审查、授权的制度。依据审查制度，不同阶段的审查流程，形成不同时期、法律状态各异的说明书。

4.4.1 形式审查

也称为登记制。这种审查主要针对申请文件的齐备、格式以及费用缴纳等进行形式上的审查。申请经形式审查合格，即予以登记并授予专利权形成专利申请说明书。

对发明专利申请采用登记制的国家主要有意大利、比利时、卢森堡、希腊、秘鲁、南非等。

4.4.2 初步审查制

这种审查制度在形式审查内容的基础上，还要求对申请文件是否符合专利法的有关规定，是否明显属于专利法所规定的不能取得专利权的情形进行审查。初步审查合格的申请即给予登记并授予专利权。我国对实用新型和外观设计专利申请采取初步审查制。

4.4.3 半审查制

半审查制也称文献报告制。这种审查制度要求对申请文件不仅进行形式审查，还要进行新颖性审查并做出文献检索报告，这种审查适用于对发明专利和实用新型专利的申请。实行半审查制的国家主要有法国。

4.4.4 实质审查

也称完全审查制或自动审查制。这种审查方式既对专利申请进行形式审查，又对专利三性(新颖性、创造性、实用性)进行审查，这种实质性审查无须申请人提出请求，由各工业产权局自动进行。实质审查产生的专利文献是专利说明书。

实行实质的国家主要有2000年以前的美国、前苏联以及1989年以前的加拿大等。

4.4.5 延迟审查

延迟审查制又称早期公开、延迟审查制。这是指对专利申请进行形式审查合格后，自申请提出之日满18个月予以公布，称为早期公开，这是延迟审查制最显著的标志。申请人自申请日起一定时间内(一般为3~7年不等)随时提出实质审查请求，各工业产权局据此进行实质性审查。我国发明专利的申请实行延迟审查制。

延迟审查制是根据审批程序形成不同的专利文件。

(1) 专利申请公开说明书

也称为专利公开说明书，在专利申请早期公开时出版，是既未经实质性审查也未授予专利权的说明书。

(2) 专利申请公告说明书

也称为专利公告说明书或展出说明书，在专利申请公告、供公众提异议出版，是经实质性审查但尚未授予专利权的说明书。

(3) 专利说明书

在发明创造授予专利权时出版，是既经实质性审查又授予专利权的说明书。我国专利申请的审查流程见图4.4.5-1。

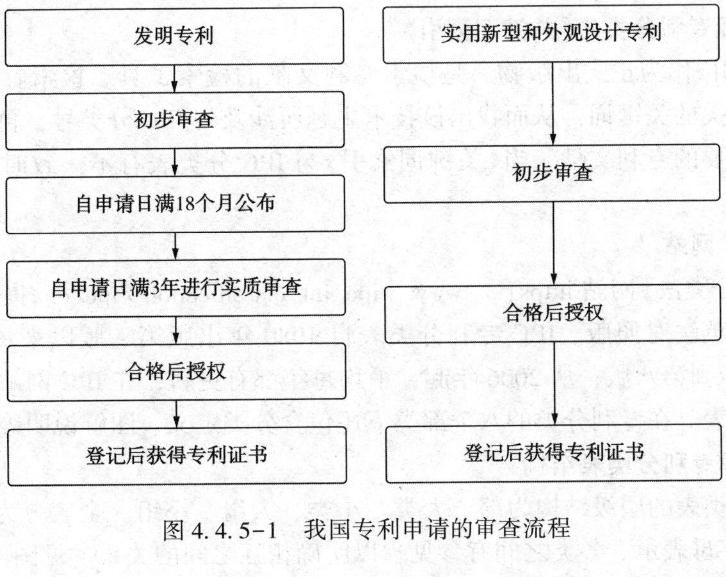

图4.4.5-1 我国专利申请的审查流程

在专利审批程序的过程中形成了不同的专利文献，主要有发明专利申请公开说明书、发明专利申请审定说明书(1993 年专利法第一次修改后称为发明专利说明书)、实用新型专利申请说明书(1993 年专利法第一次修改后称为实用新型专利说明书)、外观设计申请公告(1993 年专利法第一次修改后称为外观设计授权公告，2006 年开始出版外观设计专利单行本)。

4.5 国际专利分类法

世界各国的专利组织每年要受理数目庞大的专利申请并出版大量的专利文献，为了管理方便和有效利用，需要按确定专利文献分类系统将文献进行归档。

很多国家的专利局在早期都有自己的专利分类体系进行专利文献的管理和利用，如美国专利分类法、德国专利分类法、日本专利分类法等。但由于各国分类体系的差异，任何国家在利用其他国家的专利文献时都存在困难，人们急切地需要建立一个国际通用的专利分类体系，国际专利分类应运而生。

1954 年 12 月 19 日，欧洲理事会的国家如法国、德国、英国、意大利、瑞士、荷兰、瑞典等共同签订了《关于发明专利国际分类法欧洲公约》，并制定了《发明的国际(欧洲)分类表》。1968 年 9 月 1 日，《国际专利分类表》(International Patent Classification，IPC)公布第 1 版，每 5 年修订一次。

1971 年 3 月 24 日《巴黎公约》联盟成员国在法国斯特拉斯堡召开会议，签定《国际专利分类斯特拉斯堡协定》(以下简称 IPC 协定)，1975 年 7 月 10 日 IPC 协定生效，同时建立了专门的“IPC”(International Patent Classification)联盟，管理机构为世界知识产权组织(WIPO)。

我国国家知识产权局自 1985 年专利法实施以来，一直采用 IPC 进行专利分类，1997 年 6 月 19 日，中国加入《国际专利分类斯特拉斯堡协定》，成为其正式成员国。

4.5.1 国际专利分类法《使用指南》

《使用指南》的主要内容是介绍 IPC 分类表的编排及 IPC 的分类规则方法，及如何利用 IPC 对专利文献进行分类。

4.5.2 国际专利分类法《关键词索引》

《关键词索引》作为正式出版物，是检索专利文献的检索工具。检索者根据自己需要的技术主题选择有关的关键词，从而找出该技术主题所涉及的 IPC 分类号，再与 IPC 表结合使用，检索到所需要的专利文献。当《关键词索引》与 IPC 分类表有不一致时，则应以 IPC 分类表为准。

4.5.3 IPC 网站

《国际专利分类法》网站 https：//www. wipo. int/classifications/ipc/en/提供专利分类的英文版、法文版及英法对照版。IPC 专利分类表自 1980 年出版第一版以来每五年出版一次，至 2006 年已出版到第八版；从 2006 年起，平均每年都有更新，在 IPC 网站上可以找到所有版本的专利分类表。在专利分类的八个部类下还包含分类定义、图解说明等信息。

4.5.4 国际专利分类表结构

国际专利分类表的层级结构为部、大类、小类、大组、小组。全表分为 8 个部，用 A～H8 个大写拉丁字母表示。各类之间有参见，以明确相互之间的关系。见图 4.5.4-1。

+	A	HUMAN NECESSITIES
+	B	PERFORMING OPERATIONS;TRANSPORTING
+	V	CHEMISTRY;METALLURGY
+	D	TEXTILES;PAPER
+	E	FIXED CONSTRUCTIONS
+	F	MECHANICAL ENGINEERING; LIGHTING; HEATING; WEAPONS; BLASTING
+	G	PHYSICS
+	H	ELECTRICITY

图 4.5.4-1　国际专利分类表结构

(1) IPC 分类表第一级为部和分部

部的类号用大写的英文字母表示，如 A 部、B 部等。各部的类名概要地指出该部的技术范围。

分部共 20 个，没有类号，只有关键词性的类名，限定了部内的技术范围，起到检索信息指引的作用。检索者可以通过分部的类名对部的内容有一个概括性的理解，了解技术领域的归类情况

A 部：人类生活必需(农、轻、医)。

分部：农业、食品、烟草、个人和家用物品、卫生与娱乐。

B 部：作业、运输。

分部：分离与混合、成型、印刷、运输。

C 部：化学、冶金。

分部：化学、冶金。

D 部：纺织、造纸。

分部：纺织、造纸。

E 部：固定建筑物。

分部：建筑、采掘。

F 部：机械工程、照明、采暖、武器、爆破。

分部：发动机和泵、一般工程、照明、加热、武器、爆破。

G 部：物理。

分部：仪器、核子学。

H 部：电学。

(2) IPC 分类表第二级为大类

大类根据每个部的技术领域划分，通过大类的名称对其所包含的小类的技术主题进行全面说明，以明确大类的主题内容。大类类号由有关部的英文类号加上两位数字组成。如 A43 鞋袜、B63 船及水上设备、相关设备。

(3) IPC 分类表第三级为小类

小类是大类下的细分类目，每个大类下有一个或多个小类。小类通过设置的类名及相关参见项可以精确地限定该小类的技术主题范围。它由大类类号加上一位大写的英文字母构成。例如：A21B 食品烤炉。

（4）IPC 分类表第四级为大组

每个小类下又细分为若干大组。大组类号由小类类号加上 1~3 位数字构成。值得注意的是专利号 A43B 5/00 运动鞋，为大组号，即小类类号加上"/00"则表示大组号。

（5）IPC 分类表第五级为小组

小组是大组的细分，每一个小组类号由小类类号加上 1~3 位数字，后附"/"，再加个除"00"以外的至少两位数组成。小组类名限定了该小组的技术主题范畴，小组类名前加一个或几个圆点表示该小组的等级位置，点数越多级别越低，小组等级的确定由取决于圆点的个数，不取决于类号的长短。

例如：

G01N33/483　··生物物质的物理分析

G01N33/487　···液态生物物质

G01N33/49　····血液

G01N33/50　··生物物质，例如血的化学分析

在这组类号里面，类目"G01N33/49····血液"的级别低于类目"G01N33/483··生物物质的物理分析"。

小组类号有以下三点需要注意：

① 小组类号不采用十进制标记，而采用隔数排列，以方便扩充，如分组的标记采用 02、04、06、08 等，03、05、07 则为待用。

② 大组与小组之间斜线(/)之前规定最多为三位数，斜线之后最多为五位数。

③ 如类号中出现符号 X，表示此项专利暂时无法归入已有类别的标记，比如：C01G/00X。

如关于"双向犁"的国际专利分类号 A01B 5/14 的分层标记为：

部……A

大类……01

小类………B

主组…………5

分组……………5/14

IPC 只用于发明专利和实用新型专利的分类与检索。外观设计专利的分类与检索需用《国际外观设计专利分类表》(International Industrial Design Classification)。

4.6 《世界专利索引》

《世界专利索引》是英国德温特公司采用的专利分类方法。英国德温特出版公司(Derwent Publications Limited)于 1951 年成立，从 60 年代起报道范围逐步扩大，1970 年出版《中心专利索引》(《Central Patent Index》)，即现在的《化学专利索引》(《Chemical Patent Index》)；1974 年创刊《世界专利索引》，以题录的形式出版 WPI 索引周报(WPI Gazette)、WPI 文摘周报(WPI Alerting Abstracts Bulletin)及各类分册。

作为专门从事专利文献报导的私营出版机构，英国德温特公司以题录和文摘两种形式，使用英语对世界上 30 多个国家和地区、2 个国际专利组织的专利信息分门别类进行报道。年报道的专利信息量约占世界专利公布量的 85%左右。

德温特公司检索体系出版速度快，载体形式多样。包括专利题录、文摘、索引等。除了

印刷版外，还有文摘卡片、缩微卡片、胶片，机读版的磁带、磁盘、光盘等。

随着计算机技术的进步，Derwent 推出的基于 Web 的专利信息数据库 Derwent Innovation Index（DII，德温特世界专利创新索引），是世界上规模最大的专利检索系统。DII 将 Derwent World Patents Index（德温特世界专利索引，简称 WPI）与 Patents Citation Index（专利引文索引）加以整合，每周更新全球专利信息。

《世界专利索引》以题录形式报道世界专利信息，内容涵盖文摘系列。WPI 的四个分册分别为：综合 P 分册、机械 Q 分册、电气 S-X 分册、化工 A-M 分册。每个分册均包括四种索引，即专利权人索引，国际专利分类索引，入藏登记号索引和专利号索引。

4.6.1　专利权人索引

按专利权人代码的字母顺序排列，将包含公司和个人的专利权人用四位大写英文字母表示，并在其代码后利用不同的符号区别其性质，“空白”表示是大公司，“-”表示是小公司，“/”表示是个人，“=”表示是俄罗斯机构。索引报道的内容有德温特分册分类号；基本专利号，用“*”标记；专利主标题及副标题，用以体现专利的特点；入藏登记号；基本专利的期次号；专利说明书公布日期；优先权项及国际专利分类号。

优先权是指申请人就相同主题的发明或者实用新型自第一次在某国提出专利申请之日起 12 个月内，或者就相同主题的外观设计在第一次提出专利申请之日起 6 个月内，在其他国家再次提出专利申请的，可依照两签订的协议享有优先权，可将首次申请日确定为专利最早申请日。

4.6.2　国际专利分类索引

WPI 特别编制了《国际专利分类索引》，使专利分类更加规范细致，便于统一检索。《国际专利分类索引》可按照国际专利分类法查找各项专利。索引内按照 IPC 分类号的前四级（分类级别到大组）进行排列，内容包括专利的发明主标题，副标题；德温特分册号；专利权人名；入藏登记号；带“*”的基本专利号。

（1）主标题与副标题

在同一国际专利分类号下，先编排含有主副标题的基本专利，带有“*”；再编排只有副标题的相同专利，标记符号为“=”，在各主副标题下再按各国专利号顺序排列。

（2）基本专利与相同专利

根据德温定义，同一内容的发明由同一申请人在不同国家申请专利，德温特最先收录并最先报道出去的专利，称为基本专利，在德温特的各种索引里用“*”标记；后来收录并报道的专利称为相同专利，在德温特的各种索引里用“=”标记。

4.6.3　入藏登记号索引

德温特出版公司对报道的基本专利给予一个入藏登记号，凡以后收录的与这个基本专利相同或相关专利，登记号不变，即形成了在一个入藏登记号下的内容相近的专利族群。索引内容包括：按年排列的登记号，德温特分册号，基本专利号，相关专利号及相关登记号。

按年排列的登记号组成为：两位数字的年号+德温特接收的流水号/周号。如：83-125477/16 表示 1983 年第 16 周的一篇编号为 125477 的专利。

该索引的作用：查找同族专利，掌握该族专利技术的最早公布时间；了解相似内容的专利在世界范围内的申请范围；选择语种熟悉的专利说明书。

4.6.4　专利号索引

专利号索引由二个字母的国家代码、专利顺序号及说明书级别代号组成。因为不同的专利审查制度，有的专利申请要公布多次，根据公布的次序确定说明书级别代号，即为：A-1st publication；B - 2nd Publication；C - 3rd Publication。德温特专利国家代码见表4.6.4-1。

表 4.6.4-1　德温特专利国家代码

Australia 澳大利亚	AU	Luxembourg 卢森堡	LU
Austria 奥地利	AT	Netherlands 荷兰	NL
Belgium 比利时	BE	New Zealand 新西兰	NZ
Brazil 巴西	BR	Norway 挪威	NO
Canada 加拿大	CA	Portugal 葡萄牙	PT
China 中国	CN	Romania 罗马尼亚	RO
Czech Republic 捷克	CS	Russian Federation 俄罗斯联邦	RU
Denmark 丹麦	DK	Singapore 新加坡	SG
Europe 欧洲专利组织	EP	Slovakia 斯洛伐克	SK
Finland 芬兰	FI	South Korea 韩国	KR
France 法国	FR	Spain 西班牙	ES
Germany 德国	DE	Sweden 瑞典	SE
Hungary 匈牙利	HU	Switzerland 瑞士	CH
Ireland 冰岛	IE	United Kingdom 英国	GB
Italy 意大利	IT	U. S. A. 美国	US
Japan 日本	JP	PCT 国际专利合作条约	WO

4.7　美国专利

1790 年，美国依据《宪法》制定出版第一部专利法《实用技术促进法》，并开始出版专利文献。1831 年以前，美国的专利文献按年代顺序排列，1831 年首次颁布专利分类法。该分类法将所收录的专利分成 16 个组，并在文献上标注分类号；1836 年，有正式文献编号的专利说明书出版；1837 年实施的新分类表，共设置 22 个大类。1850 年，美国历史性地要求，获得专利权的条件不仅是新的和有用的，还必须是非显而易见的，并于 1952 年在成文法中确立了专利的三性。2011 年 9 月 16 日，美国总统奥巴马签署《美国发明法案》，历经 4 届国会，长达 6 年的专利改革法案落下帷幕。100 多年来，随着技术的进步，美国专利法的内容不断调整，分类表的设置在实践中不断完善，逐渐形成一套适用于美国专利的分类体系。

美国出版的专利文献中，除了美国本土的专利外，也包括英国、法国、日本、德国、瑞士、瑞典等国的专利技术。

4.7.1　美国专利分类法

目前的美国专利分类表有 450 个大类，设定大类序号从 002 至 987，并预留很多大类分类号，小类约有 15 万个。美国专利分类法原则为：最接近功能。此原则将实现类似效果的工艺、方法、设备等集中于同一个类目中，可以实现该技术主题的完整检索。如将水的冷却装置和油的冷却装置放在同一个热交换装置类目内。

美国专利分类的体系为：大类号/小类号。大类号有类名和类目；小类在大类下细分，以缩位点表示级别的高低。因此，只能通过分类详表了解类目内的上下级关系。同时，通过美国《专利分类表定义》限定各类目的范围及其下小类的划分。

对于不熟悉美国分类体系的检索者，通过检索《分类索引》可以对分类表进行速览，利用技术主题找到相关分类，确定分类号在专利分类表中的具体位置。《分类索引》将大类表按 26 个英语字母顺序排列，其后附有六万多个按英文字顺排列的技术名词，并在词后列出相关类目，然后查阅美国专利分类表，确定准确的专利分类号。《分类索引》最后列了举相关主题的所有类号，便于检索者选择。随着技术进步，根据《分类索引》的修改变化，每年出版《分类表修正页》告知公众。

4.7.2 美国专利文献

(1) 美国专利说明书

① 发明专利说明书。发明专利申请经实质审查、授予专利权时出版的专利说明书，自 1790 年开始出版，是美国专利文献的主体。

② 植物专利。“任何人的发明、发现及用无性繁殖方法培育出的独特的植物新品种，包括培育出的变态的变异的、新发现的种子苗(除了块茎繁殖的植物和非栽培状态下发现的植物)，都可以申请植物专利。”1931 年开始出版说明书。

③ 设计专利说明书。外观设计申请经实质审查授予专利权时出版的外观设计专利说明书，1842 年开始出版设计专利。

④ 再公告专利。在发明专利授权后 2 年之内，发明人发现说明书或附图由于非欺骗性失误、权利要求过宽或过窄而影响原专利的完全或部分有效性，发明人提交的再版专利申请，对上述问题进行修正，授予再版专利。专利号前冠有“Re”、扉页上附有原来专利的有关信息。

⑤ 再审查证书。专利授权后，任何人在有效期内引证现有技术对该专利提出质疑时，可提交再审查请求。美国专利商标局对此专利进行再审查后，颁发再审查证书，并出版复审之后的专利说明书。美国自 1981 年 7 月 1 日实行再审查制。

(2) 美国专利公报

由美国专利商标局出的权利要求型公报，每周一期，每月四期为 1 卷，全年 12 卷。分为ⓐ文摘部分：报道有关专利事务的各种通知、命令；法规的变化；分类的改变。ⓑ事务部分：报道各类授权专利的著录项目、主权利要求、附图；ⓒ索引部分：报道专利权人索引、分类号索引；出售或转让的专利的名单等。

4.8 中国专利

1978 年改革开放，我国着手起草专利法。1985 年 4 月 1 日，《中华人民共和国专利法》付诸实施，对发明、实用新型、外观设计实行专利保护。随着我国技术能力的不断进步，为了顺应国际专利制度的发展趋势，我国专利法先后于 1992 年和 2000 年进行了两次修订，并分别于 1993 年 1 月 1 日和 2001 年 7 月 1 日开始施行。修订以后，专利的保护期限发生变动，发明专利权的期限为 20 年，实用新型专利权和外观设计专利权的期限为 10 年，均自申请日起计算。

4.8.1 中国专利说明书

自我国实行《专利法》以来，因专利审批程序的变化，形成了各种专利说明书，见表 4.8.1-1。

表 4.8.1-1　各种专利说明书

时间	文献标识码	名　称	内　容
1985—1992 年	A	发明专利申请公开说明书	未经实质审查，尚未授予专利权的说明书
	B	发明专利申请审定说明书	经实质审查，尚未授予专利权的说明书
	U	实用新型专利申请说明书	初步审查合格后即行公告的说明书
	S	外观设计专利申请公告(专利公报)	初步审查合格后即行公告的说明书
1993 年以后	C	发明专利说明书	取代发明专利申请审定说明书，经实质审查合格后出版
	Y	实用新型专利文明书	取代实用新型专利申请说明书，经初步审查合格后出版
	D	外观设计专利授权公告(专利公报)	取代外观设计专利申请公告，经初步审查合格后出版
		外观设计专利(单行本)	按申请原稿色彩出版，由扉页和专利图片构成

中国专利文献自 1985 年出版以来，随着专利文献出版种类的改变，在不同的阶段有着不同的编号方式。经过三十多年的发展，共有六种专利文献的号码形式，即申请号、专利号、公开号、审定号、公告号及授权公告号。

一直以来专利的申请号的组成形式为：年+专利类型+流水号，专利号为：ZL+申请号。其中专利类型分别为：1-发明、2-实用新型、3-外观设计。专利文献及其编号的方式见表 4.8.1-2。

表 4.8.1-2　专利文献种类及编号体系

名称	内容	1985—1988	1989—1993	1993—2003.9.30	2003.10.1 以后
申请号	提交专利申请时给出的编号	年+专利类型+流水号	年+专利类型+流水号．计算机校验码(9 位)	年+专利类型+流水号．计算机校验码(9 位)	年+专利类型+流水号．计算机校验码(12 位)
专利号	授予专利权时给出的编号	ZL+申请号	ZL+申请号	ZL+申请号	ZL+申请号
公开号	发明专利申请公开说明书的编号	CN+申请号+A	CN1030001A 起排列	延续 CN1030001A 起排列的号码	延续 CN1030001A 起排列的号码
审定号	发明专利申请审定说明书的编号	CN+申请号+B	CN1030001B 起排列		
公告号	实用新型专利申请的公告号	CN+申请号+U	CN2030001U 起排列		
	外观设计专利申请的公告号	CN+申请号+S	CN3003001S 起排列		

续表

名称	内容	1985—1988	1989—1993	1993—2003. 9. 30	2003. 10. 1 以后
授权公告号	发明专利说明书、实用新型专利说明书外观设计专利公告中授予编号			延续审定号+C 延续公告号+Y 延续公告号+D	延续审定号+C 延续公告号+Y 延续公告号+D

4.8.2 中国专利公报

中国专利公报是中国国家知识产权局报道最新发明创造专利申请的公开、公告和专利授权情况以及专利著录事项变更等信息的定期连续出版物，记录有关专利申请和授权的公告信息，是专利文献的重要组成部分，是查找中国专利文献、检索中国新专利信息和了解中国国务院专利行政部门专利审查业务活动的主要工具书。

中国专利公报分《发明专利公报》、《实用新型专利公报》和《外观设计专利公报》三种，1985 年 9 月创刊，起初为月刊；自 1990 年起，改为周刊。专利公报封面的顶部标有卷期号，每年一卷，1985 年为第一卷，依次排列。三种专利公报的内容大体分为三个部分：专利申请和授权决定；专利审查相关事项；专利索引(IPC 索引\ 专利号索引\ 专利权人索引)。

4.9 专利检索

4.9.1 中华人民共和国国家知识产权局

National intellectual Property Administration. P. R. C

专利检索系统收录了 103 个国家、地区和组织的专利数据以及引文、同族专利、法律状态等数据信息，收录范围涵盖了中国、美国、日本、韩国、英国、法国、德国、瑞士、俄罗斯、欧洲专利局和世界知识产权组织等。1985—2019 年，中国地区已收录了 51566653 条记录。其中，中外专利数据，每周三更新；同族专利、法律状态数据，每周二更新；引文数据，每月更新。网站首页可从 IPC 的 8 大部分类查找专利，页面分为专利检索、专利分析、药物检索和专利服务四个入口。网站需要登录后才能检索。网站地址：www. pss-system. gov. cn，见图 4. 9. 1-1。

图 4. 9. 1-1 中华人民共和国知识产权局

4.9.2　中国专利信息网

http：//www.patent.com.cn/

国家知识产权局专利检索咨询中心成立于 1993 年，前身是中国专利局专利检索咨询中心，2001 年 5 月更名为国家知识产权局专利检索咨询中心(以下简称“检索咨询中心”)，是国家知识产权局直属事业单位，是目前国内科技及知识产权领域提供专利信息检索分析、专利事务咨询、专利及科技文献翻译、非专利文献数据加工等服务的权威机构。见图 4.9.2-1。

图 4.9.2-1　中国专利信息网

专利检索服务提供查新检索、现有技术/现有设计检索、专题检索、授权专利检索、香港短期专利检索、法律状态检索、同族专利检索、跟踪检索、国际联机检索和侵权分析十个方面的服务。注册登录后可通过“新建检索”提出检索请求，按服务项目的不同支付费用。

4.9.3　万方《中外专利数据库》

http：//www.wanfangdata.com.cn/navigations/patent.do

收录从 1985 年至今授理的发明专利、实用新型专利、外观设计专利数据信息，包含专利公开(公告)日、公开(公告)号、主分类号、分类号、申请(专利)号、申请日、优先权等数据项；范围包括十一国二组织的国外专利文摘 41783253 项，中国专利全文量共计 22087799 篇。其中十一国包括：中国、美国、加拿大、澳大利亚、瑞士、德国、法国、英国、俄罗斯、日本、韩国；二组织包括：欧洲专利局和世界专利局。

万方智搜-专利检索主界面按 IPC 分类法设置八个大部，每个部下的大类内按相关度列举专利文献的文摘。见图 4.9.3-1。

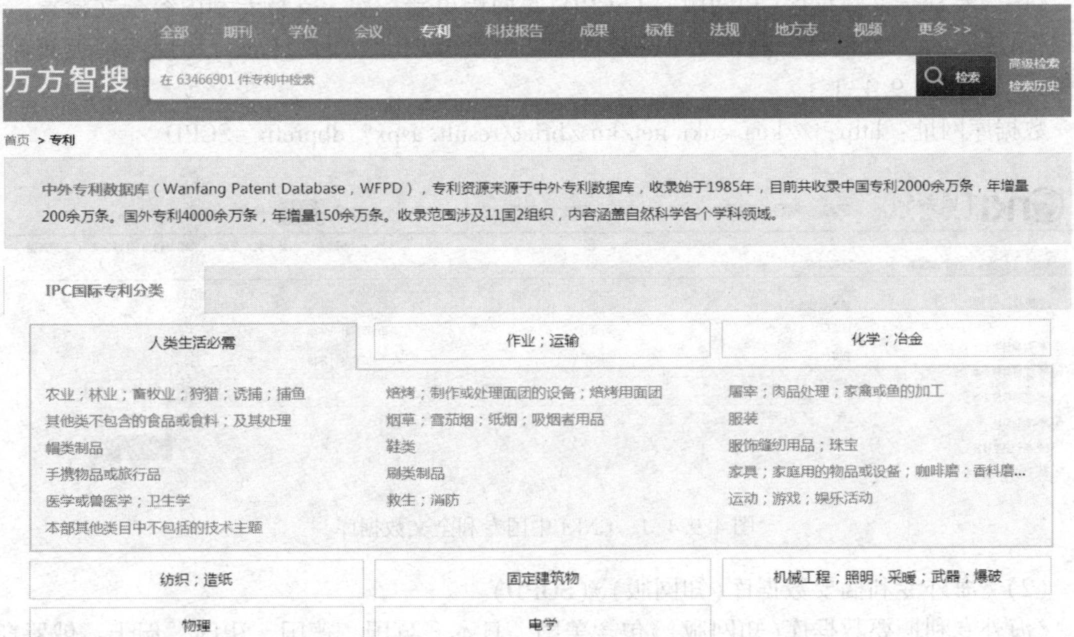

图 4.9.3-1 万方智搜

4.9.4 中国知网专利数据库

中国知网专利数据库包括《中国专利全文数据库(知网版)》(SCPD)和《海外专利摘要数据库(知网版)》(SOPD)。数据库来源于国家知识产权局知识产权出版社，适用于科研、技术开发、管理人员、高校师生。作为中国唯一与科技研究、科技产出整合关联的专利数据库，SCPD集成了中国最完整、最准确的专利图文，使国内外专利与中国科技成果、国内外标准、CNKI的期刊、报纸、博硕士论文、工具书、年鉴、知识元等资源整合，并通过CNKI“知网节”技术挖掘其内在关联，形成的专利技术调研与评价体系，可以全面展示某专利的产出背景与应用，同时展现该专利核心技术领域的研究与发展动态。

通过检索专利，了解课题所在技术领域的研究水平和研究进展，判断课题先进性，避免重复研究。利用专利知识网络，探求技术之间的联系和发展规律，发现所涉及领域新的研究方向和课题。消化吸收现有专利研究成果，进行相关课题的研究，或再创造发明新专利。

辅助政府进行专利审查、项目管理，研究制定产业政策。通过专利检索和专利信息分析，避免相关技术研究重复引进或重复投入，分析专利的创新水平、发展空间、成熟程度、相关产品的附加值及市场竞争力，为专利申请、相关课题和企业项目的评审、验收提供专利技术资料和评价信息。

(1)《中国专利全文数据库(知网版)》(SCPD)

该数据库是在知识产权出版社出版的《中国专利数据库》的基础上，由《中国学术期刊(光盘版)》电子杂志社有限公司整合“中国知网”国内外相关文献，汇编而成的知识网络型专利数据库。收录从1985年至今的中国专利，共计收录专利1700万条，准确反映中国最新的专利发明。按照专利种类分为发明专利、实用新型专利、外观设计专利三个子库，其中发明专利和实用新型采用国际专利分类法(IPC分类)和CNKI学科分类，外观设计采用国际外观设计分类和CNKI学科分类。

《中国专利全文数据库(知网版)》(SCPD)每两周更新一次，支持专利内容全文检索，可使用CAJViewer一次阅读专利说明书全部内容，提供WEB版(网上包库)和镜像站版两种访问模式。见图4.9.4-1。

数据库网址：http：//kns. cnki. net/kns/brief/result. aspx？ dbprefix=SCPD

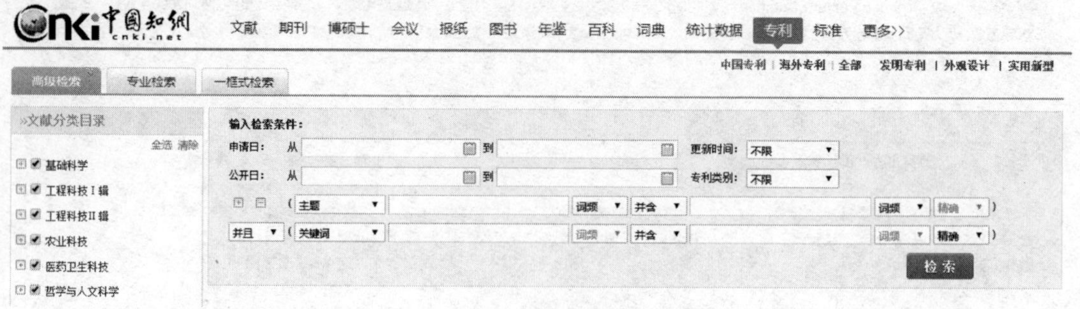

图4.9.4-1 CNKI中国专利全文数据库

(2)《海外专利摘要数据库(知网版)》(SOPD)

《海外专利摘要数据库(知网版)》包含美国、日本、英国、德国、法国、瑞士、俄罗斯、韩国、加拿大、澳大利亚、世界知识产权组织、欧洲专利局和中国香港、台湾等十国两组织两地区的专利摘要。专利全文可通过“中国知网”链接国外相关专利网站免费获取，并以“知网节”形式链接“中国知网”上的各种相关文献。

收录从1970年至今的国外专利8100万条，有少量回溯，采用国际专利分类(IPC分类)和CNKI学科分类。

《海外专利摘要数据库》(SOPD)每月更新一次，提供申请号、申请日、公开号、公开日、专利名称、摘要、分类号、申请人、发明人、地址、国别等检索项的同时，增加“同族专利项”、“欧洲主分类”和“欧洲副分类”等检索条件，突出展现了国外专利与中国专利的不同特点。数据库可链接至欧洲专利局网站在线阅读或下载原文，提供WEB版(网上包库)、镜像站版和流量计费三种访问方式。见图4.9.4-2。

数据库网址：http：//kns. cnki. net/kns/brief/result. aspx？ dbprefix=SOPD

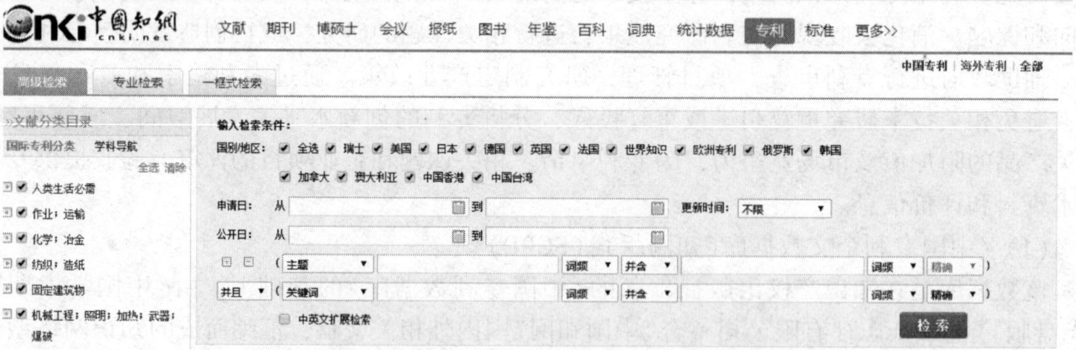

图4.9.4-2 CNKI海外专利摘要数据库

第 5 章　特种文献

将文献按照出版类型划分，可以分为图书、连续出版物和特种文献。其中特种文献是指出版发行和获取途径都比较特殊的科技文献，一般包括会议文献、科技报告、专利文献、学位论文、标准文献、科技档案、政府出版物和产品样本等几大类。特种文献特色鲜明、内容广泛、数量庞大、参考价值高，是非常重要的信息源。本章介绍几种在科技文献检索中常用的特种文献。

5.1　标准文献

5.1.1　标准文献的定义

标准文献是指由技术标准、管理标准、经济标准及其他具有标准性质的类似文件所组成的一种特种文献。狭义指按规定程序制订，经公认权威机构（主管机关）批准的一整套在特定范围（领域）内必须执行的规格、规则、技术要求等规范性文献，简称标准。广义指与标准化工作有关的一切文献，包括标准形成过程中的各种档案、宣传推广标准的手册及其他出版物、揭示报道标准文献信息的目录、索引等。作为特种文献的一种，标准文献的制定要通过起草、提出、批准、发布等，并规定实施时间与范围。

标准是标准化活动的产物，标准化对客体的干预要通过标准的制定、发布、贯彻实施和监督，才能得到体现。标准化在促进人类经济进步的过程中显示出卓著的功效。标准化既是协调技术、经济和经营管理的重要手段，又是促进经济持续、稳定、协调发展的保证。因此，标准化既是社会发展的产物，又是推动社会进一步发展的手段。

5.1.2　标准的历史及现状

公元前 1500 年，古埃及纸草文献中就有关于医药处方计量方法的标准，是现存最早的标准文献。现代标准文献产生于 20 世纪初，1901 年英国成立了第一个全国性标准化机构，并出版了世界上第一批国家标准。此后，美、法、德、日等国相继建立国家性标准化机构，出版各自的标准。1957 年，中国成立国家标准局，次年颁布第一批国家标准（GB）。到 20 世纪 80 年代，在 100 多个国家和地区的标准化组织中，有 90 多个国家和地区制订有国家标准，其中影响较大的有美国（ANSI）、英国（BS）、日本（JIS）、法国（NF）、联邦德国（DIN）。

国际标准化机构中影响最大的当数国际电工委员会（IEC）和国际标准化组织（ISO）。

国际电工委员会（IEC）成立于 1906 年 6 月，由 13 个国家的代表集会伦敦，起草了 IEC 章程和议事规则，是世界上成立最早的国际性电工标准化机构，负责有关电气工程和电子工程领域中的国际标准化工作，其宗旨是促进电工、电子和相关技术领域有关电工标准化等所有问题上的国际合作。ICE 的目标是：有效满足全球市场的需求；保证在全球范围内优先并最大程度地使用其标准和合格评定计划；评定并提高其标准所涉及的产品质量和服务质量，为共同使用复杂系统创造条件；提高工业化进程的有效性；提高人类健康和安全；保护环境。我国于 1957 年加入 IEC，1988 年起改为以国家技术监督局的名义参加 IEC 的工作，现在是以中国国家标准化管理委员会的名义参加 IEC 的工作。

国际标准化组织（ISO）成立于 1946 年 10 月，中、英、美、法、苏等 25 个国家的 64 名代表集会伦敦，正式表决通过建立国际标准化组织(ISO)。1947 年 2 月 23 日国际标准化组织(ISO)宣告正式成立。ISO 的最高权力机构是每年一次的“全体大会”，其日常办事机构是中央秘书处，设在瑞士日内瓦。ISO 通过它的 2856 个技术结构开展技术活动，其中技术委员会(简称 TC)共 255 个，分技术委员会(简称 SC)共 611 个，工作组(WG)2022 个，特别工作组 38 个。

5.1.3 标准文献的类型

标准文献按照不同的划分标准，可以区分为不同类型，最常用的划分标准包括按照使用范围划分，按强制力划分及按标准的约束对象划分。

(1) 标准的使用范围

分为国际标准、区域标准、国家标准、行业标准、地方标准、企业标准。具有代表性的国际标准有国际标准委员会的 ISO 标准、国际电信联盟的 ITU 标准、国际计量局的 BIPM 标准；具有代表性的区域标准有欧洲标准化委员会的 CEN 标准；行业标准如我国农业部制定的标准 NY/T 390—2000 水稻育苗塑料钵体软盘；地方标准如湖北省的强制性地方标准。

(2) 标准的约束力

分为强制性标准和推荐性标准。

① 强制性标准。指在一定范围内通过法律、行政法规等强制手段加以实施的标准，具有法律属性。强制性标准一经颁布，必须贯彻执行。否则对造成恶劣后果和重大损失的单位和个人，要受到经济制裁或承担法律责任。我国的强制性标准代号为 GB。

② 推荐性标准。又称自愿性标准或非强制性标准，指在生产、交换、使用等方面，通过经济手段或市场调节的方法，鼓励当事人自愿采用的一类标准。任何单位有权决定是否采用推荐性标准，但一经接受并采用，或经各方商定同意将其纳入商品、经济合同中，就成为共同遵守的技术依据，必须严格贯彻执行，具有法律上的约束性。我国的推荐性标准代号为 GB/T。

(3) 标准的约束对象

分为技术标准、管理标准和工作标准。

① 技术标准。是指重复性的技术事项在一定范围内的统一规定。是从事生产、建设及商品流通的一种共同遵守的技术依据。

② 管理标准。是指对标准化领域中需要协调统一的管理事项所制定的标准。管理标准包括管理基础标准，技术管理标准，经济管理标准，行政管理标准，生产经营管理标准等。

③ 工作标准。也可称为规章制度，可依据《劳动法》第四条理解为由企业有权部门制定的以书面形式表达的并以一定方式公示的非针对个别人与事务的组织劳动过程和进行劳动管理的规范总称。

5.1.4 标准文献的主要特点

① 标准文献自成体系，有固定的代号、专门的编写格式和检索系统。我国标准的编号结构形式为：标准代号(两个大写字母)+发布顺序号+发布年代号(发布年份的后两位数字)。

② 时效性强，新陈代谢频繁，各种标准随着科学技术进步而不断地修订，旧的标准体系会逐渐被新的标准体系所取代。

③ 具有法律约束力，标准作为生产和建设工作的共同技术依据，分别生效、未生效、试行和失效之分，要求人们自觉遵守。

④ 针对性强，通常一件标准只解决一个问题，数量多，篇幅小，文字简练。

5.1.5 标准文献的检索

(1) ISO 及其标准检索

国际标准化组织(International Organization for Standardization)，简称为 ISO。ISO 的标准一般必须由全体成员协商表决后才能正式生效，所有标准每隔 5 年将重新审定一次，其标准号的构成包括 ISO+序号：制定年份。

ISO 的标准信息检索可登录 ISO 网站，http：//www. iso. ch。ISO 制定了超过 22575 个国际标准，并将这此标准通过 ISO 的分类实现了网络检索。见图 5. 1. 5-1。

图 5. 1. 5-1 ISO 首页

从网站首页的 ISO Store 进入网站，可以查到 ISO 的两种分类浏览，包括 ICS 分类和 TC 分类。

① ICS 分类。ISO 是国际标准分类法(International Classification for Standards)的简称，是由国际标准化组织编制的标准文献分类法。它主要用于国际标准、区域标准和国家标准以及相关标准化文献的分类、编目、订购与建库，从而促进国际标准、区域标准、国家标准以及其他标准化文献在世界范围的传播。

② TC 分类。TC 为 ISO 的技术委员会组织，ISO 现有技术委员会(TC)225 个；除 TC 外，ISO 还设有分技术委员会(SC)611 个。

从检索入口输入检索词，还可进入到高级检索界面，提供 ISO 号码、关键词或短语、文档类型、语言等检索入口。

(2) IEC 及其标准检索

国际电工委员会(International Electrotechnical Commision)，简称 IEC，是世界上最早的国际标准化机构。作为研究和制定电工电子技术相关内容的国际标准，IEC 以 1975 年为时间节点，之前公布的为推荐标准，之后公布的为国际标准。IEC 标准编号的结构为 IEC+序号+分册号+(年份)；IEC 标准若有内容方面的补充，则在原标准号后面加“A、B、C 表示补充件的序数；如有内容修正，修正件以“Amendment”形式出版。见图 5. 1. 5-2。

IEC 标准的信息检索可通过 IEC 网站，网址为 http：//www. iec. ch。

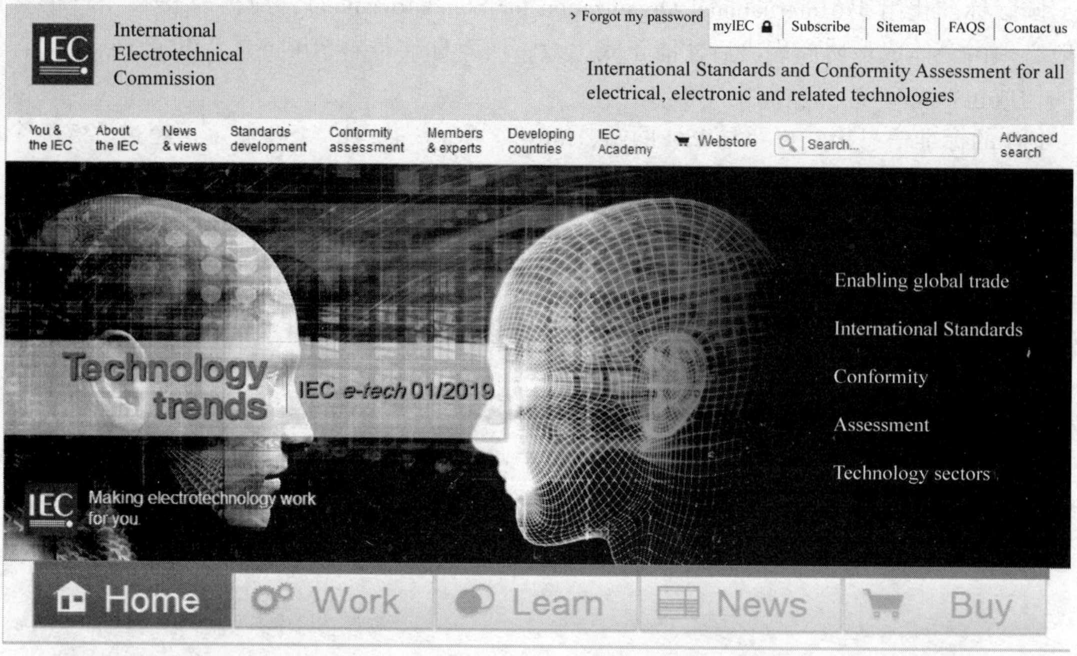

图 5. 1. 5-2　IEC 网站

IEC 的网站设置有你与 IEC(you & the IEC)；IEC 简介(About IEC)；新闻与展望(news& views)；标准的发展(Standards development)；合格评定(Conformity assessment)；成员与专家(Member & expert)；成员国(Developing countries)；IEC 学会(IEC Academy)；网站商店(Webstore)。网站首页还提供简单检索和高级检索。

(3) 中国国家标准及其检索

1949 年 10 月，新中国成立之初就设立了中央技术管理局，审批、颁发了一些国家标准和专业标准；我国的第一个五年计划中提出了设立国家管理技术标准机构和逐步制定国家统一的技术标准；1958 年，我国颁布了第一批共 120 个国家标准；1962 年，国务院发布了《工农业产品和工程建设技术管理办法》，是我国第一部标准化法律；1973 年，成立中国标准化协会，负责全国标准化工作推广以及和国外标准化组织的交流；1978 年 9 月，我国参加了国际标准化组织(ISO)；1988 年 7 月，国务院决定成立国家技术监督局并颁发《中华人民共和国标准化法》，1989 年 4 月 1 日起实施；1990 年 4 月 6 日，国务院又发布了《中华人民共和国标准化法实施条例》，《标准化法》及其《实施条例》的颁行，不仅提升了标准化法在法律体系中的位置，也促进了标准化法制的完善。

我国国家标准可利用《中华人民共和国强制性国家标准目录》进行检索，目录由国家质量技术监督局标准化司编制，中国标准出版社出版，年刊。全书由分类目次、目录正文和标准号索引三部分组成。目录采用《中国标准分类法》(CCS)编排，同一类目下按标准号排列，根据标准号再通过相关途径查找全文。

《中国标准分类法》(CCS)24 大类包括：A. 综合；B. 农业、林业；C. 医学、卫生、劳动保护；D. 矿业；E. 石油；F. 能源、核技术；G. 化工；H. 冶金；J. 机械；K. 电工；L. 电子元器件与信息技术；M. 通信、广播；N. 仪器、仪表；P. 土木、建筑；Q. 建材；R. 公路、水路运输；S. 铁路；T. 车辆；U. 船舶；V. 航空航天；W. 纺织；X. 食品；Y. 轻工、文化与生活用品；Z. 环境保护。

中国国家标准还可通过网络方式检索。

中国标准服务网(http：//www. cssn. net. cn)

1998 年 6 月 25 日，中国开通了世界标准服务网的中国站点，有中文版、英文版，该网站可与世界上 12 个标准网站链接，拥有中国国家标准、国际标准和发达国家标准等 12 个数据库。该网站是国家标准馆的门户网站，向全社会开放服务，提供标准动态跟踪，标准文献检索，标准文献全文传递和在线咨询等功能。

国家标准馆成立于 1963 年，是我国唯一的国家级标准文献、图书、情报的馆藏、研究和服务机构，隶属中国标准化研究院，是国家标准化管理委员会的基础信息支撑机构。国家标准馆是国家标准文献中心，是中国图书馆学会专业图书馆分会理事单位和国家科技图书文献中心(NSTL)的成员单位，是我国历史最久、资源最全、服务最广、影响最大的权威性标准文献服务机构。馆藏资源有一个世纪以来国内外各类标准文献 110 万余件，包括齐全的中国国家标准和 66 个行业标准，60 多个国家、70 多个国际和区域性标准化组织、450 多个专业协(学)会的成套标准，160 多种国内外标准化期刊及标准化专著。自 2005 年进行“标准文献共享网络建设”以来，国家标准馆在整合全国已有标准文献资源的基础上，形成了规模庞大的标准文献题录数据库、全文数据库和专业数据库。目前标准文献题录数据库量已达 130 万余条，是我国迄今为止最全的标准文献信息库(见图 5. 1. 5-3)。

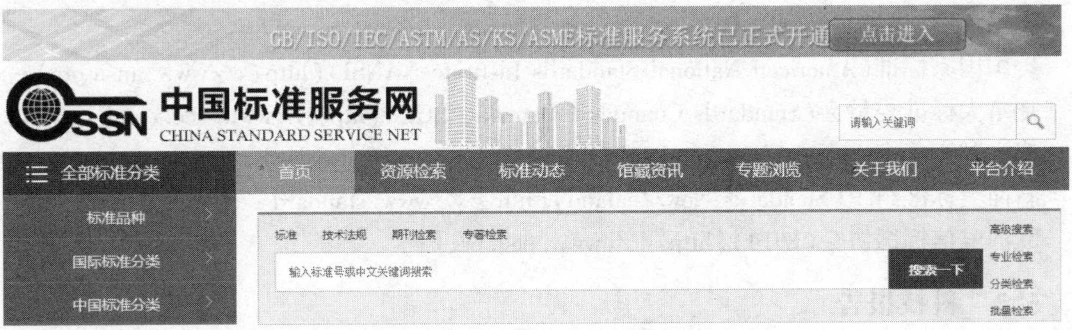

图 5. 1. 5-3　中国标准服务网

该网站提供标准品种、国际标准分类和中国标准分类等三种分类方式，可从分类途径检索标准号、标准名称、发布日期和实施日期，通过快递方式索取全文；也可利用快速检索输入标准号或中文关键词进行检索，并提供高级检索、专业检索、分类检索和批量检索。网站按月出版标准点击量排行榜，包括标准号、中文标题、点击量和访问者数量，可了解每个月的高点击率标准。

(4) 万方中外标准数据库

万方中外标准数据库(Wanfang Standards Database，WFSD)，收录中国国家标准(GB)、中国行业标准(HB)、以及中外标准题录摘要数据，共计 200 余万条记录。其中中国国家标准全文数据内容来源于中国质检出版社；中国行业标准全文数据收录了机械、建材、地震、通信标准以及由中国质检出版社授权的部分行业标准；中外标准题录摘要数据内容来源于中国标准化研究院。见图 5. 1. 5-4。

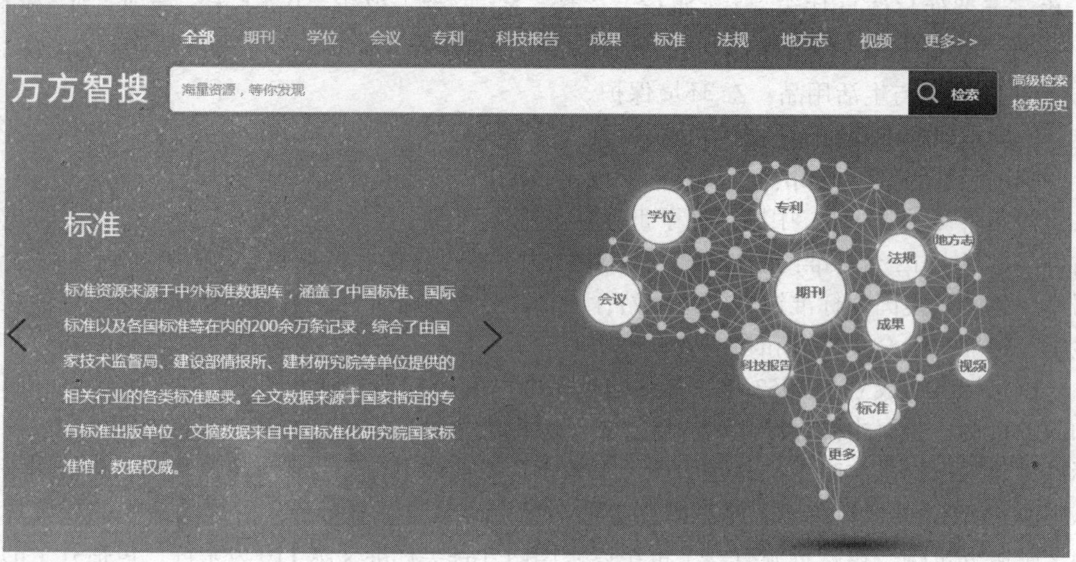

图 5. 1. 5-4　万方中外标准数据库

数据库采用《中国标准分类法》(CCS)，提供 22 大类的分类检索途径；标准页面还提供快速检索和高级检索入口，可从题名，标准编号和标准发布单位等途径检索标准文献。

(5) 其他国外标准检索网站

IEEE 标准主页(IEEE Standards)(http：//standards. ieee. org)；

英国标准(British Standards Institution，BSI)(www. bsi. org. uk)；

美国国家标准(American National Standards Institute，ANSI)(http：//www. ansi. org)；

加拿大标准委员会(Standards Council of Canada，SCC)(htp：//www. scc. ca)；

澳大利亚标准(Standards Australia Online)(http：//www. standards. com. au)；

新西兰标准组织(Standards New Zealand)(http：//www. standards. co. nz)；

欧洲电信标准协会(ETSI)(https：//www. etsi. org)。

5. 2　科技报告

科技报告是继图书、期刊、档案等类型文献之后出现的特种文献，它体现了人类社会的科技信息发展和文化进步，在人类的知识信息传播和利用中起着越来越重要的作用，世界各国都将它列于科技文献信息交流的首位。科技报告一般由科研机构、政府机构所属的科研单位、专业学术团体、高等院校附设的研究所提供，是记录某一科研项目调查、实验、研究的成果或进展情况的报告。

5. 2. 1　科技报告的发展

科技报告作为传递科技情报的特种文献，出现于 20 世纪初。当时只是科研或设计机构向经费支持部门提交的有关科研或设计任务完成情况及财物消耗情况的报告。第二次世界大战期间，西方国家与战争领域关系密切的研究活动加强，出版了大量与国防有关的陆、海、空战时的内部研究报告。当时美国的许多大学实验室和工业公司也与政府机构签订合同进行科学研究，并向主办机构提供科研进展报告。战争结束时，美、英等国派往德、日等国的专家组将获取的大量科技资料整理成科技报告。我国的国防科学技术的发展已经历了几十年的历程，并取得了举世瞩目的成就，但建立系统、完善的科技报告法规制度以及相应的管理体制，还是近些年才开始的。科技报告大多与政府的研究活动、国防及尖端科技领域有关，发表及时，课题专深，内容新颖、成熟，数据完整，且注重报道进行中的科研工作，是一种重要的信息资源。做好科技报告工作可以提高科研起点，大量减少科研工作的重复劳动，节省科研投入，加速科学技术转化为生产力。

5.2.2 科技报告的结构及类型

科技报告能完整、真实而迅速地反映科研机构从事科研活动的技术内容和经验，内容广泛、详实、具体、完整，技术含量高，实用意义大，每份报告自成一册，通常载有主持单位、报告撰写者、密级、报告号、研究项目号和合同号等，但各机构的编号方法不完全相同，结构形式也很复杂。

根据科技报告形成的不同研究阶段，可划分为现状报告(Status Reports)；预备报告(Preliminary Reports)；初期报告(Primary Report)；进展报告(Progress Report)；总结报告(Final Reports)；终结报告(Definitive Reports)；试验成果报告(Test Results Reports)；竣工报告(Completion Reports)。

根据科技报告的不同使用范围，可分为绝密报告(Top Secret Report)；机密报告(Secret Report)；秘密报告(Confidential Report)；非密限制发行报告(Restricted Report)；公开报告(Unclassified Report)；解密报告(Declassified Report)。

根据科技报告的内容特征，可分为技术报告(Technical Reports，简称TR)；技术札记(Technical Notes，简称TN)；技术论文(Technical Papers，简称TP)；技术备忘录(Technical Memorandum，简称TM)；通报(Bulletin)；技术译文(Technical Translations，简称TT)；合同户报告(Contractor Reports，简称CR)；特种出版物(Special Publications，简称SP)。

5.2.3 美国政府四大报告

世界上较著名的科技报告有美国政府的四大报告(PB报告、AD报告、NASA报告、DOE报告)，英国航空委员会(ARC)报告、英国原子能局(UKAEA)报告，法国原子能委员会(CEA)报告、联邦德国航空研究所(DVR)报告，日本的原子能研究所报告和中国的科学技术研究成果公报等。其中以美国政府的四大报告(PB报告、AD报告、NASA报告、DOE报告)为数最多、较为系统、历史悠久。

(1) PB(Publication Board)报告

第二次世界大战结束时，美国从德、日、意、奥等战败国获得了一批数以千吨计战时机密科技资料。美国政府为了系统地整理、利用这批资料，于1945年6月成立了美国商务部出版局(Office of the Publication Board)，负责出版这些资料，内容包括科技报告、专利、标准、技术刊物、图纸及对战败国的科技专家的审讯记录等。每件资料都冠以出版局的英文名称的字首“PB”，故称为PB报告，这批资料编号到10万号为止。之后的PB报告主要涉及美国国内政府科研机构、公司企业、高等院校、研究所以及部分国外科研机构的科技报告，如土木建筑、城市规划、生物医学、航空、电子、原子能利用、军械等民用工程方面。1970年9月起，由美国商务部下设的国家技术情报服务处(National Technical information Services，简称NTIS)负责收集、整理、报道和发行。

（2）AD（Armed Document/Accession Document）报告

AD 报告原为美国武装部队技术情报局（Armed Services Technical Information Agency，简称 ASTIA）的报告文献，于 1951 年开始出版。1979 年，ASTIA 改名为“国防技术情报中心”（Defense Technical Information Center，简称 DTIC）。报告内容以国防部各个合同户的研究报告为主，其报告号冠以 AD，A 原先为 Armed、D 则为 Document 之意，现在则为入藏报告（Accession Document）之意。

1975 年之后，AD 报告顺序数字号码之前加上 A、B、C、D、E 等字母，以表示 AD 报告的性质。比如：

AD—A 表示公开发行报告；

AD—B 表示近期解密阶段报告；

AD—C 表示保密阶段报告；

AD—D 表示美国军事系统专刊；

AD—E 表示美国海军研究所及合同户报告。

（3）NASA（National Aeronautics and Space Administration）报告

NASA 报告是美国国家航空和航天局（National Aeronautics and Space Administration，简称 NASA）出版的科技报告。NASA 的前身是成立于 1915 年的美国国家航空咨询委员会（National Advisory Committee for Aeronautics，NACA），是美国最主要的航空科学研究机构。1958 年，为了扩大这一机构在航天方面的职责，加速实现美国赶超苏联在卫星技术方面的目标，美国政府将 NACA 改组为国家航空航天局（NASA）。负责协调和指导美国的航空空间科研机构。NACA 和 NASA 及其所属的科研机构及合同户产生的大量科技报告均冠以 NACA 或 NASA 编号，故称为 NASA 报告。

NASA 报告主要报道空气动力学、发动机及飞行器材，试验设备、飞行器制导及测量仪器等方面的文献，但由于航空、航天科学是一门综合性科学，与机械化工、冶金、电子、气象、天体物理、生物等都有密切联系。因此，NASA 报告实际上是一种综合性的科技报告。

NASA 报告的类型主要有技术报告（Technical Reports，简称 NASA-TR-R）；技术札记（Technical Notes，简称 NASA-TR-R）；技术备忘录（Technical Memorandum，简称 NASA-TM-X）；合同户报告（Contractor Reports，简称 NASA-CR）；技术译文（Technical Translations，简称 NASA-TT-F）；特种出版物（Special Publications，简称 NASA-SP）。

（4）DOE（Department Of Energy）报告

DOE 报告是美国能源部及其所属科研机构、能源情报中心、公司企业、学术团体发表的技术报告文献。DOE 报告原是成立于 1946 年的美国原子委员会（Atomic Energy Commission，AEC）出版的科技报告，称 AEC 报告。1974 年 AEC 组织撤消后，成立了能源研究与发展署（Energy Research and Development Administration，简称 ERDA）。它除了继续执行前原子能委员会的有关职能外，还广泛开展能源的开发研究活动，出版 ERDA 报告，从而取代原 AEC 报告。1977 年，ERDA 改组扩大为能源部，1981 年开始，能源部发行的报告都采用“DE+年代+顺序号”的形式，所以 DOE 报告 1981 年以后又叫 DE 报告。

AEC/ERDA/DOE 报告号不像 PB、AD、NASA 报告那样有统一编号，它是由各研究机构名称的缩写字母加数字号码构成。由于所属机构较多，编码较复杂，难以识别，可查找

1972 年再版的“TID-85-R12”一书，来区分 AEC/ERDA/DOE 报告。

DOE 报告内容包括能源保护、矿物燃料、环境与安全、核能、太阳能与地热能、国家安全等方面。凡能源报告，均冠以 DOE 字样，如 DOE/AD 代表业务管理局的报告；DOE/CS 代表能源保存与太阳能的报告；DOE/ERA 代表经济管理局的报告等。

5.2.4 科技报告的检索

(1) NTIS 美国政府报告数据库

https：//www.ntis.gov/

NTIS(National Technical Information Service)是美国国家技术情报社出版的美国政府报告数据库，以收录美国政府立项研究及开发的项目报告为主，少量收录西欧、日本及世界各国(包括中国)的科学技术报告。收录的报告有：美国能源部的 DE 报告(原名 DOE 报告)、商务部的 PB 报告、国防部的 AD 报告、航空航天部的 NASA 报告、环境保护局的 MIC 报告、德国技术文献中心的 TIB 报告、教育信息资源中心的 ED 报告、核能管理委员会的 NUREG 报告、航空航天局的 NTN 特种报告等。

NTIS 网页内容包括主页、简介、合作者、工作内容及新闻几部分，NTIS 数据库提供快速检索(Quick Search)和高级检索(Advanced Search)两种检索方式，允许用户进行关键词检索、词组检索、模糊检索、报告号检索、精确检索等方式来检索该数据库。见图 5.2.4-1。

图 5.2.4-1 NTIS 数据库

(2) 国家科技报告服务系统

http：//www.nstrs.cn/

“国家科技报告服务系统”于 2013 年 11 月 1 日开通(第一阶段)，展示了 1000 份最终报告，向社会公众提供公开科技报告摘要浏览服务，向经实名注册的科研人员提供在线全文浏览服务；于 2014 年 1 月 1 日开通了第二阶段，展示了 3000 份科技报告，报告依据“十一五”期间已验收(项目)课题的验收报告加工而成。

系统针对三类用户提供不同服务。向社会公众无偿提供科技报告摘要浏览服务，不需要注册，即可通过检索科技报告摘要和基本信息，了解国家科技投入所产出科技报告的基本情况；向专业人员提供在线全文浏览服务，需要实名注册，通过身份认证即可检索并在线浏览科技报告全文，不能下载保存；向各级科研管理人员提供面向科研管理的统计分析服务，管理人员通过科研管理部门批准注册，免费享有批准范围内的检索、查询、浏览、全文推送以及相应统计分析等服务。见图 5.2.4-2。

图 5.2.4-2　国家科技报告服务系统

5.3　会议文献

随着当今科技的不断推陈出新，学科分类的细化，各种专业学会、协会等组织相继成立。为了总结本协会年内的学术活动，研讨次年的发展计划，组织召开专门的学术会议，并且会议的举办次数将随着科技的发展和国际交流的增加而日趋频繁。通过学术会议，科技工作者公布论文，相互探讨或交流科学领域的新发现或者新进展，是进行科技交流的一条重要渠道。

5.3.1　会议文献的定义

会议文献指各种学术会议上发表的论文或报告、产生的记录及发言等材料经过整理加工而形成的正式出版物。会议文献在一定程度上反映了国际上或某个国家某些专业研究的水平动向，许多学科的新研究课题和新设想通过会议文献向公众发布，是重要的一次文献信息源。

5.3.2　会议文献的类型

按照会议文献的出版时间划分，可分为会前文献，又称预印本(Preprint)，包括会议通知书、程序单、论文摘要或全文，常在发起会议的学术团体出版物上刊登；会中资料，包括开幕词、闭幕词以及其他讲话、会议记录和会议决议等；会后出版物(Postmeeting Publications)，包括对外公开发行的会议录(Proceedings)、会议论文(Conference Papers)等。

5.3.3　会议文献的检索

会议文献质量较高，能及时反映科学技术中的新发现、新成果、新成就以及学科发展趋向，较其他科技文献传递情报及时，内容新颖，专业性和针对性强，种类繁多，出版形式多样。对科技工作者而言，会议文献的检索十分重要。

（1）会议预报网 MeetingNet

https：//www. meetingsnet. com/

Meeting 是一个专门发布会议信息的网站，通过其菜单栏，可以检索到各行各业的会议信息。见图 5. 3. 3-1。

图 5. 3. 3-1　会议预报网

（2）万方中国学术会议文献数据库

http：//www. wanfangdata. com. cn/

万方中国学术会议文献数据库（China Conference Paper Database，CCPD）资源包括中文会议和外文会议，中文会议收录始于 1982 年，收录中文会议论文共计 538 万多篇，年收集 4000 多个重要学术会议，年增 20 万篇全文，每月更新；外文会议主要来源于外文文献数据库，收录了 1985 年以来世界各主要学会、协会、出版机构出版的学术会议论文，共计 766 万多篇。

会议文献的分类采用《中国图书馆图书分类法》进行，可按会议级别、主办地和单位类型进行会议文献的检索。检索结果包括会议名称、召开时间、会议地点、会议级别、主办单位及其他届次。见图 5. 3. 3-2。

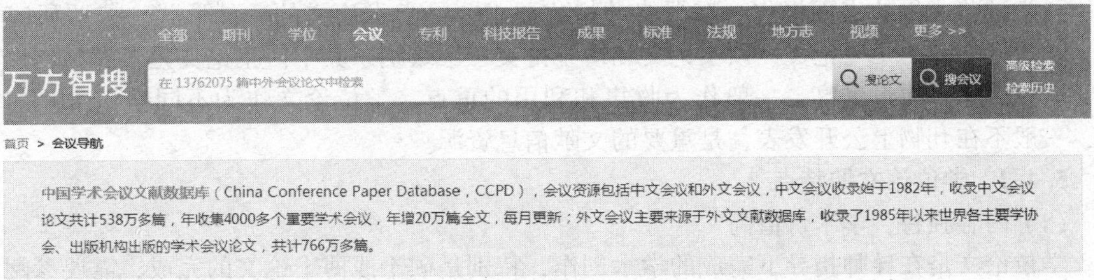

图 5. 3. 3-2　万方中国学术会议文献数据库

（3）中国知网会议论文数据库

http：//kns. cnki. net/

知网《国内外重要会议论文全文数据库》的文献是由国内外会议主办单位或论文汇编单

位书面授权并推荐出版的重要会议论文。收录1999年以来，中国科协系统及国家二级以上的学会、协会，高校、科研院所，政府机关举办的重要会议以及在国内召开的国际会议上发表的文献。其中，国际会议文献占全部文献的20%以上，全国性会议文献超过总量的70%，部分重点会议文献回溯至1953年。目前，已收录出版国内外学术会议论文集3万本，累积文献总量300万篇。数据库按照CNKI分类方式将所有学科分为十大专辑：基础科学、工程科技Ⅰ、工程科技Ⅱ、农业科技、医药卫生科技、哲学与人文科学、社会科学Ⅰ、社会科学Ⅱ、信息科技、经济与管理科学。见图5.3.3-3。

数据库可通过国内会议、国际会议、会议视频、国内会议导航和国际会议导航进行检索。

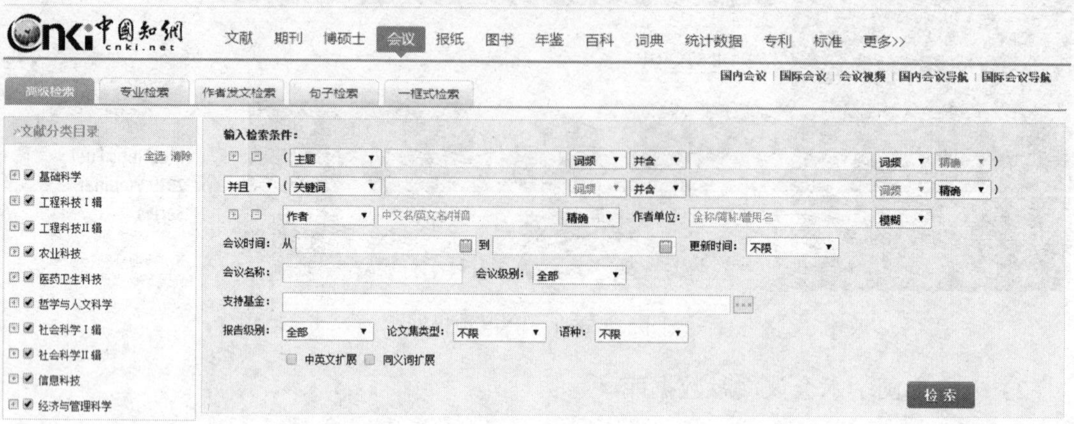

图5.3.3-3 中国知网会议文献检索界面

5.4 学位论文

学位制度起源于中世纪的欧洲。1180年巴黎大学授予第一批神学博士学位。学位论文答辩制度是由德语国家首创的，以后各国相继效仿。凡经答辩通过的学位论文，一般都是具有独创性的研究成果，能显示论文作者的专业研究能力。

5.4.1 学位论文的定义

学位论文是高等学校或研究机构的学生为获得某种学位而在导师指导下完成的科学研究、科学试验成果的书面报告，有严格的格式要求，是学术论文的一种形式。按照研究水平，学位论文分为学士论文、硕士论文和博士论文三个级别。其中博士论文是具有独创性的科学研究著作，质量最高，一般作为收集和利用的重点。学位论文作为不同学识水平的代表，一般不在刊物上公开发表，是重要的文献信息资源。

5.4.2 学位论文的特点

（1）内容独特，学术价值高

学位论文是在导师指导下完成的学术创作，特别是硕士或博士论文的完成，需要参阅大量文献，通过反复的研究，在总结前人的基础上进行的具有开拓性的创新成果，往往有很高的学术价值。对同一研究方向的学者而言，研究相关课题的学位论文既是知识的积累，又是学术创新的基础，具有很高的学术价值。

（2）出版形式独特

学位论文一般用于为获得学位而进行的审查答辩，除少数在答辩通过后发表或出版外，一般不公开发行，只有一份复本被保存在授予学位的大学图书馆中供阅览和复制，以发挥其参考作用。

(3) 数量多，收集管理困难

随着技术的不断进步，教育越来越受到各国的重视。通过对《中国知网优秀博硕论文数据库》中收录的470家培养单位的博士学位论文和753家硕士培养单位的优秀硕士学位论文进行统计，每年新增硕士论文约30万篇、博士论文3万篇。可见仅我国每年授予的硕士学位和博士学位数量就十分可观。同时，因为学位论文的授予单位比较分散及版权、保密性等相关问题，导致收集管理困难。

5.4.3 学位论文的检索

(1) 国道学位论文集成发现系统 DDS http：//www.oadds.cn/

国道学位论文集成发现系统(Dissertation Discovery System，DDS)是国内专业提供学位论文的数据集成与知识发现系统，语种为英文；主要收录了来自欧美国家2，300多所知名院校的优秀博硕学位论文，其中70%是非美国世界名校，涉及导师803，000余名，专业方向61，000多个，涵盖13大学科门类；是学术研究中十分重要的信息资源。DDS同英国联邦国家使用的Turnitin合作，提供英文论文查重增值服务。见图5.4.3-1。

数据库提供“院校导航”、“学科导航”、“高级搜索”、“快速搜索”四个检索入口。

图5.4.3-1 DDS学位论文集成发现系统

(2) HKMO(港澳博硕)优秀学术全文资源库

http：//hkmolib.com

HKMO收录了港澳地区著名院校的优秀博硕论文，内容涵盖数学、物理学、化学、生物学等数十门学科，所有文献均以全文再现，保持原版原貌，其中不乏一些名家、学者的手稿，被称为“港澳精英智囊库”。HKMO全面地展现了港澳地区的学术成就，为学术研究提供详实的参考依据，库内包涵英文文献和中文文献，其中英文文献占96%~97%，中文文献占3%~4%。

数据库提供“快速检索”、“资源查询”、“高级检索”等途径。见图5.4.3-2。

图 5.4.3-2　HKMO 优秀学术全文资源库

（3）中国知网优秀博硕士论文数据库

http：//kns. cnki. net/kns/brief/result. aspx？ dbprefix＝CDM

中国知网优秀博硕士论文数据库是目前国内资源最完备、高质量、连续动态更新的中国优秀博硕士学位论文全文数据库，覆盖学科包括基础科学、工程技术、农业、医学、哲学、人文、社会科学等各个领域，收录从 1984 年至今的全国 470 家培养单位的博士学位论文和 753 家硕士培养单位的优秀硕士学位论文，累积博硕士学位论文全文文献 400 万篇。见图 5.4.3-3。

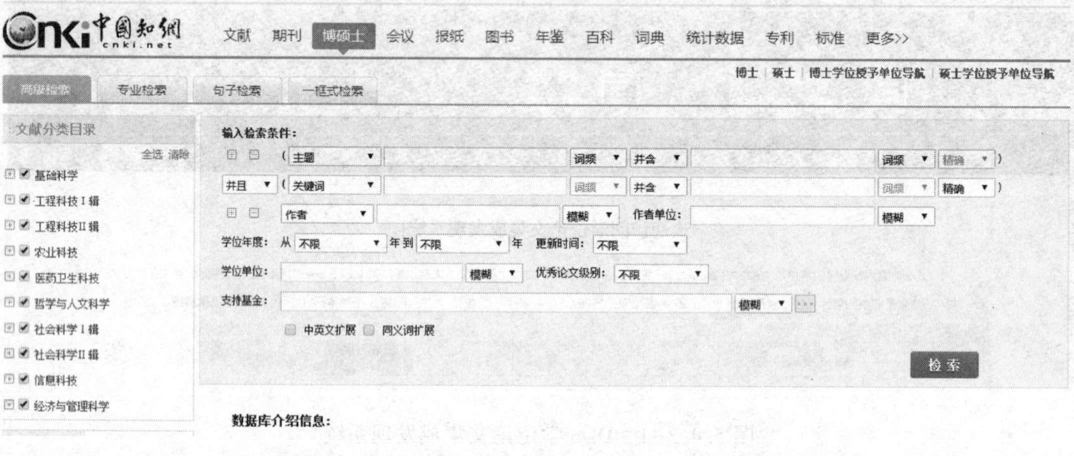

图 5.4.3-3　中国知网优秀博硕士论文数据库

（4）万方中国学位论文全文数据库

http：//www. wanfangdata. com. cn/degree/toIndex. do

万方学位论文全文资源数据库（China Dissertation Database，CDDB）包括中文学位论文和外文学位论文，中文学位论文从 1980 年起，收录中文学位论文共计 500 余万篇，年增 30 万篇，涵盖理学、工业技术、人文科学、社会科学、医药卫生、农业科学、交通运输、航空航天和环境科学等各学科领域；外文学位论文从 1983 年起收录，累计收藏 11.4 万余册，年增量 1 万余册。见图 5.4.3-4。

数据库提供快速检索和高级检索；学科导航、专业导航和授予单位导航检索。

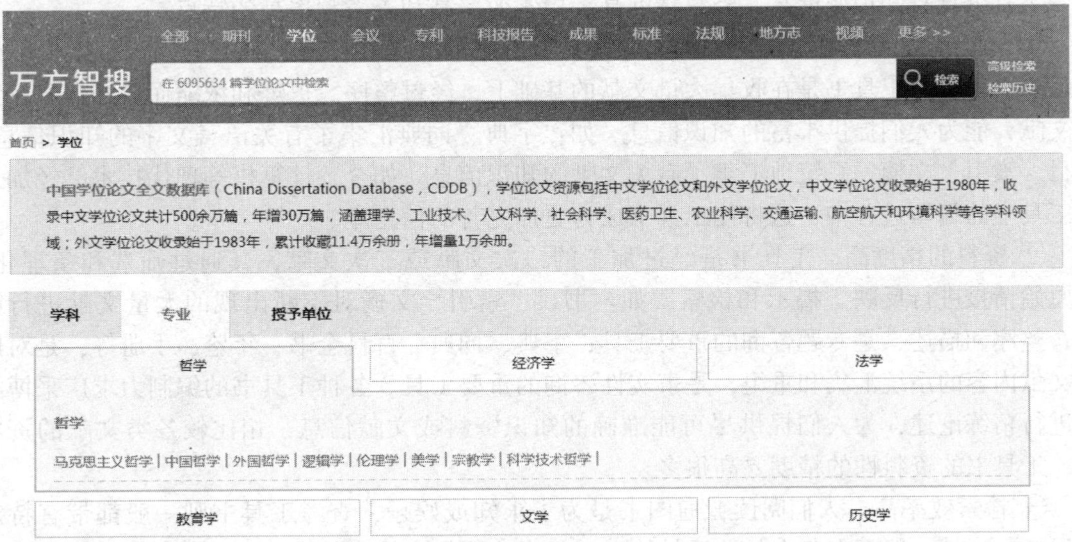

图 5.4.3-4　万方中国学位论文全文数据库

(5) 高等院校的自建学位论文数据库资源

随着高等教育的发展，学位论文数据不断增多。为了方便本校师生对于本校学位论文的利用，充分发挥学位论文的信息资源价值，很多大学图书馆将其整理加工编成目录、索引，并形成专门的学位论文数据库，可按著者姓名、导师姓名、学院等方式进行检索。苏州大学，辽宁石油化工大学，沈阳航空航天大学等多所国内高校都建立了本校自有的硕士及博士论文数据库为本校师生提供服务，校外访问时只能看到文摘部分。

5.5　参考工具书

5.5.1　参考工具书概述

参考工具书，简称工具书，是根据一定的查阅需要，系统地汇集有关资料或文献信息，按易于检索的方法编排的信息密集型文献，简言之，工具书是情报化了的知识载体。参考工具书内容广泛、信息密集，具有为人们提供资料或线索、帮助人们解决疑难问题等作用，是人们查找知识时必不可少的辅助工具。

(1) 参考工具书的功用

工具书的功用主要有：

① 释疑解惑。我们在学习和工作中，往往会碰到各种各样的疑难问题。如读书中碰到不懂的字、词，学习历史时不了解人物的生平事迹，不知如何换算年月日，某个事件不知其来龙去脉，这就需要使用工具书。

② 指引资料线索。我们可以借助书目、文摘、索引等线索型工具书，对种类繁多、数量庞大的文献进行控制和检索；还可以使用工具书去了解本阶段应该读什么书，根据工具书的指引去搜集并占有资料，做好下一步读书治学的基础。

③ 获取文化知识。工具书作为图书的一个重要组成部分，也是人类科学文化知识的结晶和观念形态的产物。特别是百科全书，能够提供各种专门系统的知识。

(2) 工具书的特点

工具书具有知识密度高、资料精度高、检索效率高和查考频率高的特点。

① 知识密度高。可以说，每种文献都具有一定的知识性，但工具书的知识密度较一般文献要大得多。工具书是在收集大量文献的基础上，经过整序、提炼和浓缩而成的信息密集型文献，能为人们提供丰富的知识信息。如：字典、词典汇集了有关语言文字的知识信息；书目、索引、文摘，系统地汇集了有关文献的知识信息。如今，计算机等现代技术已经加入到工具书的编写过程中，这将使工具书成为更加完善的信息库。

② 资料的精度高。工具书是经过加工的二次文献或三次文献，其通过筛选和条理化，对原始情报进行反映、揭示和检索。如：书目、索引、文摘对不断出现的大量文献进行筛选、整序和描述，是专题咨询的重要工具；字典、词典、百科全书、年鉴、手册等，是对原始文献内容的系统汇集和重组，是事实性咨询的重要工具。各种工具书的编制力求广采博收后进行精练论述，为人们提供尽可能准确的知识资料或文献信息，相比较各类文献的资料性，工具书的资料性的精度要高很多。

③ 检索效率高。人们阅读普通图书是为了求知或娱乐，查考工具书则一般都带有特定的目的。文献一般都有各自的体系结构，工具书为了提高检索效率，把自身蕴含的丰富的知识信息迅速地提供给读者，十分讲究科学的编排形式和高效率的检索方法。它要求结构严密，形成能覆盖相关知识领域和文献范围的网络，按照一种或以一种为主、配备其他辅助索引排检方式，做到纲举目张，一索即得。电子工具书的检索效率则更高，它可以同时提供多个检索点，实现多途径组配检索。

④ 查考频率高。工具书主要功能是供读者查考、解释疑难，通常查考过程持续时间较短，但可能需多次进行才能达成目的。譬如利用书目索引文摘查考某一书刊论文资料，利用百科全书查考某学科的术语等，所以有时工具书又被称作“检索工具”。尤其是电子工具书，它以计算机或其他网络终端为媒介，使用更具有交互性，查考、检索功能更强。

工具书的查考性和普通书的阅读性并不是绝对区分的，国内外学者一直以来都在探讨工具书的可读性：不仅百科全书具有可读性，类书、政书等资料性工具书也往往具有可读性；书目、索引、文摘等线索性工具书虽主要供查考文献信息使用，但其中的文摘和解题书目乃可供检索和阅读两用。如上海辞书出版社出版的“鉴赏辞典”系列，虽属于查考用的“辞典”，但其阅读欣赏性也非常令读者称道。至于边缘性参考工具书——丛集汇要，本就是供阅读之用，因其资料丰富、卷帙浩繁，人们也多用其查考，才将其列入工具书的范畴。另外，通过编制附录和辅助索引，参考文献等，普通书籍也有工具书化的趋势，并且随着某些原始文献的数据库的建立，普通书的查考作用也将日益明显。

5.5.2 参考工具书的类型

工具书种类繁多，根据不同的标准可以划分成不同的类型。按语种分，可以分为中文工具书和外文工具书；按编纂时代分，可分为古代工具书和现代工具书；按学科内容分，可以分为社会科学工具书和自然科学工具书；按载体形态分，可分为印刷型工具书和非印刷型工具书，还可以分成书本式、卡片式、缩微式、机读式等种类；从性质特点及功用角度，又可分为线索性工具书、词语性工具书、资料性工具书及参考性工具书四大类。线索性工具书，又称检索性工具书，包括书目、索引和文摘等，它们能够揭示文献信息提供查找线索；词语性工具书，又称辞书型工具书，包括字典、词典和百科全书等，这类工具书收录词语并反映其概念、意义及相关知识；资料性工具书包括类书、政书、年鉴、手册、名录、表谱、图录等，它们对词语或查找线索不多做解释，一般都是直接为读者提供资料，是资料性的工具书；参考性工具书，即丛集、汇要，包括部分丛书、总集、汇编、综述等，以汇集参考资料为宗旨，属于边缘工具书。

下面从性质特点及功用角度对各类型的参考工具书进行简要介绍。

(1) 书目、索引、文摘

① 书目。书目是图书或报刊目录的简称，它对相关的书刊文献进行著录和揭示，并按一定的次序编排以供登记、报道和宣传书刊文献的检索之用。我国现存最早的史志目录是《汉书·艺文志》，距今已有一千九百多年的历史。除了"志"、"书志"、古代书目还有很多名称，如"略"、"簿"，"录"、"书录"、"题识"、"书目"、"总目提要"等等。现代书目，多称"目录"、"书目"，也有称"综录"、"总录"等。

② 索引。索引是把一种或多种书刊文献里的事项或单元知识，如字、词、句、人名、地名、书名、篇名、主题等，按便于寻检的方式加以编排并注明出处的一种文献资料检索工具。索引，旧称"韵编"、"通检"，也有据英文 index 音译为"引得"，近来又有人称报刊论文的篇名索引为"题录"。

③ 文摘。文摘是文献的主要内容及资料的摘述，它是将论文或书籍的主要论点、数据等简明扼要地摘录出来，并按一定方式编排的一种文献检索和阅读的工具书。

书目、索引、文摘用来揭示和报道出版或发表的文献资料，及时反映了科学研究的发展动态，通报最新的文献信息。科学研究必须占有资料，书目能为研究者通报文献出版情况，索引揭示文献里的资料，文摘进一步摘述文献的主要内容。它们从不同的角度和深度，为研究者提供了丰富的文献资料。

(2) 字典、词典

世界上现存语言文字有三四千种，其中有200多种被较为广泛地使用着。人们表达思想感情、阅读书刊资料，都必须使用语言文字。语言文字又是一个非常复杂的东西，譬如汉字，不但数量多，而且表意丰富，好多汉字本身就是形、音、义的复杂结合体。据统计，汉字的楷体字已达到6万多个，词汇不下五六十万条。一个人难以掌握这么多的字和词汇，这时候就必须借助字典、词典这类工具书。

字典汇集单字，并按一定方式编排，以便读者查阅，它主要解释字的形体、读音、含义及用法；词典则是汇集语言里的词语，并按一定方式编排，主要解释的是词语的概念、意义及其用法，简而言之，字典、词典是解释字和词语的工具书。

我国的第一部字典，是东汉许慎所作的《说文解字》。第一部词典，是成书于战国至汉初的《尔雅》。汉语中的字、词，有时区别并不那么明显，因此，汉语字典与词典的区别也不是那么绝对。特别是古代汉语，单字多数独立使用，单音词多，复音词少，"字"基本上就是"词"，所以往往以"字书"统称字典、词典。到了近现代，汉语中的复音词大量增多，字、词逐渐形成了不同的概念，字典、词典才相对地有了界限。但为了说明问题和便利起见，往往字典兼收复音词和词组，词典也注释词头单字。因此，目前又用"辞书"这个大概念来囊括字典、词典乃至百科全书。

现代字典、词典，按收录内容、解释方法及作用的角度去划分，可分为三大类：

① 语文性。这类字典、词典收录语言中的普通字或词语，并解释其读音、意义和用法。如《新华字典》《中华大字典》《中国成语大辞典》《古代汉语虚词通释》《汉语虚词词典》等。这类词典从语种文别的角度看，可分为单语言字词典和多语言字词典。单语言是指用同一种语

言来编写的，是为学习和研究本族语言文字服务的。之前提到的字典、词典都属于单语言类。多语言是两种或两种以上语言文字之间的对译词典，主要是为学习和翻译外族或外国语服务的，如《藏汉大辞典》、《英汉大词典》、《俄汉大辞典》等。

② 专科性。这类词典收录各学科的名词术语，并说明其所代表的事物、现象发展变化的具体知识。如《哲学大辞典》《简明社会科学词典》《法学词典》《政治经济学辞典》《经济大辞典》等。

③ 百科性。也就是指词典的综合性，这类辞典既收录普通词语，又收录各学科的名词术语，它既有普通词语的释义，又能提供各学科的专门知识。如《辞海》《中国百科大辞典》《中文大辞典》等。

(3) 类书和政书

① 类书。类书是辑录文献中的史实典故、名物制度、诗赋文章、俪词骈语等内容，按类或按韵编排，以供寻检和征引的工具书。我国第一部类书是魏文帝时编纂的《皇览》，成书于公元 220 年。

② 政书。政书是辑录文献中的典章制度资料，分门别类地加以编排和叙述，以便查考的工具书。最早创制政书这种体裁的是唐代刘秩，其所编的《政典》，成书于唐玄宗开元(公元 713—741 年)末年。杜佑在此基础上加以补充和扩大，于唐德宗贞元十七年(公元 801 年)编成我国第一部完备的政书《通典》。

类书、政书具有资料性、汇编性、分类性等特点。类书，对查考资料尤其实用，查找辞藻典故、诗赋文章；查考史实掌故、名物制度；辑录佚文、校勘古籍都可以用上类书。政书，广泛收集了历代政治、经济、军事、文化制度方面的材料，今天无论是了解古代天文、地理等自然现象的变化，还是研究礼、乐、兵、刑以及赋税、选举等制度的沿革，都是可积极利用的工具。

(4) 百科全书

百科全书，能为人们提供各个领域的基本知识，是学习和工作中常用的工具书之一。它包罗万象，具有概述性、完备性、权威性等特点，人们往往称它为“没有围墙的大学”，“精简的图书馆”。

百科全书、类书和词典三者之间有联系也有区别：联系是从收录内容看，它们都以取材广泛、内容丰富而著称。类书包罗万象，“凡在六合之内，巨细毕举”；词典涉及各个学科领域、各种事物范畴；百科全书是百科知识的总汇，囊括了人类一切知识领域。区别是类书只是原始资料的汇编，是“述而不作”，偏重文史资料的汇集，不进行解释和完整系统的论述；词典从小处着手，收词必解，但对各种词目只作简要的解释，不作系统深入的阐述；百科全书则从大处着手，贵在总揽各学科主要知识，对每个条目作尽可能详细、完整、系统的论述，是“述而后作”。从这个角度说百科全书是类书的再创作，是词典的深入和发展。

百科全书能提供“浓缩”的知识，既有供人们寻检查考的作用，又可以进行系统的阅读，因此有人称其为“工具书之王”，但是，百科全书也不是万能的，它一般只提供“基本”的知识资料，而且因为部头大，出版周期较长，知识资料也容易显得“陈旧”，所以不能过分地依赖它。

(5) 年鉴、手册、名录

近现代，由于社会的进步，科学文化事业的发展，新知识信息层出不穷。人们在日常学习、工作和生活中，经常碰到要查考某一知识、材料，掌握某一进展、动态，了解某一信息、情况等问题。这就很需要一种事实便览性的工具书，年鉴、手册、名录就是这样的工具书。

① 年鉴。年鉴包括年刊、年报等，一般以年为限、以记事为主，汇集最近一年或截至出版年为止的各方面或某一方面的情况、一般包括大事记、专论或综述、事实概览、统计资料(图表)、附录及目录索引等基本内容，能给读者提供各方面的资料，故有人称它为"年度百科全书"或"微形百科全书"(Mini-encyclopedia)。百科全书由于部头大、内容广，出版周期较长，往往用年鉴作为其补充内容出版。现代社会在不断进步，科学文化事业的蓬勃发展，人类知识也急剧增长，年鉴介绍提供有关学科和事物发展的状况，总结各方面的成就和经验，提供比较全面、系统的信息，供读者借鉴。如《中国百科年鉴》是为配合《中国大百科全书》而编集出版的。

年鉴的类型多样，按收录的学科范围分，有综合性年鉴和专门性年鉴；按收录的地区范围分，有国际性年鉴、国家性年鉴和地方性年鉴；按编撰特点分，有百科全书年鉴和统计年鉴等等。年鉴包含有一次文献、二次文献和三次文献，兼具了多种工具书的特性：首先，年鉴能为人们提供各种事实、概况和统计数字。年鉴通常是把有关某一国家、地区或国际间各方面的事实、文献及统计资料汇编成册，其资料多取材于政府公报、文件和重要报刊，或者由专业人员撰写，内容比较可靠、具体。因此，在需要了解国内外大事、各国概况或学科、事物等的进展时，年鉴是比较合适的查考资料。其次，年鉴能迅速提供现实性的材料，可弥补百科全书更新慢的不足。它可视为百科全书的补编。如《中国百科年鉴》就可补充《中国大百科全书》的不足。再次，年鉴还能提供回溯性的资料。年鉴通常是逐年连续出版的，随着时间的推移，它所汇集的资料逐渐具有历史参考价值，变成编年体的信史，可供查找历史资料用。另外，许多年鉴的首刊本往往附有回顾或大事记等历史资料，可供直接参考。

② 手册。手册又名指南、便览、要览、必读、大全等，是一种内容丰富、形式灵活、便于随手翻阅的资料性工具书。它是根据人们在学习、工作和生活上经常碰到或极需解决的知识性问题而编制，简明扼要地概述某一学科或专题的基本知识和基本资料，注重图表和数据，具有主题明确、资料详实、具体等特点，可以说是一种面向实际的工具书。在传统的工具书中，手册是定义比较模糊的一类工具书，它好像是一种资料汇编，围绕一定的专题，汇集有关的基本知识和资料；又类似于辞典，汇释有关学科、专业的知识性条目，但又不像字典、词典、百科全书、年鉴那样严谨，也不像表谱、图录那样特别。总之，手册是一种比较灵活的工具书。

按编制目的和内容范围划分，手册可以分为综合性手册和专门性手册两类。手册与年鉴同为事实便览性的工具书，但手册更灵活多样，实用性强，涉及的时间也较长，资料比较稳定，它能为学习、工作、生活和生产提供一些最基本、最实用的知识和资料，是各种读者都乐于使用的一种工具书。如：手册能为读者提供日常学习、生活常识。如《新编读报手册》《大学生常用手册》《生活科学手册》等。手册还能为有关学科、专业的读者提供专门的知识及数据材料等。如《经济工作手册》《利用外资知识手册》《专利工作手册》《现代工程师手册》等。

③ 名录。名录是汇集机构名、人名、地名等基本情况和资料的一种工具书。其中机构名录，有时又称为"一览"、"概览"、"指南"、"简介"等。名录便捷地提供有关专名的基本资料，起指引作用。名录具有资料性、简明性、新颖性等特点：名录提供专名简要资料，好比是专名基本信息一览表，它将基本资料格式化，力求在有限的空间内，提供最基本的信

息，而不做过多的描述。比如人名录不同于人物传，它不像人物传那样记述传主生平事迹，而只对有关人物的生卒年月、籍贯、主要经历和成就做客观、简要的介绍，至多包括家庭情况和社会关系。

名录按收录内容大体可分为机构名录、人名录、地名录三类。其作用大体如下：名录提供了有关机构、人物、地名的基本知识，既可供查考具体机构、人物及地名的资料，又可供人们从宏观上了解和掌握有关机构、人物、地名等的发展、变化情况。如《中国政府机构名录》《中共党史人名录》《北京市街巷名称录》等。名录还能起指引信息源的作用。机构名录和人名录虽只介绍了有关机构和人物的简况，但提供了有关机构和人物的基本信息，以及产品信息，这对沟通信息，加强联系、促进交流、开展协作有重要作用。如《中国企事业名录大全》《中国工商企业名录》《中国城乡企业家名录》《中国企业家名录大全》等。

(6) 表谱、图录

① 表谱

表谱是将某一专题的有关资料用编年或表格形式呈现出来，用以说明时间概念或历史事实的一种参考工具书。表谱主要有年表、历表和其他历史表谱。年表是按年代顺序编排，用来查考历史年代和历史大事的工具书，如《中国历史纪年表》《中外历史年表》。历表是按一定历法编排时间供人们查考、换算不同历法年、月、日的表格式工具书，如《二十史朔闰表》《中国史历日和中西历日对照表》等。其他历史表谱是用来查考人物、职官、地理沿革等资料的参考工具，包括谱系表、生卒年表、职官表、地理沿革表，如《孔子家谱》《中国历史人物生卒年表》《历代职官表》《历代地理沿革表》等。

② 图录

图录是通过图形、照片等手段表现事物形象的工具书。它主要包括地图、图谱两大类。地图是按一定的制图法则，形象地反映自然和社会现象的地理分布及相互关系的平面图形式工具书，可分为普通地图、历史地图和专门地图，如《中华人民共和国地图集》《世界地图集》《中国历史地图集》等。地图具有形象直观的特点，是重要的地理文献，也可用来查找政治、经济、历史、人物等方面的资料。

图谱又称图鉴，包括历史图谱、人物图录、文物图录和艺术图录及科技图谱等。图谱是以图为主，文字为辅，用以对照实物、鉴别品种的工具书，以历史事件、人物、文物、艺术品等为对象，用绘画和摄影等手段来表现事物；科技图谱一般具有内容的科学性、文字的通俗性、图像的艺术性和表达的准确性等特点，能形象地揭示复杂的自然科学现象、原理和技术，为科学研究提供丰富的直观材料，对科研人员有重要的参考价值。图谱具有独特的文献价值，其比文字更生动、形象、直观，表达内容也更丰富。如《中国历史参考图谱》《中国历代名人图鉴》《中国美术史图录丛书》等。

5.5.3 参考工具书的结构和排检方法

工具书的结构，是指工具书的整体构成形式和各部分的基本体制。参考工具书种类繁多，每种工具书的具体结构与编排方法不可能完全相同。但无论采取何种结构和编排方式，都有一些共同的基本原则。第一，要在有限的空间中存储尽可能多的信息；第二，要使内容易于查检；第三，要提供多种检索途径。在使用工具书的时候，熟悉其基本结构，是使用它们的前提。参考工具书一般由前言、凡例、目录、正文、索引、附录几个部分组成，外文工具书通常还附有缩写词表和符号表。

(1) 参考工具书的主要组成部分

① 前言。前言在工具书的最前面，一般是编者对工具书编写宗旨和过程、收录材料的范围和取舍标准、时间跨度、读者对象、再版修订等的说明，或者是他人撰写的对该书的介绍和评论。读者通过阅读前言，可以对工具书内容有一个基本的了解。

② 凡例。凡例又称使用说明，位于前言之后，主要介绍该工具书的编排体例和使用方法，往往有举例说明帮助人们理解。通过凡例，人们可以了解此工具书的编排特点，熟悉检索其内容的方法。

③ 目录。目录又称目次，列在凡例之后，反映工具书正文的编排次序，是一种检索正文内容顺序的途径。

④ 正文。正文部分是工具书的主体，是按照一定次序排列的知识内容，是读者检索的具体对象和结果。

⑤ 索引。工具书的正文只能按一种方式编排，即只能提供一种检索途径。但知识的特征却是多方面的，这造成人们在使用工具书时所选择的检索途径不同。所以，参考工具书往往提供各种索引，例如：作者索引、主题索引、分类索引等，以满足各种各样的检索要求。索引系统是否完善和方便，是衡量工具书质量很重要的一个指标。

⑥ 附录。附录是工具书的重要组成部分，对正文的内容起补充作用。它的主要作用是：补充一些必要的知识；帮助理解正文的内容，使分散在正文中的知识系统化。附录一般以常用图表、相关数据公式、参考文献、补遗等形式反映与正文有关的资料。附录通常包括大事记、机构名录、元素周期表、计量单位换算表、动植物属种表、地质年代表等。

⑦ 缩写词表和符号表。由于工具书需要尽可能收录完备的信息，但其容纳空间有限，所以工具书会大量使用缩写词与符号，这种情况在外文工具书中尤其突出。有些缩写词是通用的，而相当一部分缩写词或符号是某一本工具书专用的，这就要求读者在使用时，必须先翻看书籍正文前的缩写词表或符号表，才能快速查阅并准确运用。

(2) 工具书的排检方法

熟悉和掌握工具书的主要排检方法，是使用工具书的前提条件。从编制的角度，排检方法使工具书收录的内容有序化；从使用工具书的角度说，是便于查考内容的方式。工具书的排检方法多种多样，但并没有一种排检方法是完美无缺的。因此，现有工具书大多是以几种主要的排检方法供人们从不同的途径去查考。中文包括依据汉字形体特点设计制定的部首法、笔画法、号码法；依据读音设计制定的汉语拼音法、韵目法以及分类法、主题法等几种。西文通行的做法是按本国语种字母顺序编排，这样查阅也比较方便。

① 形序排检法。形序排检法是指依据汉字的形体特点，设计制定的排序方法，主要包括部首法、笔画法和笔顺法。

1) 部首法。部首法是我国工具书传统的排检方法，首创于东汉许慎的《说文解字》。这种方法比较适应汉字形体结构的特点，直到今天仍然是汉语工具书中基本、常用的排检方法之一。部首排检法的一般形式是：先把汉字按其所属部首归并集中，部首按笔画数多少排列顺序。笔画数相同的部首，依起笔(一、丨、丿、丶、乛、或、、一、丨、乛)排列先后次序。同属一部、笔画数相同的，再依起笔笔形顺序排列。例如“仕”“仙”二字，同属“亻”部，又同是3画，但“仕”的起笔笔形是“一”，“仙”的起笔笔形是“丨”，故其排列顺序是“仕”在前，“仙”在后。部首法的优点在于：适应汉字形体的特点，能把纷繁复杂的大量汉字，按部首分类并集中，这样，遇到疑难字就可以通过拆分其部首较为准确迅速地查到所要查的字。部首法的缺点是：分析某个字的部首时，必须先掌握其既定的原则和规定，有时还需要有一定的文字学知识作基础，而且有些部首的划分原则和数量会随着汉字形体的演变而改变，如“辉”字，有的工具书将其部首归属“小”字部，有的将其归“光”字部，对于此类字大多采取“多入口”的办法将其归于多部，以便查找；还有些汉字的部首，比较难以判断，在这种情况下，要注意利用工具书后所附的“难检字表”，“难检字表”就是把那些难以判别部首的字，按其笔画顺序排列起来的查字表。所以，部首法虽然常用，但如果对以上情况不够熟悉，查阅工具书时还是会影响到速度和准确性。

2）笔画法。笔画法是按照汉字的笔画数来确定排列顺序的方法。基本形式是：汉字笔画少的居前，多的居后；如笔画数相同，再比较起笔笔形确定先后；如笔画和笔形均相同，再看字形结构，先左右形字，次上下形字，后整体形字。笔画法是一种简单易学而又适应汉字特点的排检方法。它最突出的优点是：道理简单，限制条件少，记数就会。其缺点是：由于汉字的笔画搭配比较复杂，如繁体与简体，手写体与规范体差别往往很大，而人们的书写习惯又各不相同，这样，同是一个字，其笔画数目，起笔笔形等往往会因人而异，这就给准确迅速地查字带来了困难。

3）笔顺法。笔顺检字法也叫笔形检字法，它是按照汉字起笔笔形或笔顺确定先后顺序。这种方法不论笔画多少，只看笔形和笔顺。笔形检字法起源于清代吏目档案，有“江山千古法”，即起笔是“丶、丨、丿、一”和“元亨利贞法”，即起笔是“一、丶、丿、丨”。由于同一笔形的字太多，笔形法虽然容易掌握，但使用起来比较繁琐。而且遇到异体字和下笔的顺序习惯不同时，往往难以判断，给检索带来困难。因此，用这种方法编排的工具书已不多见，工具书常常将其作为辅助手段与部首法、笔画法配合使用。

② 音序排检法。音序排检法是指依据汉字的读音设计制定排检顺序的方法，主要包括韵目排检法和汉语拼音排检法。

1）韵目法。韵目法是中国古代的一种音序排检法，主要用于当时的字书、韵书、类书等，现代编纂出版的一些与古代读音关系密切的工具书，也有采用这种方法的，但一般是与其他现代人熟悉的排检法配合使用。

2）汉语拼音法。1958 年《汉语拼音方案》公布以后，按汉语拼音查找成为工具书中一种最主要的排检方法。1982 年国际标准化组织承认汉语拼音为拼写汉字的国际标准，汉语拼音开始走向世界。汉语拼音法的优点是排检方法简单，查找方便。但由于它是以汉字的读音作为排序依据，如果遇上不知道读音的字，便难以查找了，这又是它的局限。

3）分类排检法。分类法又称类序法，是将词目、条目或文献按知识内容、学科属性分门别类地加以归并集中，按逻辑原则排列顺序的一种排检方法。类序法的特点是“物以类聚”、“同类相从”，如隋唐以来，我国古籍文献常用的“经、史、子、集”四分法。能把内容相同及相近的文献集中在一处，便于查找。其基本的形式是：按知识系统、学科体系层层分类，每一类目下集中同类子目或文献；按类目、子目或文献的内在联系排列顺序。分类编排通常选用一种科学的、合用的图书分类表为根据，这才有可能保证文献分类的准确和检索的方便。分类排检法体现了知识的学科属性和逻辑次序，优点是便于按类别查考某种知识或文献，而且能较全地得到同类相关资料。局限性是分类方法、类目设置、子目归并往往因书而异，很不固定，查考时需先熟悉所用工具书的分类情况。

4）主题排检法。主题法是以规范化的自然语言为标识符号，来标引文献主要内容的一种排检方法。作为标识符号的“规范化自然语言”，即主题词，是一种既概括了文献的中心内容，又用来标引和检索文献的标准词汇。主题排检法的一般形式是：主题词揭示文献记述的中心内容或对象，主题词本身则按首字音或笔画等顺序排列。如《马克思恩格斯全集主题索引》和《列宁全集索引》，分别按主题笔画和主题汉语拼音字母次序编排内容。主题排检法的优点是：能把属于不同学科、不同知识体系中论述同一主题的资料集中标引出来，揭示资料比较深入、广泛。局限性是：查考文献资料时，需要正确地选取主题词，否则，难以准确地查到；主题词的选取，严格说，应以标准的主题词表为依据，然而事实上，现有的按主题编排的工具书并非全都如此，许多工具书中主题词的选取，随意性较大，这又增加了查找的困难。

主题排检法和分类排检法的区别在于：主题法是以主题词来揭示、标引文献所讨论、研究、阐述的中心内容和对象，强调“直指性”；分类法则是按知识体系分类归并词目和文献的，强调“隶属性”；在主题法中，主题词既揭示文献的中心内容，又是用来标引或检索的词汇，在分类法中，类目只是对子目、文献学科属性的概括，并不是标引、检索的词汇；主题法常常需要结合另外一种排检法（如音序、笔画等）来编排、组织主题词的顺序，分类法则是层层分类归并集中同类子目或文献。

5）时序排检法。时序排检法就是按照内容的时间先后顺序进行安排。这种方法多用于年表、历表、大事记及历史纲要之类的工具书，编排比较简单，检索也比较方便。如《中国历史纪年表》、《鲁迅年表》等，但历表和纪元表，涉及到不同的历法及历史上各种纪年、纪月、纪日的方法，编排比较复杂，检索也必须得法。

6）地序排检法。地序排检法是按照地区顺序排检地理性资料的方法，主要适用于地图集和年鉴等工具书，如地图集、方志目录、地方文献书目、地名手册、地名录、名胜词典、地理表、沿革表、行政区划简册等。依地序排检法编排的工具书，如果是国际性的，有的按国家名称的字母顺序排列，有的先区分洲，再依地理位置从北到南、从西向东排列；如果是某一国家的，通常以该国规定的行政区划为序。

7）字母顺序排检法。字母顺序排检法主要适用于西文工具书，它是机械地按字母顺序排列。字母顺序排检法有两种不同的应用形式：第一种是逐词排列法，即 word by word，它以参与排检的各个独立的词为排检单位，逐词相比，如第一个词相同，则比第二个词，第二个词相同再比第三个词，以此类推；第二种是逐字母排列法，即 letter by letter，所有参与排列的项目，无论是单词、词组或句子，不管其字数的多少或长短，均视为一个排列单位，按字母逐个相比。

5.5.4 电子版工具书

电子版工具书，也称机读版工具书、计算机化工具书，它是伴随着利用计算机来记录、存贮、检索文献信息技术的兴起而出现的。早期电子版工具书，从本质上说是把书本型工具书的内容转化成计算机可读的形式——“以数字代码方式、将图文点像等信息编辑加工后存储在磁、光、电介质上，通过计算机或者具有类似功能的设备读取使用，以表达思想、普及知识和积累文化，并可复制发行的大众传播媒体”，即电子出版物。现在又出现了能融文本、视频、声频、图像、图形于一体的新型的多媒体电子出版物。随着人类进入网络时代，网络版电子出版物也就出现了。早期的电子版工具书主要是服务于学术研究，大多依托权威的印刷版工具书进行研制开发，如电子版《汉语大词典》、《全国报刊索引》等，后期才开发成新型载体的“电子商品”。

(1) 电子工具书的特点

与传统纸质型工具书相比，电子版工具书具有如下特点：

① 从载体形态看。传统纸质型工具书以纸张为载体；电子版工具书以磁、光等为介质。

② 从查检方式看。传统纸质型工具书多用手检；电子版工具书则以计算机作为查阅工具。

③ 从使用功能看。传统纸质型工具书没有多媒体功能，电子版工具书具有多媒体功能。电子版工具书可以综合反映图、文、声、像等多种媒体、提供有关事件、人物、知识点的全方位信息，可以形象地展现过程、运动、变化，从而使文字解说的内容得以大大延伸与深化，做到真实感强、便于记忆、理解。如电子版语文词典或双语词典的词目现在均能够发声，可以帮助读者掌握正确的语音，这是传统纸质工具书无法做到的。

④ 从链接方式看。传统纸质型工具书的内容只能按线性关系来组织链接，电子版工具书具有超文本链接的特点，它的内容是线形、树状、网状的，任何一“页”与任何一“页”之间都可以发生联系。文字、图片都可以设定为链接入口，鼠标点击链接入口就能够转入相关的页面，或者新开一个窗口，新的页面中还可以有新的热字链接。对于网络电子版工具书，超链接更可以将工具书的内容与因特网上的资源关联，扩大信息源、使读者对所查信息有更深入的理解。

⑤ 从存储量看。传统纸质型工具书存储量小，几十万字的工具书就是一大本书。如果是几百万或千万字的工具书，那就是几卷至十几卷的大部头书，存储和查阅都不甚方便。电子版工具书存储量大、体积小、携带极其方便。一张薄薄的光盘一般能存储3亿多汉字，可以存储一套数十卷的大百科全书。利用网络版工具书，读者足不出户，只要有终端机，与网络相连，就可检索丰富的网上数据库。电子版工具书使读者突破时空限制，在更大的范围内快捷、全方位地检索到更全面的内容资料。

⑥ 从检索功能看

1）检索功能强大。传统纸质型工具书限于篇幅及编辑的原因，一般只能提供一到两种检索方式。电子版工具书具有多种检索方式和众多的检索入口。在汉字中，多音、同音、同部首现象不计其数，历代工具书编纂家都绞尽脑汁，试图通过归纳合并，创制出一种完善的检索方案。而且，随着时间的推移，字形、字音会发生变化，同一种检索方法在不同的工具书中也时常会产生不同的检索效果，任何一个人都无法只用一种方法查到所有的汉字。比如“臂”字，读“bì”的字几乎上百；笔画十七画，但上十七画的字不下数百；旧入“肉”部，但今《辞海》等入“月”部，有的字读者还一时无法判断部首该取上还是取下。电子工具书则有可能综合各家之长，组合两种以上自己所熟悉的检索方法，即可大大提高检索效率。

电子版工具书检索效率高，速度快，在洋洋千万字的工具书中，要查询检索任何一个条目，都可以瞬间即得。书本型工具书的“篇幅”问题已不复存在，海量存贮空间可以满足建立任何检索系统的需要，计算机系统对文献信息的强大管理与快速识别能力，可以保证从任何角度实施快速检索。

2）模糊检索功能。除了强大的检索功能，模糊检索也是计算机化工具书特有的功能。它可以在检索条件非精确输入的情况下实现检索目的；而在检索条件输入有误的情况下，计算机系统能自动匹配出正确的或接近正确的检索条件，实现自动纠错。模糊检索功能降低了对检索条件精确度的要求，使利用者在“大致”、“模糊”的检索条件下仍然可以实现检索目的，比如成语“操觚染翰”，当读者一时无法准确书写或拼读“觚”这个字时，只需要输入“操染翰”即可，这种功能在书本型工具书中是难以实现的。

3）组配检索功能。组配检索是电子版工具书特有的智能化检索功能。书本型工具书中的检索途径、方法都是固定的，而计算机化工具书可以实现按照使用者的思路与愿望，将两个以上的检索条件优化组配起来进行检索，检出与所列检索条件最为吻合的检索结果，从而提高查准率。例如用书本型工具书查“天”字，可以查出“天气”、“天才”、“天长地久”、“天敌”等词汇。但是，如果想查“晴天”、“阴天”、“雨天”，在“天”这个字下就查不出来了，要么分别从“晴”、“阴”、“雨”字查找，要么利用“逆序词典”查找。而电子版词典可以同时完成这两种检索，以相同的数据内容，按照不同的检索策略要求，快速满足读者要求的检索结果，大大拓展了工具书检索的深度与广度，提高了检索与查考的便捷和准确程度。

4）复合(条件)检索。条件检索可以对一些原本没有检索意义的词目进行检索。如《中国百科年鉴》报道国家领导人的许多外事活动，当我们无法清楚得记住标题时，只需输入诸如人名、职务、有关的国家名等关键词即可得到所需资料。

条件检索还包括主题检索，或通过有意减少条件来扩大检索范围，比如在“茶叶”这一主题下，可以同时检索诸如“茶叶种植”、“茶叶加工”“茶叶销售”、“茶叶的化学成分分析”等涉及不同学科的条目。无论一个主题如何专深、或者主题的学科性质如何广泛乃至交叉渗透，都能用主题词予以一目了然的检索。

5）随文检索。电子工具书的“随文检索”功能，允许读者以释文中的词语直接作为检索词查检该条目，而不必重新输入检索词。如果在电子计算机上运行电子工具书，则还可以用打开多个窗口的方法，同时阅读分散在各处的不同条目，这是纸质型工具书所无法具备的功能。

6）菜单检索。这是一种简单、易学的检索方式，适合读者进行分层浏览。读者根据菜单的指引，通过选择适当的选项并结合功能键，就可以检索。这种检索的不足之处是操作步骤较多，检索时间长，检索精度不够。

⑦ 从数据更新上看。纸质型工具书的编集印制都要花费大量的人力、物力，时间周期也相当长，大型词典，百科全书的修订，动辄需要十几二十年的时间。如《辞源》的更新修订：其于1915年出版，1931年续编一册，1939正续编出合订本，1949年出版《辞源》简编，1979~1983年出修订新版1-4分册。相比之下，电子版工具书的更新周期短，方便快捷得多。如大家常用的很多网上数据库都实现了周更新，有些更已经实现了数据的瞬时加载入库更新。

⑧ 具有深入揭示工具书的内在联系的功能。工具书的“内涵”，是指工具书中靠词目或标题难以外化的“隐含资料”，知识点或事实、资料之间固有的内在有机联系。在书本型工具书中，揭示隐含资料一般是通过内容分析索引，展现内在联系，即建立参见系统。然而，由于书本型工具书的篇幅及编辑方法、表现方式上的限制，内容的分析索引和索引深度都很有限，参见系统所作的指引互见，又增加了利用者的翻检之劳。而计算机化工具书所具有的全文检索与超文本检索功能，使上述问题得以彻底解决。电子版工具书可以将具有情报检索价值和分析价值的知识项加以标引，并以此为基础建立各种索引，进行全文检索。从理论上说，它可以做到文本中的每一个字都是检索入口。

⑨ 具有指标统计与分析评价功能。过去要获知某部著作或某一作者的词频统计数据，

需要进行浩繁的计算工作，大规模的文献数量、分布、被引率等指标的统计，令人望而兴叹。计算机化工具书的支撑软件，往往具有智能化的统计分析功能。检索系统与智能化的统计分析系统相结合，这是近年来计算机化中文工具书软件系统发展的一种趋势，它使工具书由传统意义上的单纯检索工具，演变为集检索、统计、分析、评价于一身的信息检索咨询工具。

与传统的书本型工具书相比，计算机化工具书在上述方面显示出了明显的优势。但是，这种优势是由计算机存贮、管理、检索信息的技术进步带来的，大多是技术层面上的优势，实质内容上的优势并没有太大。在现有的计算机化中文工具书中，有的仅仅是把书本型的内容输入到可读媒体上，并没有在内容上做出更深入的揭示与开发，这是不够的，还不能算真正意义上的计算机化工具书。如单靠计算机系统对双语词典实施自动转换，是绝对不够的，还必须要有人工干预，除了进行大规模语料库的建设，还要有词条的审定、规范、校正等。所以，对计算机化工具书应该从内容质量和技术两方面去评价。

（2）电子版工具书的类型

① 根据存储介质的不同，电子版工具书可以分为：

1）软盘版。软盘版电子工具书就是将文献信息存贮在软盘上，如人大书报资料中心开发的“复印报刊资料”软盘系统产品，上海图书馆开发的“中文社科报刊篇名数据库”软盘等。软盘版工具书在电子工具书初期占主要地位，现在已逐步被淘汰。

2）光盘版。光盘版电子工具书就是将文献信息存贮在光盘上，是目前较为常用的工具书出版类型。光盘具有50倍于软盘的存贮密度，广泛用于存贮声音、影像资料、数字编码数据等多种信息，能够适合工具书内容对存贮介质的要求。现在市面上出售的大多数电子版工具书都属于这种，如《汉语大词典》光盘版、《中国大百科全书》光盘版、《报刊资料索引》系列光盘、《全唐诗》光盘版等。

3）网络版。网络版工具书是网络环境下的检索工具，目前，网络版工具书发展势头迅猛，使用纸质工具书一般需要掌握一定的检索方法，而网络工具书则基本上采用相同的关键词检索模式即可。网络版电子工具书的信息更新迅速，可随时增加新的内容；价格方面，网络版工具书较传统工具书，特别是一些大部头工具书来说，也更具优势。

网络版工具书虽优点甚多，但就目前的发展情况而言，也存在一些不足。如受网络限制、品种有限、很多可靠性也较差。而且，目前文字平台问题是网络工具书的一个短板。以中文工具书为例，许多难字、生僻字无法在电子环境下显现，影响了词典的完整性与标准化程度，所以对于古籍文献资料而言，目前仍以查找纸质工具书为主。在可读性上，搜索引擎方便检索，但也不宜像纸质工具书一样用来阅读。

② 根据著录方式的不同，电子版工具书可以分为：

1）全文型。除了对文献信息做题录外，它们还对正文作索引，理论上正文中所有的词都可以作为检索入口。

2）题录型。以文献信息的外部特征，如题名、作者、出处、文种、出版日期、卷期、页次等，作为著录对象。

3）文摘型。除了对文献信息的外部特征进行著录外，还准确、简要地摘录文献的内容。

4）数值型。根据原始文献的统计数据、调查数据或经过处理的其他数据集合，以数值表格方式提供各种数据服务。

5）索引型。以文献信息中某些具有检索意义的特征标志，如主题词、人名、地名等为对象，为读者提供资料线索。

6）多媒体型。在文字基础上增加图形、图像、音频、视频等信息，或者配上专门的图形库，使之声形并茂。

5.5.5 工具书鉴别和选择的原则、途径和方法

（1）工具书鉴别和选择的原则

一般来说，好的工具书具有以下特点：观点正确、编排科学，材料可靠，内容丰富，查检方便。这样，在鉴别和选择工具书时，就要从以下几个方面多作考虑：

① 考察工具书的知识性。工具书知识性的强弱体现在内容收录是否丰富完备，材料是否可靠，解释引证是否准确，校勘是否精当等方面。所谓完备，是指根据该工具书的收录范围，该收的不漏、不该收的不滥收。内容越丰富、资料越详实，信息量越大的工具书，知识性越强，科学价值越高，也就越能够满足人们“质疑求知”的需求。如百科性、综合性的工具书，必须提供主要学科范围或知识领域的基本知识信息，专门性工具书必须提供专题范围较为完备的知识信息。如我国第一部现代大型综合性百科全书《中国大百科全书》，广收古今中外一切重要知识，尤其充分反映了中国的传统文化和现代科学技术。全书内容共分 66 个学科门类，其中科学技术将近有 30 个学科门类，约为全书总篇幅的 50%以上。《现代汉语词典》收字、词组、熟语、成语等 65000 多条。《新华词典》收单字约 12000 个，收词约 26000 条，其中一般语词约占 60%，社会科学与自然科学词语约占 40%。《新华字典》1998 年修订本收单字 10000 个，常注解的复言词有 3500 个。

考察一部工具书的科学价值，要一分为二地看。某些价值较高的工具书也会有一些不足。《康熙字典》在《中华大字典》问世以前，一直是收字最多的字典。但是它不收新字和民间通行的所谓“俗字”、而且在解释引证和校勘方面存在不少弊病。

② 注意工具书的思想性。任何工具书都是一定思想观点指导下的产物，世界上不存在没有思想观点的工具书，社会科学方面的工具书尤其如此。工具书的思想倾向，往往体现在工具书的编制目的、收录内容、编排体例以及成书年代等方面。比如《说文解字》的编集目的是从古文经学派的观点出发，通过说解文字来发扬“五经之道”，以驳斥今文学家的“巧说邪辞”。字典、词典在选字、选词及注释、举例等方面更鲜明地体现了一定的思想倾向性。比如东汉阴阳五行、谶纬迷信盛行，在《说文解字》中“日”被解释为“太阳之精”，“月”被解释为“太阴之精”。又如“妇”字被解释为：“婦，服也，从女持帚，洒埽也”反映了男尊女卑的思想。旧字典、词典一般都存在着类似此类的问题，检索利用时需要注意。

③ 检验工具书的实用性。实用性是要求工具书结构完整，附录齐备，编排科学，检索方法简便多样。现代工具书的排检法，大都采用部首、四角号码和汉语拼音等检字法，以及新的图书分类法等。这些排检方法，一般比较容易掌握、便于查找。但现存的一些旧工具书，有不少是采用“四部法”、“韵目法”等方法编排，如果没有辅助索引，那就很难查找。还有一些历史大事年表，通常是以事系于年，却无据事检年的辅助索引、查找不便。一般来说，应该尽量选择那些便于查检并有辅助索引的工具书。

④ 辨别工具书的权威性。工具书的权威性体现在版本差别上。同一种工具书可能有不同的版本，版本不同，内容不同，材料的可靠性也大不一样。一般来说，应当选择版本较好的工具书。

选择较好版本的工具书应遵循这样的原则：古代工具书以较早的或近年影印的或经过精校的版本为好，现代的以最新的版本即修订本、增补本为好，在同期出版的同类工具书中选择权威出版社的版本。注意版本的差别，这对于使用古代的工具书有着特殊的意义：古代工具书经过历代无数次的传抄、刻印，往往形成许多不同的版本，其内容优劣有时相差很远。一般来说，原刻本以及较早的版本比后来翻刻翻印的版本更为精确，解放后翻印的古代工具书，大都采用该书的善本为底本，或附校记，或加标点，或增索引，或添“新字”、“出版说明”，对于这种版本，应该优先采用。近年影印的版本多半经过精选或校勘，往往能够集众之长，因此可信度较高。使用现代的工具书，原则上应该选择版本较新的，这并不是说旧版的工具书一无是处，有时个别问题，在新版工具书里查不到，用旧版工具书反而能够解决，《辞海》《辞源》都存在这种情况。

近年来，各地出版的工具书数量巨大，这就要求我们在选择使用工具书时，要尽量选择权威出版社出版的或者权威人士编著的工具书，特别要了解出版者以及编著者的历史背景、学术水平。

具体鉴别和选择一种工具书时，要注意阅读该书的序跋、凡例及部分内容，并和同类工具书比较。同时，还要注意掌握整个工具书的出版情况及有关评价资料等。

(2) 工具书鉴别和选择的途径

选择工具书的途径分为直接和间接两种：

① 直接选择。直接挑选工具书，指读者本人亲自去书店、书市或参加各种书展，翻阅实物进行选择。直接挑选的好处在于可以直观、全面、深入、准确地获得第一手的有效的信息，有利于找到适用的工具书。

② 间接选择。间接选择是利用各种传媒提供的信息资料，选择适合自己需要的工具书。可以满足间接选择需要的信息资料主要有以下几种：

1) 新书广告。新书广告是出版单位为一种或多种即将出版的工具书单独印发的新书介绍，以及通过报刊、广播、电视报道等渠道传播的新书消息。新书广告的形式有多种，比如目录型的只列书名、著者、定价、出版日期等；文字型的一般附有简明生动的内容简介，图片资料等。

2) 征订书目。征订书目一般包括书名、著者、开本、字数、内容提要、服务对象等。常见的主要征订书目有：《社科新书目》《科技新书目》《标准新书目》《高校联合书目报》《全国地方版科技新书目》等。

3) 书评刊物。书评刊物中往往也有相关工具书的评价和介绍，因此也可以借助书评刊物来选择工具书。重要的书评刊物如：《中国图书评论》《英国书讯》等。

(3) 工具书鉴别和选择的方法

工具书的鉴别即对工具书的评价，判别其优点与不足。在可能的情况下，同类工具书的比较是一个简便的方法。工具书的选择必须以正确评价为前提，工具书的基本作用在于查检资料，解释疑惑，因此实用性是评价工具书的首条标准。一部工具书，在其预定的适用范围内，如果能够迅速而完整地解答问题，则可以认为其是一部好的工具书。

拿到一本工具书时，首先认真查看其外观质量，视觉效果要好，手感质量要高，装帧外观要好看。正规出版社的纸张质量好，工具书要经常翻用，所以纸张一定要耐磨抗折，一般在印刷时要吹涂一层石蜡，手感较光滑。用墨匀称、色差小，纸张薄而不透。再看内容，编集者和出版者的资历，出版社的声誉。出版社是很重要的，中国辞书出版社、中华书局、商务印书馆等都比较可靠，一些不知名出版社出版的工具书很容易粗制滥造，甚至出现盗版书。

购买工具书时要先认真阅读该书的序言、修订说明和跋语、新旧对照表、检字表、音节表、难查字笔划索引、凡例、目次和内容提要等相关说明性文字，以初步了解它的基本内容和结构体例。工具书的前言和后记也叫序言和跋语，是说明该书的编纂目的、使用对象、收录内容、取材范围及编纂过程的，对了解它的内容和用途大有益处。通过阅读他人为本书作的序时，也可看出些许端倪，如文中是否充斥夸大、溢美之辞，评价是否客观合理。凡例总括介绍书的大体内容、编排体例及使用方法，目次则进一步反映本书的框架内容和结构特点，为了解和使用该书提供直接帮助。在正文中我们还可选取几个部分仔细阅读，以评估其内容质量是否全面、系统、准确、严谨和选材以及解释是否客观、正确，由此来鉴别其科学性和倾向性。我们不妨利用工具书提供的各种检索途径试查若干条目，包括一些有争议的内容，一则检查收录是否完备，科学性如何，倾向性怎样；二则检查编排体例是否完善、检索是否方便。如果方便的话，还可以将释文中所引的书证与原文核对，看看引证是否有误，校勘是否精审。

5.5.6 关于工具书的综合利用

(1) 工具书综合利用的含义

在查找某一资料，使用某一工具书时往往会遇到如下问题：知道应该使用某种工具书，但是找不到该书；查找了某部工具书，但是问题解答得不好，如收录不全，观点陈旧等；查找某一资料，从某一种工具书中只能找到一个线索，而不是全部答案。这时，就可以使用同类型的其他工具书互相参照，或者利用多种类型的工具书来查找。所以说，某些问题需要多种工具书结合使用才能得到解答，这种查找资料解答问题的方法就是综合利用工具书。

(2) 工具书综合利用的基础

每一种工具书都有自身的特点、目的和用途，各自的编排方法、收录范围等也不相同，因此，各种工具书之间有着相对的独立性。即使是同一类型的工具书、除了有书名、作者、版本、收录广狭、释义详略、观点新旧的分别之外，还有各自的特殊检索功能。同样是查找字的形、音、义，字典又分查常用字的字典、查古汉语字的字典、查汉字形体的字典等。

当然，各种工具书之间有相互渗透、互相交叉的情形。有的工具书同时具备两类或两类以上工具书的内容和用途。索引词典就是如此，像《唐诗索引词典》就同时具有索引和词典的功能，其精选唐诗 1700 多首，对每个字词进行释义，通过字词可以查到其所在的原诗及该诗的作者。

有的工具书兼有其他工具书的功能。例如古代的类书相当于现代的百科全书；专收人物的年鉴相当于人名词典；侧重介绍书刊的年鉴兼有书目的功效。有些字典词典也有书目、索引、文摘的功能，像书名词典《简明中国古籍辞典》兼具书目功能，古汉语字典《经籍籑诂》兼有字词索引功能，类书《佩文韵府》兼具古代字书之用，《中国现代人物别名录》收录的人物，除了介绍其别名外，还简介其生平，附参考资料索引，兼具人名词典和传记资料索引等多种功能。

总之，各类工具书之间既有分工不同的独立性，又有相互渗透的兼容性。掌握专门工具书的多种检索方法，有利于高效地检索与利用文献资料。

(3) 工具书综合利用的方法

① 参照使用。由于工具书之间存在着相互渗透、重复交叉的现象，经常是同一个问题可以利用多种类型的工具书来查得。当然，有时一部工具书还不足以完善地解决问题，这时

就需要使用其他工具书来互相参照使用。

如查找历代典章制度，一般可首先考虑使用《辞海》，如果查不到，或需进行深入的专业研究，可利用以“十通”为代表的通纪历代典制、史实的政书。如《通典》、《通志》、《文献通考》等。如果要查找的是某一朝代的典章制度，可以使用“断代性政书”，即“会要”、“会典”类工具书，如《唐会要》、《明会要》等，还查不到，可以考虑使用下类书，尤其是综合性的类书，一般都有关于典章制度的资料，如《古今图书集成》第三编“明伦汇编”里有些关于帝王和官制、家庭、氏族等方面的资料可参考。

再如查找人物，也可以在不同的工具书中找到资料，诸如人名词典、百科全书、人名索引、年谱年表、传记书目、类书、年鉴等，都可以用来互相参照。

② 多书共用。某些复杂的、繁难的问题、使用一种工具书不能满足需要，必需同时使用多种工具书配合查找。例如要收集有关包拯的资料，使用《辞海》与《中国人名大辞典》来相互补充参照，就可以知道包拯的大致情况。在此基础上，还可以用《二十四史纪传人名索引》找他的传记，用《中国历代年谱总录》查他的年谱。由于包拯是合肥人，还可以通过地方志来查找他的有关资料。这样一来，所得资料基本就完整系统了。

③ 对照使用。工具书是二次文献，加上校对、印刷等多重环节，所收资料不免会存在错误。这就要求我们在使用工具书，特别是在进行专门研究时，有必要多书对照使用，以避免因为任意删节、错漏误读造成的错误。

④ 一书多用。任何一部工具书都是为着特定目的而编写，都有它主要的使用价值，同时，它往往还有其他附加的使用价值，可以用于其他的目的，服务于其他人群。比如《十三经索引》原来是为查找古籍文句而编的，也可以用来查找词汇，还可以用来研究古代汉语语法；《艺文类聚》是一部以类相从的文集，也可以为辑录佚文、校勘古籍服务。

第 6 章　外文数据库检索

6.1　RSC 英国皇家化学学会资源库

http：//pubs. rsc. org

英国皇家化学学会(Royal Society of Chemistry，简称 RSC)成立于 1841 年，是由约 4.6 万名化学研究人员、教师、工业家组成的专业学术团体，在化学方面很有权威和影响，同时也是一个化学信息的出版机构，出版的期刊及数据库一向是化学领域的核心期刊和权威性的数据库。每年组织几百个化学会议，出版 36 种期刊及 6 个文摘数据库，RSC 期刊大部分被 SCI 收录，并且是被引用次数最多的化学期刊。

6.1.1　快速检索及高级检索

RSC 包括期刊、图书和数据库的检索，可以在三种资源里进行一框式检索，也可以分别浏览检索三个库。见图 6.1.1−1。

图 6.1.1−1　RSC 检索

可直接在检索框中输入检索词进行快速检索，也可选择检索框后面的“Advanced”进行高级检索。

例：检索 PANI 纳米管的制备及其应用。

将检索题目翻译成英文，preparation and application of PANI nanotubes，确定检索词 PANI nanotubes，选择“Advanced”，在“FULL TEXT”中输入检索词“pani nanotube”，点击“find”。见图 6.1.1−2。

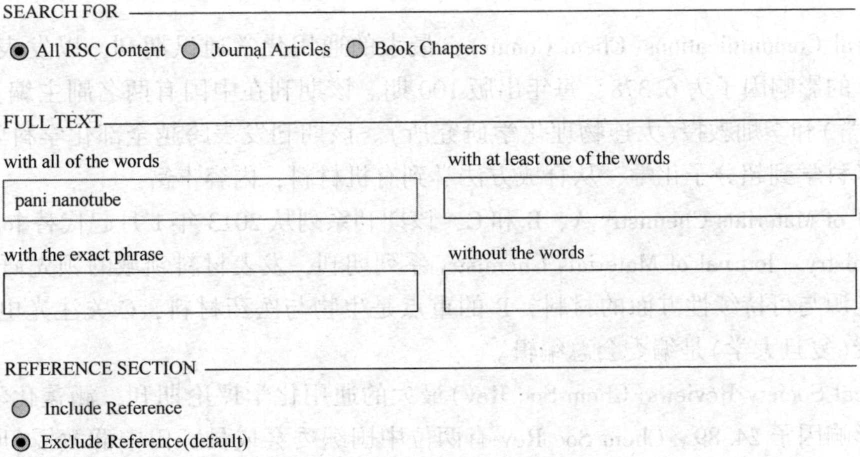

图 6.1.1−2　检索示例(一)

检索结果共 1131 篇文献，其中期刊论文 1059 篇，图书章节 72 篇，可按相关度和发表时间进行排序；页面右侧提供检索结果在开放获取资源、作者、不同期刊等类别的分布情况，以便用户进行二次筛选。见图 6.1.1-3。

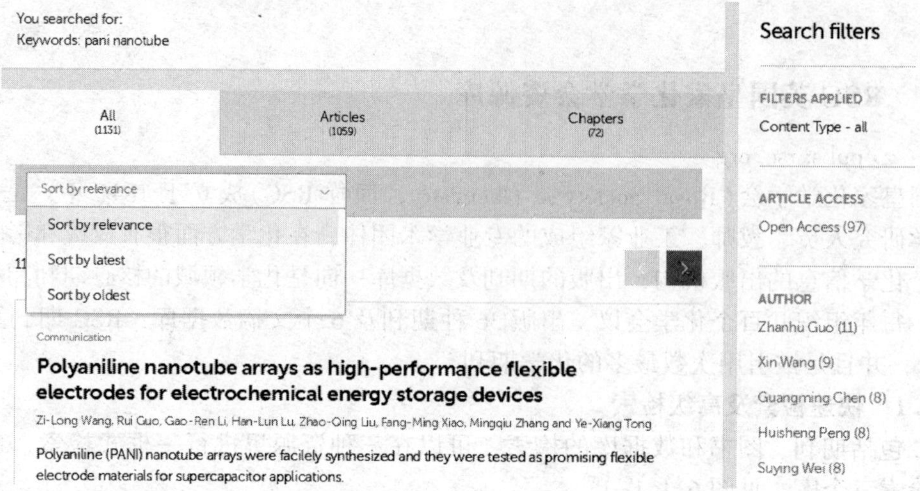

图 6.1.1-3　检索示例(二)

6.1.2　期刊、图书和数据库的单独检索

RSC 可在期刊、图书和数据库三种不同类型的资源库内单独检索。

(1) RSC 期刊

英国皇家化学学会是最具影响力的期刊资源，除了核心的化学科学，还跨越其他领域，比如生物学、生物物理学、能源与环境、材料、医学和物理学。数据库的部分期刊列举：

Inorganic Chemistry Frontiers 由中国化学会、北京大学和 RSC 共同刊发，发表涉及无机和有明确用途的有机金属分子与固体的论文，包括材料科学、能源、纳米科学、催化剂和生物无机化学等交叉学科的无机化学研究。主编为北京大学高松，创刊号于 2014 年发行。

Organic Chemistry Frontiers 由中国化学会、上海有机化学研究所和 RSC 共同所有，发表涉及有机化学所有分支方面的论文。主编为上海有机化学研究所麻生明，创刊号于 2014 年发行。

Chemical Communications(Chem Comm)，最大的通用化学通讯期刊，以发表迅速著称。ChemComm 的影响因子为 6.378，每年出版 100 期。该期刊在中国有两名副主编：涂永强教授(兰州大学)和李灿教授(大连物理化学研究所)。该期刊发表跨越全部化学科学范围的快讯，从纳米科学到超分子化学，从合成方法学到有机材料，内容丰富。

Journal of Materials Chemistry A、B 和 C，该期刊系列从 2013 年 1 月起代替 Journal of Materials Chemistry。Journal of Materials Chemistry 系列期刊，发表材料领域的领先研究发现，A 的重点是能源与可持续性方面的材料，B 的重点是生物与医药材料，C 关注光电设备材料。赵东元教授(复旦大学)是编委会总编辑。

Chemical Society Reviews(Chem Soc Rev)最大的通用化学评论期刊，涵盖化学科学的方方面面，影响因子 24.89。Chem Soc Rev 有两位中国编委会成员：田中群教授(厦门大学)，担任物理化学和纳米科学的副主编；郭子健教授(南京大学)，担任综述编辑。

Nanoscale，是发表纳米领域国际重大发现的知名刊物，影响因子为 6.23，是英国皇家化学学会出版部和位于北京的国家纳米科学中心的合作刊物。中国科学院(CAS)院长白春礼教授是 Nanoscale 亚太办事处总编辑。编委会成员包括王建方教授(香港中文大学)、蒋兴宇(国家纳米科学中心)、谢思深(中国科学院物理实验研究所)和徐红星(中国科学院物理研究所)。

Chemical Science 期刊发表化学科学领域的重要发现，影响因子 8.314，于吉红教授(吉林大学)任期刊的副主编，负责无机材料领域论文。

英国皇家化学学会出版部的期刊组合平均影响因子是业内化学期刊平均值的两倍，其中影响因子超过 5 的占全部期刊种类的 34%。

可在首页直接输入检索词进行期刊范围内检索，也可以通过下拉菜单或“View all journal”浏览期刊。见图 6.1.2-1。

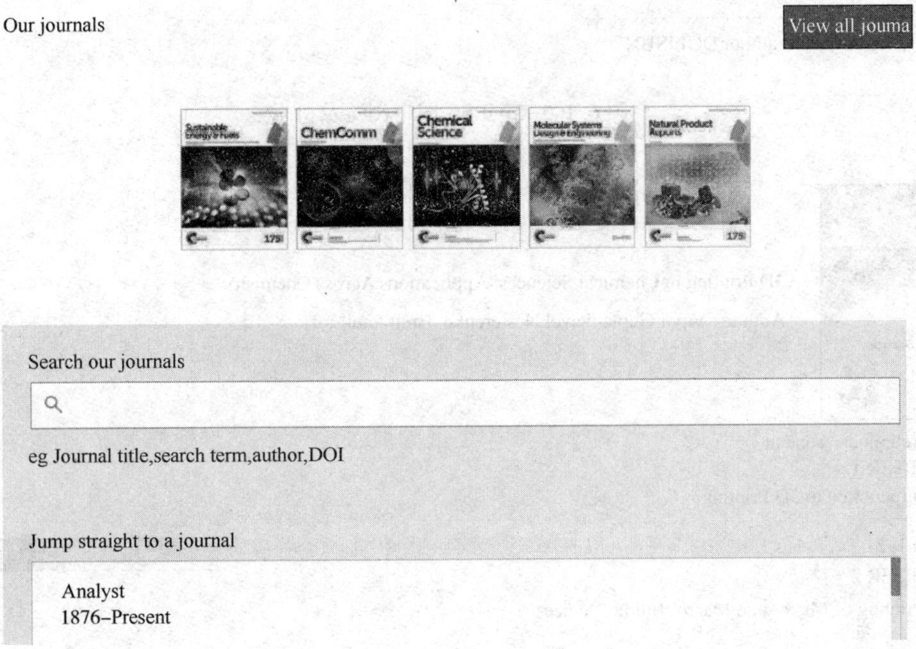

图 6.1.2-1　期刊浏览及检索

(2) RSC 图书

RSC 图书，从非常专业的内容至通俗易懂的课本和科普书籍，都有涉猎。可在网站的检索框中直接输入检索词查找相关图书，或点击“View all books”浏览全部图书资源，见图 6.1.2-2。

RSC 共收录 136 种图书，浏览界面显示书名和 ISBN 号，点击书名可以进入图书各章节的浏览界面，查看出版信息及简介。图书的部分章节可下载 PDF 文件，部分章节需要单独购买，图书正文之前的部分(Preliminary content)以隐藏形式显示在浏览界面，可下载。见图 6.1.2-3。

(3) RSC 数据库

RSC 数据库(Dtabases)提供数据资源和文献更新服务(literature updates)，特别是文献更

图 6.1.2-2　RSC 图书浏览及检索

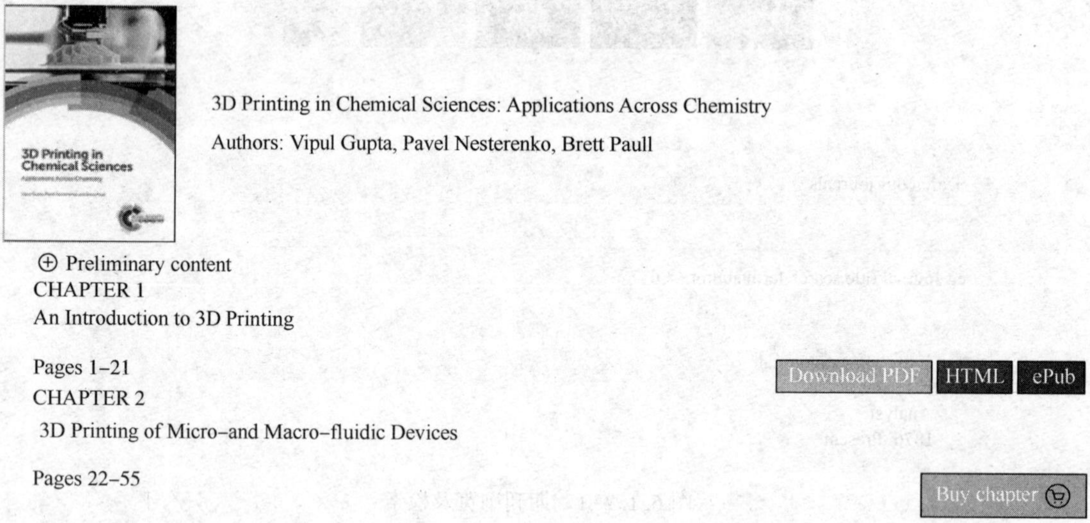

图 6.1.2-3　图书正文之前部分

新服务可以提醒读者了解相关期刊中化学研究的最新发展。

数据库包括：MarinLit、The Merck Index Online 和 ChemSpider，MarinLit 为有关海底自然物质文献数据库；The Merck Index Online 收录 120 年以来关于化学、制药和生物方面的权威可检索信息资源；ChemSpider 收录超过 5 千万个化学式的结构、特性和相关信息，点击数据库名称，均可在库内进行相关资源的检索。见图 6.1.2-4。

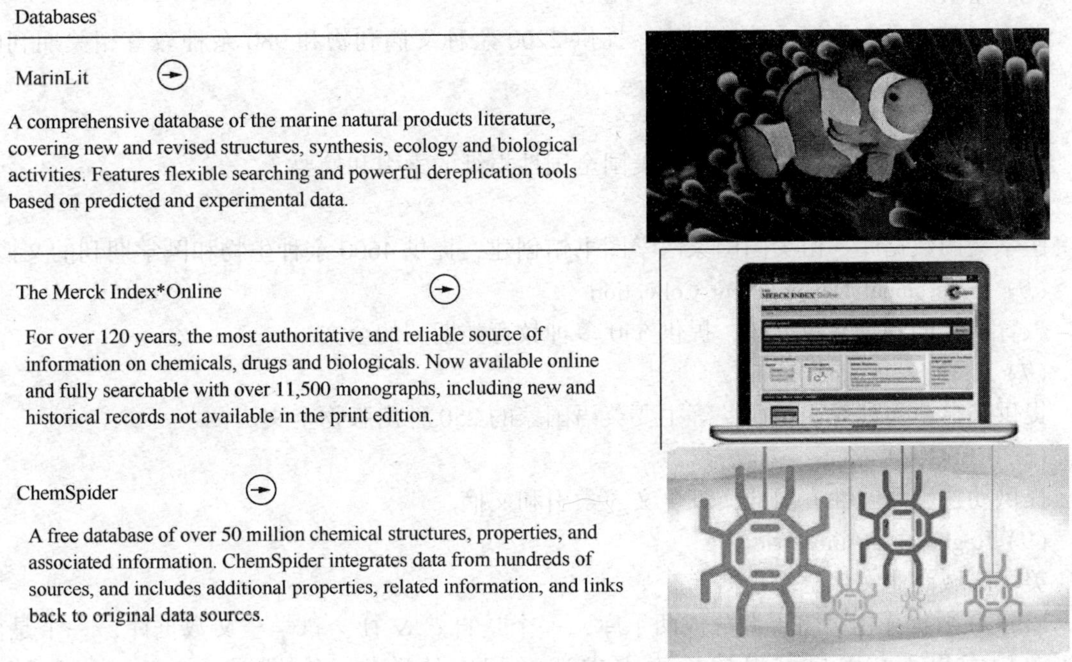

图 6.1.2-4　RSC 数据库

6.2　EBSCO 学术信息、商业信息数据库

http：//search. ebscohost. com/

EBSCO Industries Inc. 创建于 1944 年，是一家从事多元化产业经营的跨国公司。公司主要产业有文献信息产品和服务(电子期刊与数据库、文献代订服务等)、渔具(世界最大的鱼饵生产商)、地产与酒店等。EBSCO Publishing(缩写 EP)是公司的一个业务部，全面负责文献信息相关产品和服务。服务对象是研究型大学、科学院所、政府部门、大型医疗机构以及公司，在 23 个国家设有办公室，服务于全球 200 个国家和地区的客户。

6.2.1　EBSCO 资源简介

EBSCO 数据库涉及自然科学、社会科学、人文和艺术等多种学术领域。比如 Academic Search Premier(ASP)、Business Source Premier (BSP)、ERIC、MEDLINE 等。

(1) 学术期刊集成全文数据库(Academic Search Premier ASP)

收录期刊 7699 种，其中提供全文的期刊有 3971 种，总收录的期刊中经过同行鉴定的期刊有 6553 种，同行鉴定的期刊中提供全文的有 3123 种，被 SCI & SSCI 收录的核心期刊为 993 种(全文有 350 种)。主要涉及数学、物理化学、生物科学、信息技术、人文科学、社会科学、通讯传播、教育、艺术、文学、医药、通用科学等多个领域。

(2) 商业资源电子文献全文数据库(Business Source Premier BSP)

收录期刊 4432 种，其中全文期刊 3606 种；总收录 4432 种期刊中经过同行鉴定的期刊有 1678 种，全文期刊 1067 种；被 ISCI & SSCI 收录的核心期刊为 398 种，全文期刊 145 种。涉及的主题范围有国际商务、经济学、经济管理、贸易、金融、企业管理、会计、劳动人事、银行等。

（3）ERIC

美国教育部教育资源文摘数据库，提供 2200 余种文摘刊物和 980 余种教育相关期刊的文摘、题录以及引用信息。

（4）报纸资源数据库

选择性提供 180 余种报刊全文及美国全国性报纸的索引和摘要。

（5）MEDLINE

医学文摘数据库，由美国国家医学图书馆创建，提供 4600 余种生物和医学期刊的文摘。

（6）Professional Development Collection

教育核心期刊全文数据库，提供 550 多种教育类期刊的全文。

（7）World Magazine Bank

提供来自澳大利亚、新西兰等主要英语国家的 250 种出版物全文。

（8）EBSCO Animals

提供动物生活习性方面的文献全文、索引和文摘。

（9）Regional Business News

美国区域商业文献全文数据库。

EBSCO 数据库主页将资源分成两个库，一个是自然 & 社会科学全文数据库，一个是商业资源检索界面。用户可根据检索需求选择相应的数据库。见图 6.2.1－1。本章以 ASP&BSP 数据库为例进行讲解。

图 6.2.1－1　EBSCO 数据库

6.2.2　基本检索和高级检索

选择 ASP&BSP 自然 & 社会学科全文数据库，进行到数据库的检索界面，默认状态为子库全选，用户可根据需要选择相关子库，也可在整个资源库内进行查找，检索方式相同。

例：在 academic search premier 中，检索主题为“petroleum”，作者为“Jessica”所写的全文文献，列举一篇文献的篇名及出处。

ASP&BSP 数据库作为外文数据库，其检索界面为中文，便于中国用户使用。

在数据库主页检索界面，点击“选择数据库”，选择子库 academic search premier；检索入口选择作者，输入 Jessica；检索入口选择主题词，输入 petroleum，同时系统会自动推荐相关主题词供用户选择；主题与作者呈逻辑“与”并列关系。在“检索选项”中限制结果里勾选“全文”，同时还可以对出版物类型和文献类型及语言等信息进行选择，点击“搜索”。见图 6.2.2-1。

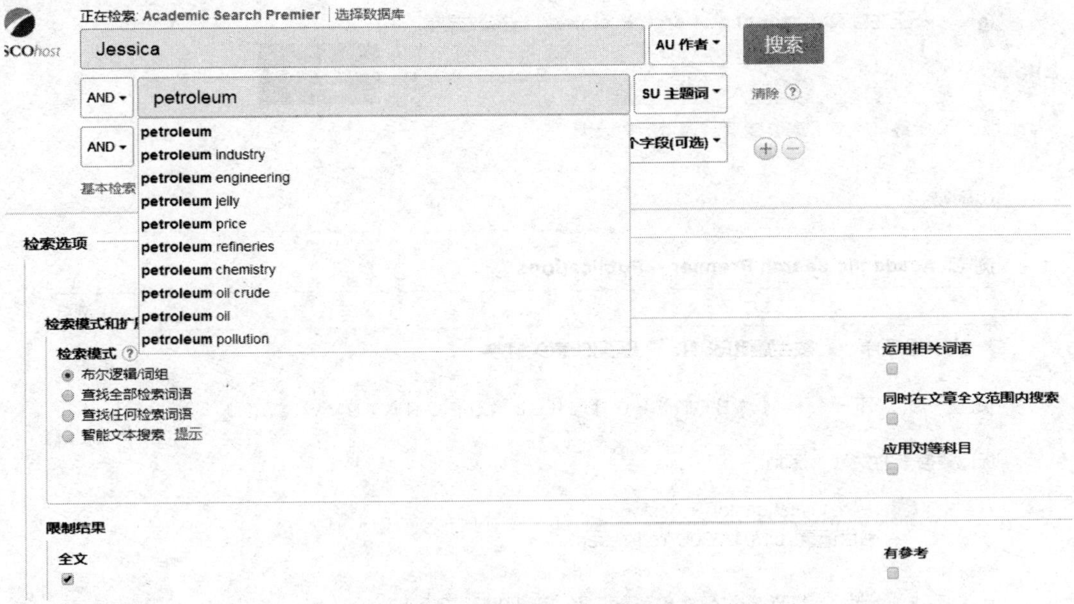

图 6.2.2-1　ASP&BSP 数据库检索示例

检索结果共 10 篇，可以根据页面左侧的“精确搜索结果”进行二次选择，包括时间限制、同行评审期刊的限制、来源类型(学术期刊或贸易出版物等)、主题、语言等信息。检索结果页的文献标题为蓝色，作者字体加粗，可选择 HTML 和 PDF 两种全文格式，见图 6.2.2-2。

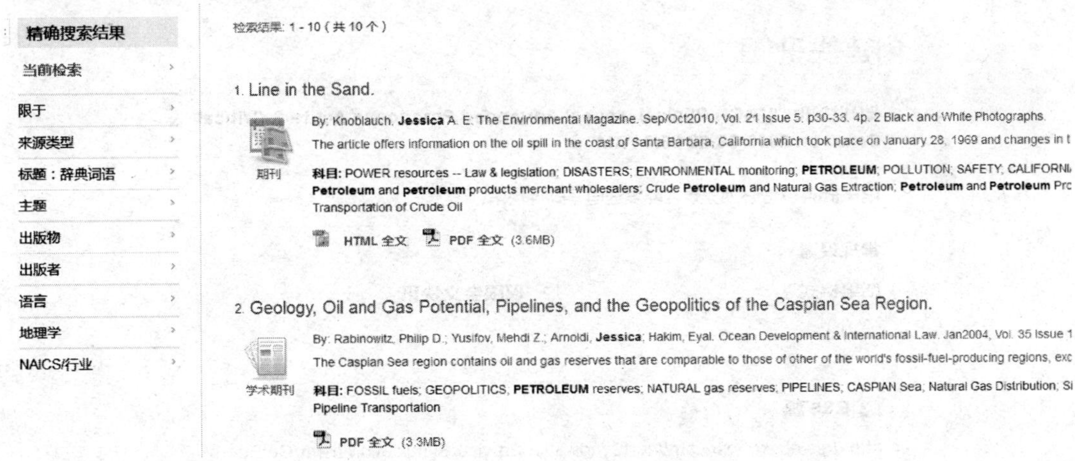

图 6.2.2-2　检索结果

6.2.3　出版物

在 academic search premier 中，选择页面顶端导航条中的“出版物”，可以浏览该数据库中的出版物信息，可按字母、主题或匹配关键字进行检索，也可选择出版物名称的首字母字顺进行检索。见图 6.2.3-1。

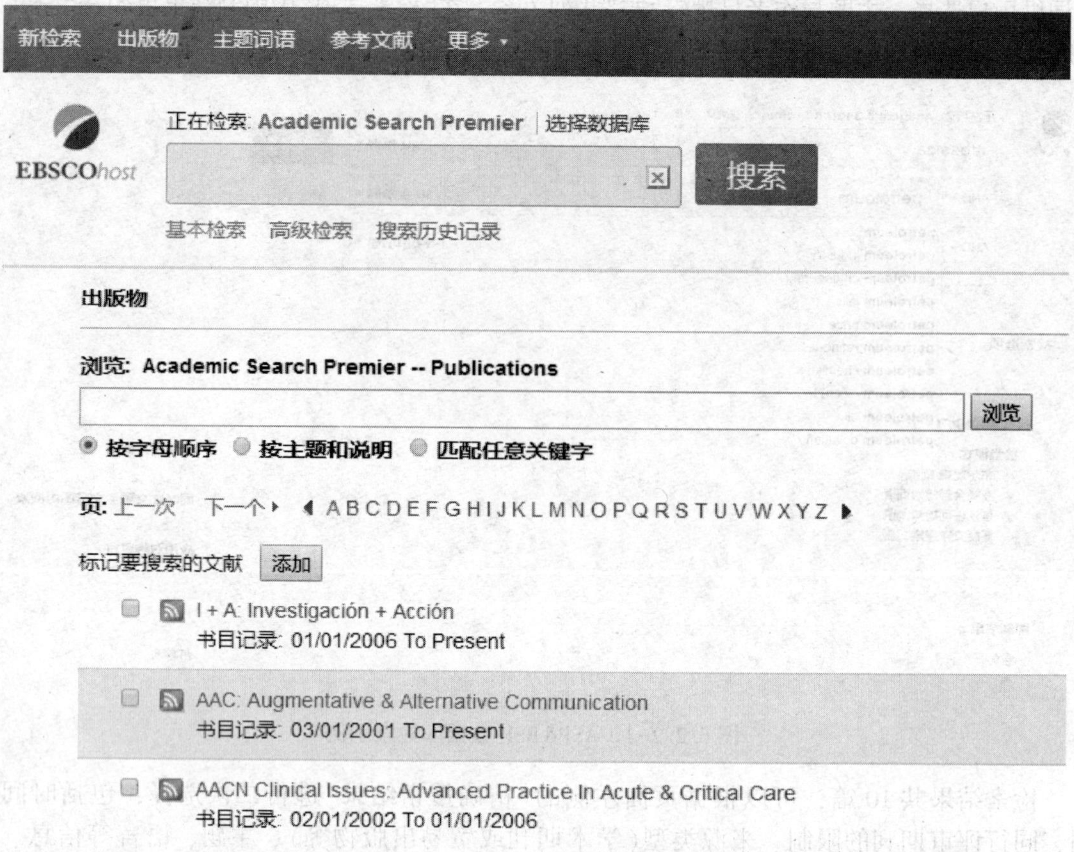

图 6.2.3-1　出版物检索

点击出版物前的，可以对关注出版物进行即时推送。见图 6.2.3-2。

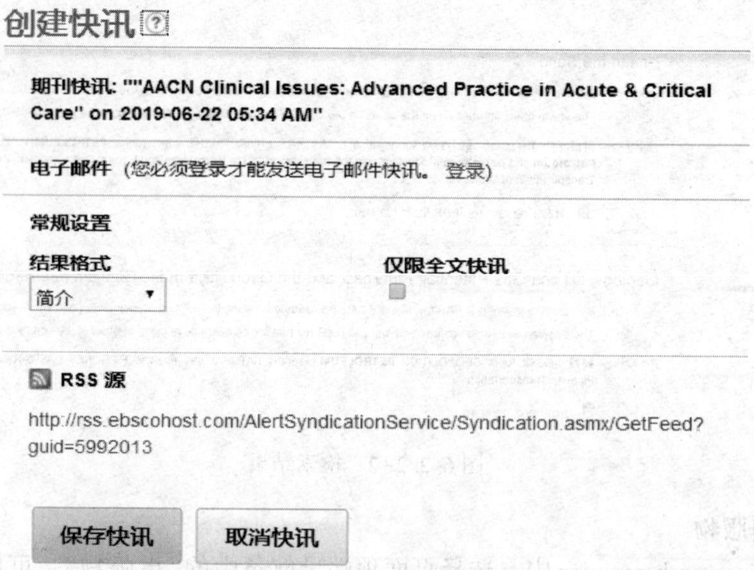

图 6.2.3-2　出版物即时推送

点击出版物名称，可显示出版物的详细信息，并在页面右侧可按年检索文献出版情况。见图 6.2.3-3。

出版物详细资料“*AAOS Now*”

标题: AAOS Now
ISSN: 1935-6765
出版者信息: American Academy of Orthopaedic Surgeons
6300 North River Road
Rosemont IL 60018-4206
United States of America
书目记录: 03/01/2010 to present
出版物类型: Periodical
主题: Orthopedic Surgery
说明: Presents news and reviews of orthopedic practice and risk management, and technology updates.
出版者 URL: http://www.aaos.org/News/Bulletin/toc.asp
频率: 12
同行评审: NO

图 6.2.3-3 《AAOS Now》详细信息

6.2.4 主题词表

选择页面导航顶端的“主题词语”，即进入到 EBSCO 数据库的叙词表，它是该数据库中某一学科或若干学科中语义相关、族性相关的名词术语应使用的规范化词汇表，用“use”指向正式用词，并可按照相关主题词进行检索。见图 6.2.4-1。

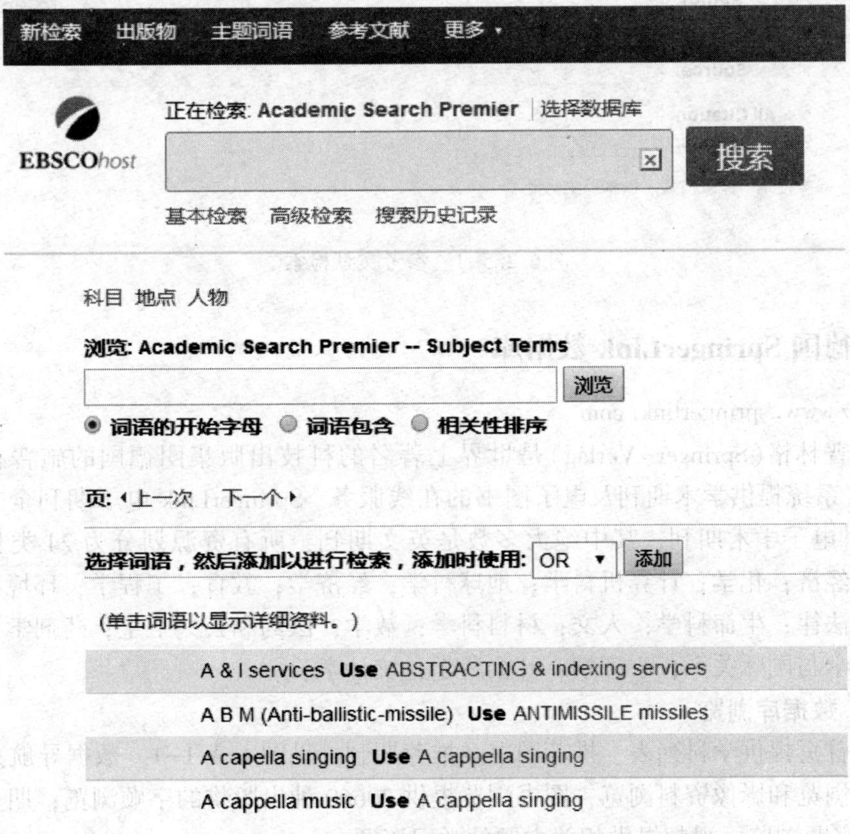

图 6.2.4-1 EBSCO 数据库主题词表

正式叙词，会显示词义范围、上位词、下位词等相关信息。见图 6. 2. 4-2。

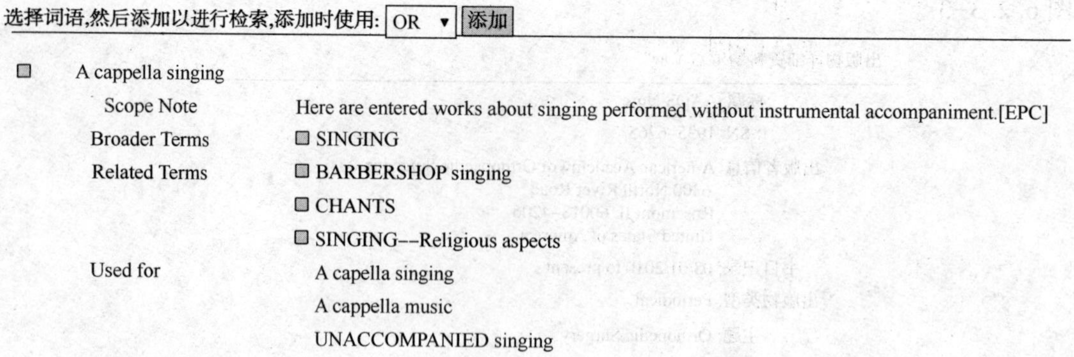

图 6. 2. 4-2　正式叙词

6. 2. 5　参考文献

点击页面导航条的参考文献，可从引用文献的作者、标题、来源、年代和学科来检索引文文献信息。见图 6. 2. 5-1。“搜索”后的 ? 是使用说明。

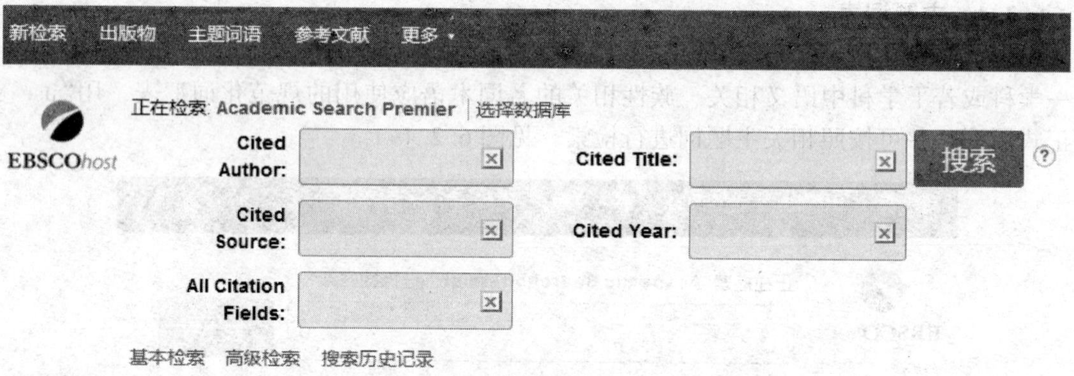

图 6. 2. 5-1　参考文献检索

6. 3　德国 SpringerLink 数据库

http：//www. springerlink. com

德国施普林格(Springer-Verlag)是世界上著名的科技出版集团德国的施普林格，通过 SpringerLink 系统提供学术期刊及电子图书的在线服务。SpringerLink 电子期刊全文数据库共包含 2040 种电子学术期刊，其中绝大多数是英文期刊，所有资源划分为 24 类目，生物医学；商业和经济；化学；计算机科学；地球科学；经济学；教育；工程学；环境科学；地理学；历史；法律；生命科学；人文；材料科学；数学；医药和公共卫生；药剂学；哲学；物理学；政治学与国际关系；心理学；社会科学；统计学。

6. 3. 1　数据库浏览

数据库首页提供学科列表、推荐图书及推荐期刊。见图 6. 3. 1-1。数据导航条提供图书浏览、期刊浏览和影像资料浏览，图书浏览提供 20660 种出版物的字顺浏览；期刊浏览提供 325 种刊的字顺浏览；视频提供相关主题的学习资源。

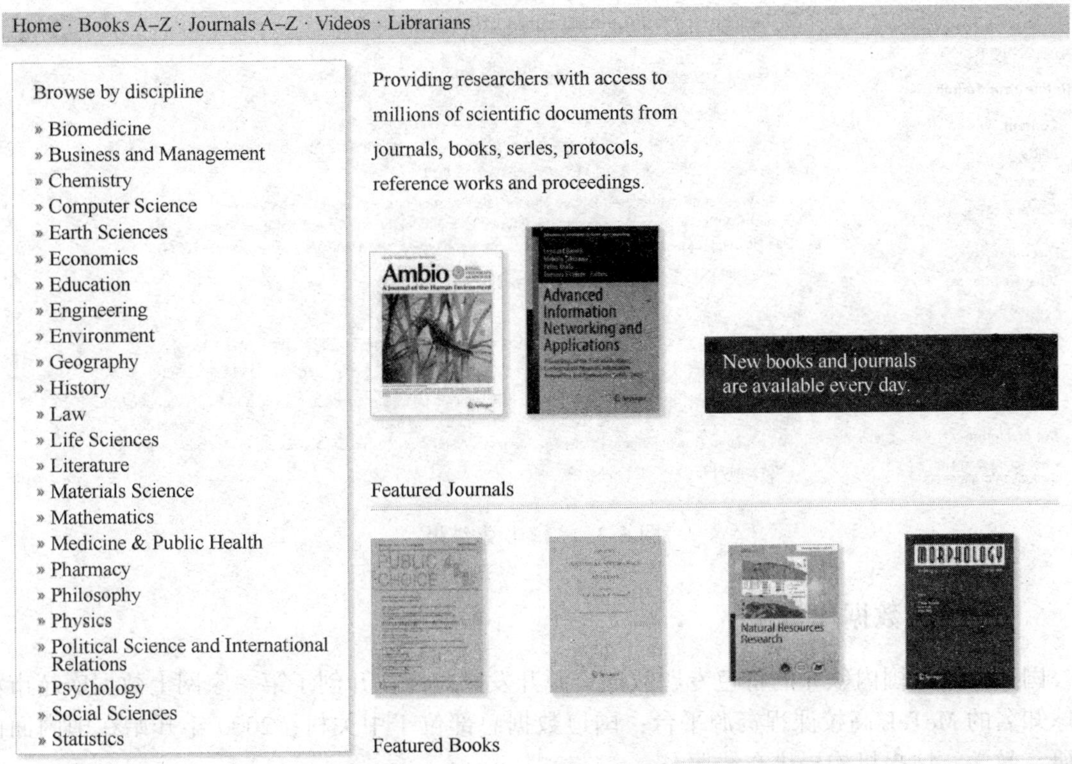

图 6.3.1-1　springerLink 数据库首页

6.3.2　资源检索

数据库首页显示快速检索，检索按钮后的 可进入到高级检索及检索方式说明。

例：X80 钢疲劳曲线测定。

确定检索词：X80 steel、fatigue curve，选择高级检索，根据提示输入两个检索词，点击 “search”。见图 6.3.2-1。

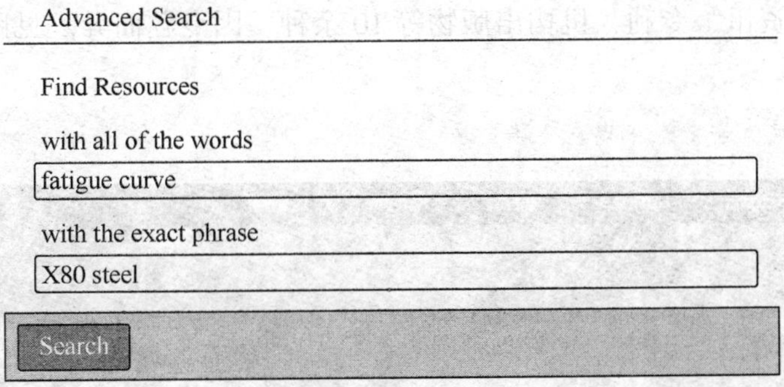

图 6.3.2-1　资源检索示例

检索结果为 39 篇，文献类型分别为期刊论文、图书章节和会议文献；检索结果所属五个一级学科类目和若干分支学科；39 篇文献全部为英文文献。点击 **Download PDF**，可对文献进行下载，点击 **View Article** 或文献题名，可查看文献摘要、简介、文献内的图表、引用等信息。见图 6.3.2-2。

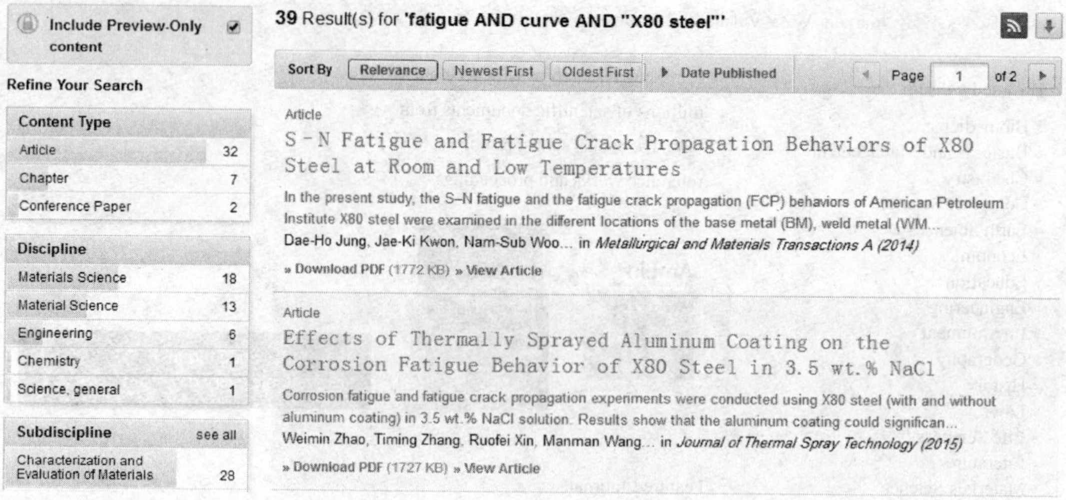

图 6.3.2-2　检索结果

6.4　国道数据库资源

国道数据是国内领先的特色专题数据资源开发供应商，开创了第一家网上数据库超市和全球知名的 MeTeL 高校课程资源平台；国道数据总部位于中关村，2000 年开始在国内面向科研、教学、情报机构提供在线服务。

6.4.1　SpecialSci 国道外文数据库

http：//v2017. specialsci. cn/

SpecialSci 是由国道数据提供的一个外文全文专题数据库，目前拥有全文数据 3600 万篇，适用于科技查新、课题跟踪、论文写作与文献参考、教学备课与课程开发、学生学习等。

SpecialSci 分为五大专辑 67 个专题库，覆盖多个学科，收录了欧美国家 1995 年以来多个领域的科技文献。资源类型涉及学术论文、技术报告、会议记录、议题议案、专栏评述、法规标准、新产品资讯、专利、机构出版物等 10 余种，因专题而异。见图 6.4.1-1。

图 6.4.1-1　SpecialSci 数据库

（1）数据库检索

SpecialSci 平台提供多种导航方式和检索方式，用户可以根据自己需要选择使用，达到查全和查准的平衡；平台提供多种增值及助读功能，如免费查新（含英文学术文献题录 1.5 亿条），国道查重，检索结果统计功能，标题翻译功能，结果导出功能，在线翻译助读功能。数据库首页检索框支持英文文献检索输入中文检索词进行快速检索；首页导航条设置高级检索和专业检索。

例：X80 管线钢疲劳性能分析。

国道数据库支持英文文献输入中文检索词，但在检索外文文献的时候，尽量使用外文检索词以便检索结果更准确。确定检索词：X80 steel；fatigue。在高级检索界面选择主题词，输入已确定的检索词，“文献类型”可根据需要确定，页面左侧的五个专题选择“工程技术学科”、“高科技前沿系列”和“基础学科系列”，点击“高级搜索”。见图 6.4.1-2。

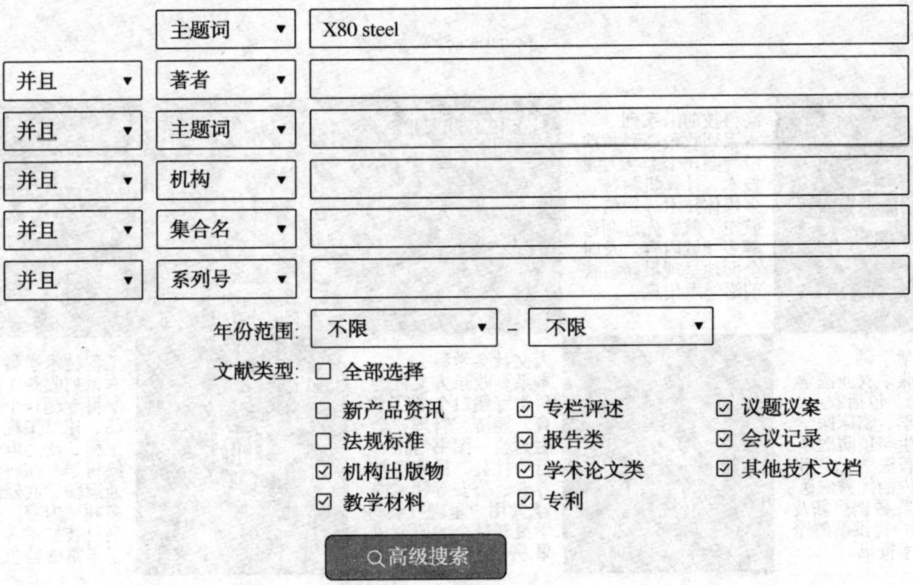

图 6.4.1-2　主题检索

共检索到 113 条相关结果，页面右侧提供二次检索、库别分布、年际分布和相关机构，库别分布用不同颜色区分不同数据库，并显示每个数据库内包含文献数量，点击不同色块，可单独显示该数据库内的文献；年际分布列举不同年包含的文献数量；相关机构列举文献的发布机构。

利用二次检索缩小检索范围，范围选择标题，关系为包含，内容输入 fatigue，点击二次搜索，查到二篇文献。可利用国道数据库的“标题翻译”，即时翻译文献标题；可点击“详细信息”，查看文献的文摘及题录内容；可用文献预览概览全文并实现文献下载。见图 6.4.1-3。

（2）国道导航

① 学术导航。数据库首页“SpecialSci 外文专题库”，列出了国道数据库的五个专题，包括每个专题的介绍及所包含的分支学科，内容与数据库首页导航条中的学术导航一致。见图 6.4.1-4。

图 6.4.1-3　二次检索

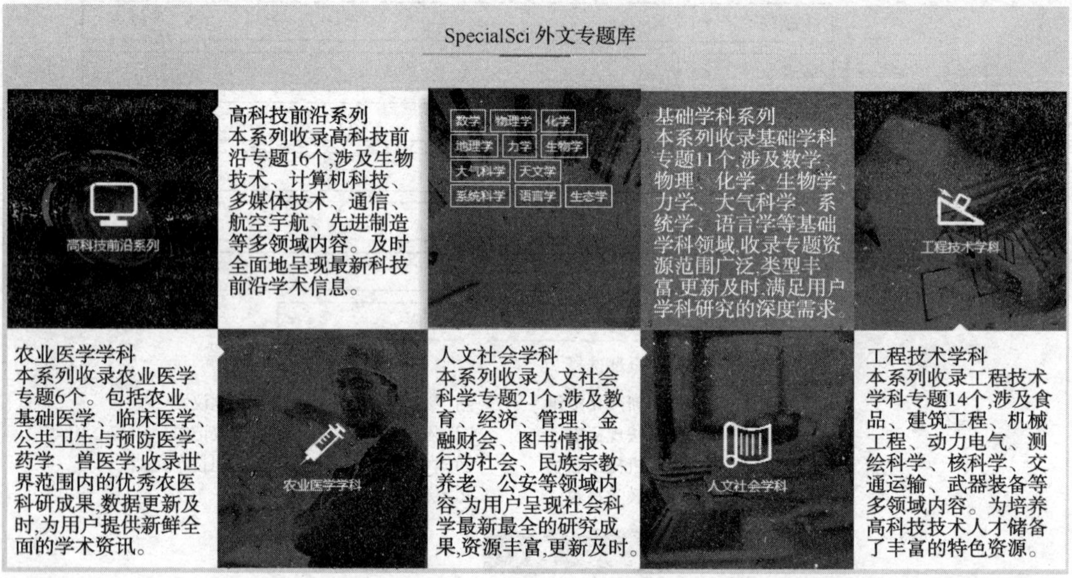

图 6.4.1-4　国道学术导航

点击相关专题，可查看该专题的简介、数据量及下级类目，机构所购买专辑标注 ✓；点击下级类目，列举类目内的前沿热点检索词，点击检索词可检索到具体文献；提供检索框可进行快速检索。如学术导航-矿业工程-前沿热点(数字矿山 digital Mine)，见图 6.4.1-5。

② 分类导航。介绍专业内的资源范围、数量及收录时间，提供按学科类目的浏览检索，根据专业类目列举相关文献。见图 6.4.1-6。

③ 机构导航。机构导航共收录机构 19774 个，提供机构名称关键词检索；在学科范围内，按机构类别及地域进行检索，点击列表中的机构名称，列举该机构的相关文献。见图 6.4.1-7。

④ 奖项导航。列举各个学科领域的世界级奖项名称，点击奖项名称，显示该奖项的简介、获奖者列表。选择任意一年的获奖者名字，可见其简介，包括姓名、获奖年份、奖项及获奖原因并可浏览其发表的相关论文。见图 6.4.1-8。

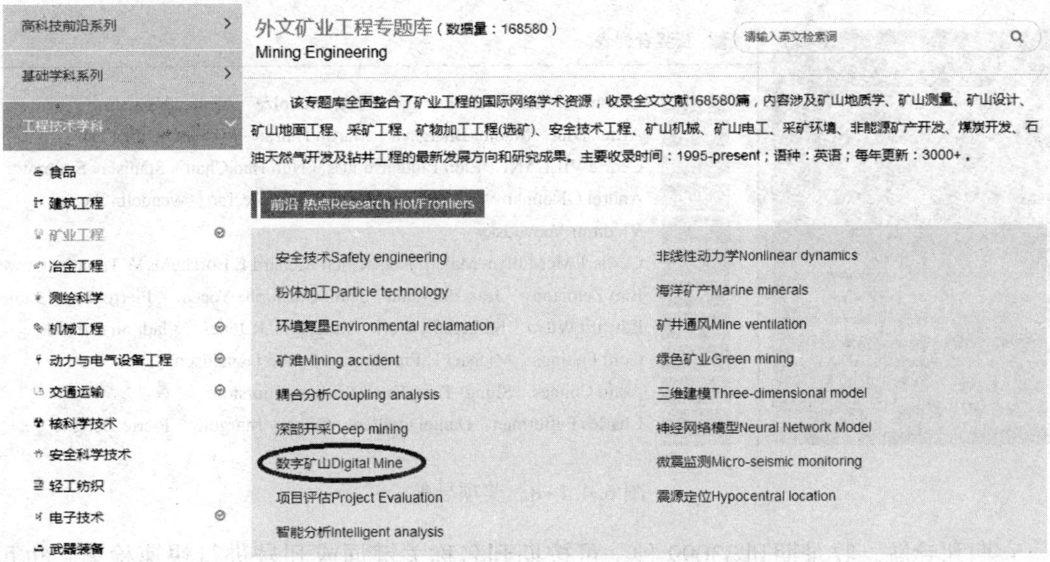

图 6.4.1-5　利用"学术导航"检索"数字矿山"

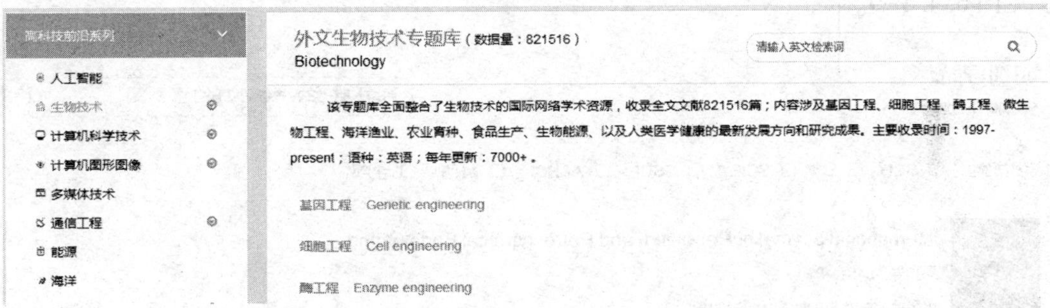

图 6.4.1-6　分类导航

图 6.4.1-7　机构导航

图 6.4.1-8 奖项导航

⑤ 期刊导航。收录期刊 33099 种，可按期刊名称关键词或刊号进行快速检索；也可按照列举期刊进行浏览，可通过限制索引机构选择期刊来源。点击刊名，可检索本刊发表文献。见图 6.4.1-9。

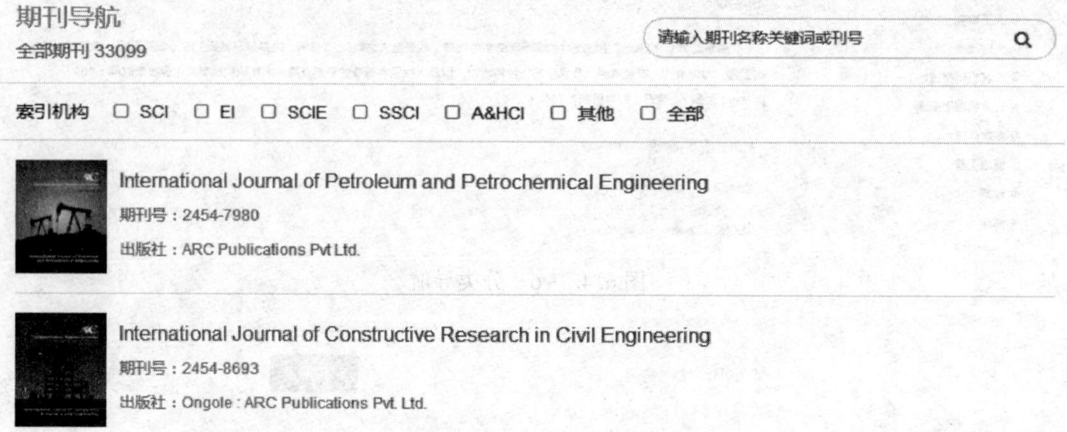

图 6.4.1-9 期刊导航

（3）电子杂志

国道电子杂志提供三十二个专业的在线电子期刊，每个专业包含若干期电子刊，每期一个主题十二篇文献，提供在线阅读和全文下载。见图 6.4.1-10。

（4）免费查新和国道查重

免费查新是国道数据库基于海量资源，包括 6 万余种英文期刊杂志，100 万种英文电子书，1000 万篇会议记录，总计 1 亿余条海量外文学术资源为机构付费用户提供的定期免费增值服务。

国道查重基于 Turnitin 系统，可快速准确地检测出论文中不当引用、过渡引用甚至是抄袭、伪造、篡改等学术不端行为，通过对论文的相似性检测可自动生成检测报告。

图 6.4.1-10　电子杂志

6.4.2　MeTeL 教学资源平台

http：//www. metel. cn/

国道多媒体教学资源库(MeTeL)是目前国内最大的连续动态更新的英文多媒体课程数据库；收录信息化教学发达国家高校、培训机构及个人，2000 年以来公开发布的教学课程、讲座的全文信息课程 5 万余门，积累全文文献 280 万条；分 13 大学科门类，涉及 300 个一级或二级学科。

MeTeL 的每门课程包括课程名称、课程介绍、教学大纲、课程表、参考教材、课任教师、教师简历、学科分类等；每个课节可能包括的资源类型包括讲义、课件、音频、视频、教学图片、教学案例、阅读材料、作业、习题、试卷、答案等；部分课节为独立的专题研讨会(Seminar)、实验实习、外出考察、演讲讲座等；也可能有相关的程序代码、工具软件等资源。见图 6.4.2-1。

图 6.4.2-1　MeTeL 教学资源平台

MeTeL 首页可按用户授权的学科门类直接搜索课程或教学资源；快速搜索支持输入中文。首页推荐八门热门课程，八门基础课程和八门专业课程；底部可下载使用指南、在线教程等。

（1）精选课程

国道数据根据自身所创的课程收录质量量化评价系统，设置课程基础分、课程等级分、完整度和视频课程等级确定收录课程等级分值(1–5 分)，其中 5 分课程为优秀，共有 16102 门，占所有资源的 30%。系统首页导航条的精选课程即为 5 分课程，可按“有课节序列课程”“有视频课件课程”“有字幕课程”和最近 6 个年份进行筛选。见图 6. 4. 2–2。

找到5分精选课程:20563门　过滤显示-类型: 有课节序列课程　有视频课节课程　有字幕课程　年份: 2019　2018　2017　2016　2015　2014

序号	课程编号	课程	授课时间
1	ES202	 Principles of Geology(Sedimentary Systems and Earth Surface Processes) 地质学原理(沉积系统和地表过程) Stephen Taylor(主讲) 所属学科:理学　所屋院校:西俄勒冈大学	Winter Term 2019
2	CIV–E3050	 Fire Dynamics and Simulation L 火灾动力学与模拟 Simo Hostikka(主讲) 所属学科:工学　所屋院校:阿尔托大学	Fall 2019

图 6. 4. 2–2　精选课程

（2）高级搜索

从数据库首页导航条进入到高级搜索，分为课程搜索和教学资源搜索。

课程搜索可对课程名称、学科、院校、院系、年份、责任者、课程得分、课程级别(本、硕、博、职业培训)和资源类型进行单独检索或组合检索；教学资源搜索可对资源标题、学科、院校、院系、年份、文件格式、资源类型和责任者进行检索。

（3）学科导航

资源库按照我国 2011 年学科专业分类标准进行学科门类的划分，可对 13 大门类、110 个一级学科、360 个二级学科的总计 300 多个教学资源进行浏览式检索。见图 6. 4. 2–3。

哲学　哲学

中国哲学　外国哲学　逻辑学

伦理学　美学　宗教学

科学技术哲学

图 6. 4. 2–3　学科导航

（4）院校导航

数据库首页的院校导航可检索到 MeTel 收录的国外 400 余所高校多媒体资源，可按排名和国别进行筛选，也可按院校首字母进行快速跳转，鼠标置于院校名称会显示中英文对照的院校简介，点击院校名称可浏览系统收录的课程资源。见图 6. 4. 2–4。

（5）留学预科课程

留学预科课程分为 AP 课程和 AP 相关课程，按学科设置。

AP 课程即 Advanced placement，一般被译为美国大学先修课程，指由美国大学理事会(The College Board)提供的在高中授课的大学课程。美国高中生可以选修这些课程，在完成课业后参加 AP 考试，得到一定的成绩后可以获得大学学分。一般修一门大学的课程要花费数千美元，而参加 AP 考试只需要 92 美元，因此选修 AP 课程不仅可以展现学生的能力，还是一种省钱的措施。

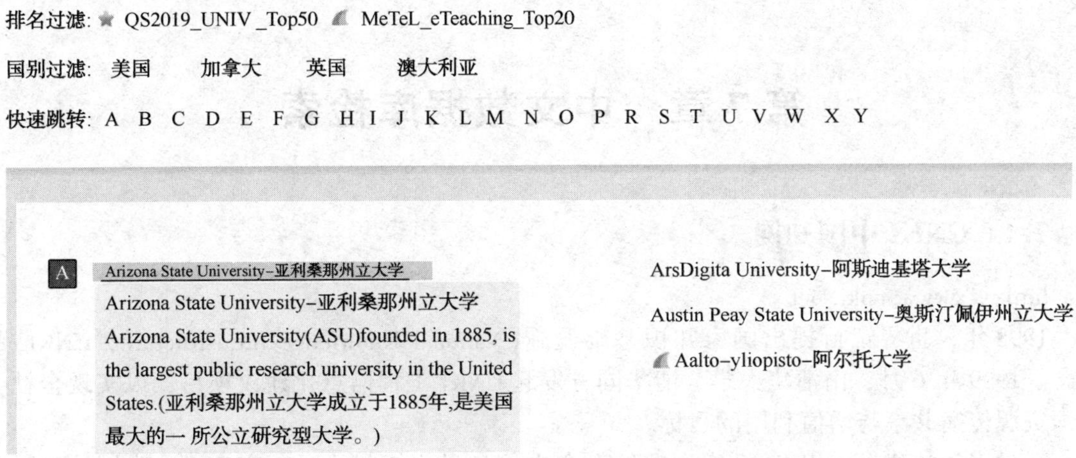

图 6.4.2-4 院校导航

（6）国标课程导航

2018 年 1 月 30 日，教育部发布《普通高等学校本科专业类教学质量国家标准》(以下简称《国标》)。其中，课程体系建设是标准的重要组成部分。MeTeL 收录世界各国高校优质课程，与《国标》中各专业知识及课程体系相匹配。通过国标课程导航，用户可检索国标中各专业同类优质外文课程。

国标课程导航首页可按《国标》专业类名称进行搜索，也可查看全部 92 个类别的课程。

（7）课程设置

课程设置是一个教学研究功能模块，可帮助高校教务教研人员及授课教师快速查询世界上其他高校的课程设置情况，进而优化自己的课程设置体系。课程设置首页展示 33 个大学列表，点击校名可以浏览其简介、院系列表及专业列表。见图 6.4.2-5。

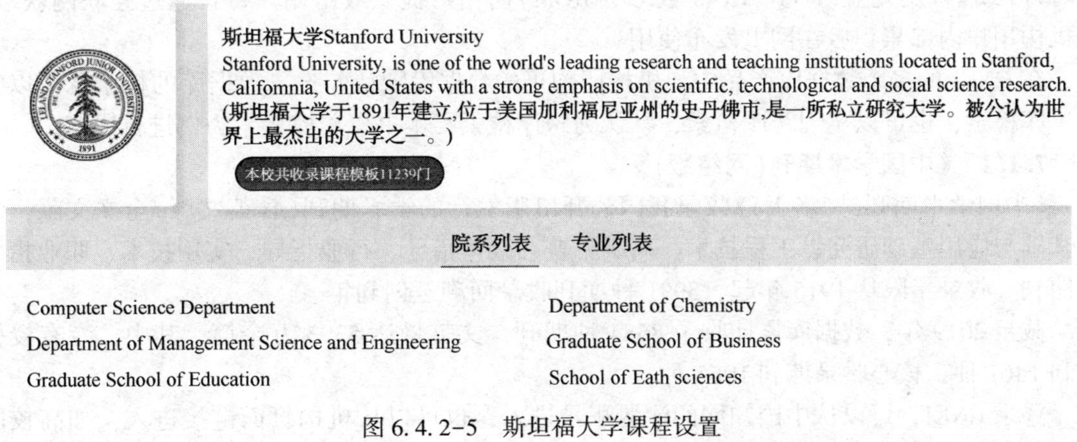

图 6.4.2-5 斯坦福大学课程设置

第7章　中文数据库检索

7.1　CNKI中国知网

http：//www. cnki. net/

1998年，世界银行提出国家知识基础设施(National Knowledge Infrastructure，CNKI)的概念。1999年6月，由清华大学、清华同方发起CNKI工程信息化建设项目，以实现全社会知识资源传播共享与增值利用的目标。

经过多年的建设，CNKI已成为世界上全文信息量规模最大的"CNKI数字图书馆"，并正式启动建设《中国知识资源总库》及CNKI网格资源共享平台，为全社会知识资源高效共享提供最丰富的知识信息资源和最有效的知识传播与数字化学习平台。

CNKI产品包括《中国学术期刊网络出版总库》《中国博硕士论文全文数据库》《中国工具书网络出版总库》《中国年鉴网络出版总库》等40多个连续型电子和互联网出版物，以及3000多种专业化、个性化数字图书馆产品，全文文献数据年收入400万篇，数据库将资源分为十大专辑：基础科学、工程科技Ⅰ、工程科技Ⅱ、农业科技、医药卫生科技、哲学与人文科学、社会科学Ⅰ、社会科学Ⅱ、信息科技、经济与管理科学，十大专辑下分为168个专题。目前，知网用户遍布40多个国家和地区，全球机构用户达25000多个，最终读者达4000多万人。

CNKI以"中心网站版""镜像数据库版""光盘版"三种版本定期连续出版，"中心网站版"的数据每工作日出版，累计发布在"中国知网"(www. cnki. net)上；"镜像数据库版"的数据每月(或季)用光盘(DVD-ROM或CD-ROM)向用户提供或由用户每日通过互联网获取，由机构用户内部累积后在网上发布使用。

在CNKI的多个数据库产品中，机构所购买的数据库默认勾选。数据库的检索既可以实现单库检索，也可以实现跨库检索，默认为跨库检索，本书以单库检索为例进行讲解。

7.1.1　《中国学术期刊(网络版)》

《中国学术期刊(网络版)》收录我国公开出版发行的学术期刊(含英文版)全文文献，包括基础与应用基础研究、工程技术、高级科普、政策指导、行业指导、实用技术、职业指导类期刊。收录年限从1915年起，3991种期刊收录回溯至创刊年。

截至2019年，数据库累计收录8684种期刊，文献量达5393万余篇。其中，专有授权期刊1461种，核心收录期刊1965种。

登录CNKI，可以从中国知网的注册账号进入，也可以从机构页面链接进入，如高校图书馆的主页。图7.1.1-1显示了CNKI的主页面。

选择学术期刊库，进入到期刊检索主界面。

(1) 单一主题词的检索结果分析。

例：检索主题词为"晶体缺陷"的相关文献。在"输入检索条件"中选择"主题"入口，输入主题为"晶体缺陷"，点击"检索"。CNKI共设置9个检索入口，分别为主题、关键词、篇名、摘要、全文、被引文献、中图分类号、DOI和栏目信息。

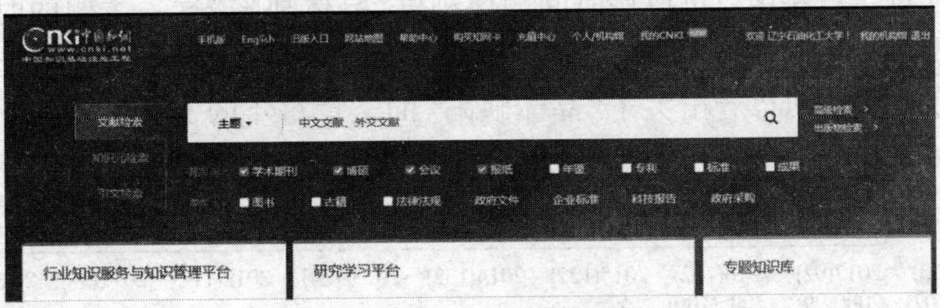

图 7.1.1-1　CNKI 主界页面

DOI(Digital Object Unique Identifier)为数字对象唯一标识符，由美国出版协会(The Association of America Publishers，简称 AAP)建立。DOI 主要针对因特网环境下如何对知识产权进行有效的保护和管理而产生，具有唯一性、持久性、兼容性、互操作性和动态更新等特点，DOI 一经产生即为资源实体的永久性唯一标识，有效地避免了网络环境下数字化对象的重复标识。图 7.1.1-2 显示了在高级检索中以主题检索“晶体缺陷”的界面。

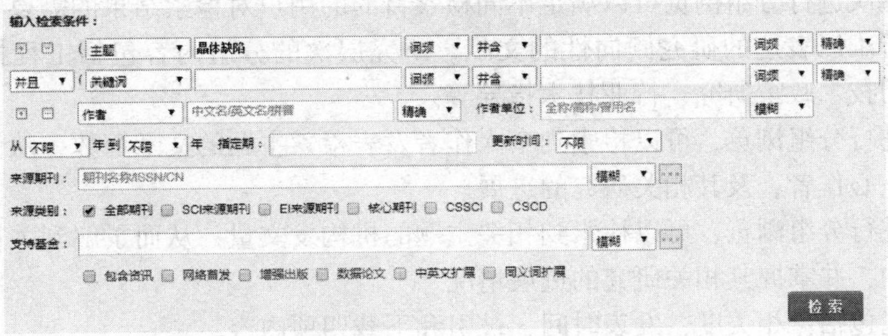

图 7.1.1-2　主题检索“晶体缺陷”

检索结果 6400 条，利用 CNKI 的分组浏览和排序浏览可以对检索结果进行筛选。

按主题进行分组浏览，可以检索到与“晶体缺陷”相关的主题链接的文献篇数，如主题“点缺陷”链接了 627 篇文献，从而分析出与检索主题“晶体缺陷”相关度高的主题。图 7.1.1-3 显示了主题分组浏览的结果。

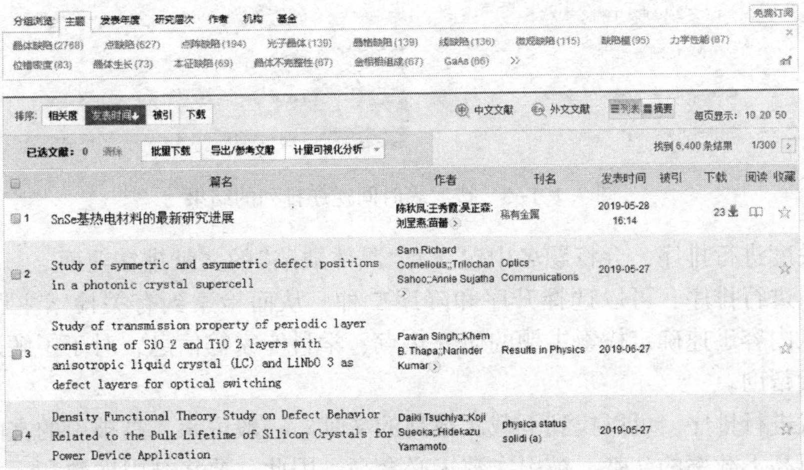

图 7.1.1-3　主题分组浏览的结果

按照发表年度进行排序，可以按时间顺序浏览“晶体缺陷”这一主题的时间分布，从而找到这一主题文献发表的热点时间段，按照抽查法确定相关检索结果。图 7.1.1-4 显示了按年分组浏览的结果，可以看出关于“晶体缺陷”的文章每年的发文量均在 100 篇左右，这一主题的研究目前处于一个平稳的状态，既没有停滞不前，也没有较大突破。

分组浏览：主题 **发表年度** 基金 研究层次 作者 机构

2019(28) 2018(103) 2017(92) 2016(112) 2015(122) 2014(132) 2013(124) 2012(114) 2011(98) 2010(110) 2009 119)
2008(123) 2007 (107) 2000(99) 2005(100) >>

图 7.1.1-4 按年分组浏览的结果

其他分组浏览项目包括：基金、研究层次、作者和机构。

按照基金进行分组浏览，可以显示出各种基金项目发表的论文的数量，按由多到少进行排序，从中可以了解到关于这一主题的基金项目的类型及级别。基金的分组内容包括国家自然科学基金、国家重点基础研究发展计划、各省市自然科学基金、各类型的学位基金等。

按研究层次进行分组浏览可以满足不同检索目的的用户对检索结果的需要，使用户更容易找到主题所难以表达的研究倾向性的文献。研究层次的分组内容包括工程技术、高级科普、专业实用技术政策研究、行业技术指导等。

按作者进行分组浏览，可以检索到个人作者发表检索主题的文献篇数，从而了解到有关这一领域的核心作者，及其相关研究的进展。

按机构进行分组浏览，可以检索到相关主题的机构发文量，从而了解到关于这一主题研究的核心机构，并掌握其相关研究的进展情况。

排序浏览包括：相关度、发表时间、被引和下载四项内容。

按照发表时间进行排序，可以选择由近及远排序或由远及近排序，图 7.1.1-5 显示了按发表时间逆序排列的结果。

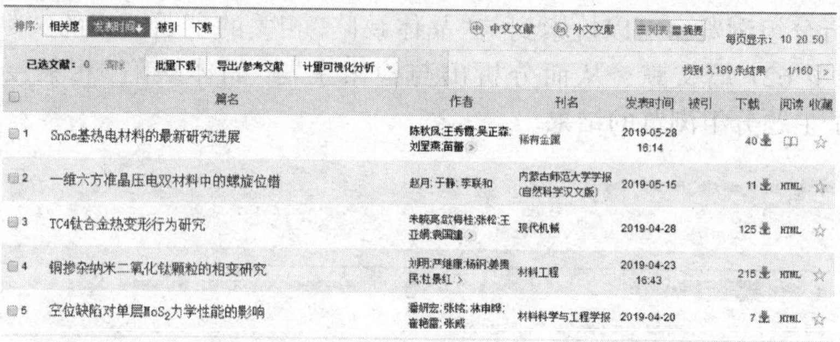

图 7.1.1-5 按发表时间逆序排列的结果

按照相关度进行排序，会将题名中包含有“晶体缺陷”的文献排在前面。

按照被引进行排序，可以选择升序和降序二种，从而检索到有关检索主题的高被引文献，根据文献内容迅速确定检索主题的研究热点、学科专家等信息，对于了解这一主题的发展水平有极大帮助。

按照下载进行排序，可以找到下载次数高的文献。一般说来，高被引的文献，下载次数相对也高；但高下载率的文献，被引次数未必会高。因此，要将被引次数和下载次数相结合来确定高质量文献。

(2) 多种限定条件的高级检索。

例：检索2013—2014年发表的关键词中包含“化学工艺”但不包含“前景”、“影响”的期刊论文。

图7.1.1-6为期刊库的高级检索主页面，在“输入检索条件”中选择“关键词”入口，输入关键词为“化学工艺”不含“前景”，并且关键词为“化学工艺”不含“影响”；时间选择2014—2018；来源类别选择核心期刊，点击“检索”，共检索到8条记录。

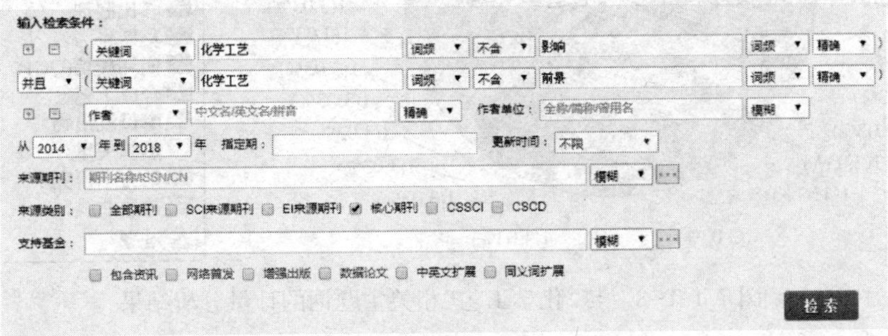

图7.1.1-6　高级检索：关键词

来源期刊后面的“ ”按钮，可以从“专辑名称”、“收录来源”和“核心期刊”三个方面来确定不同的来源期刊。专辑内容即为CNKI设置的十个类目；收录来源包括化学文摘、科学文摘、科学引文索引、中国科学引文数据库来源期刊、中文社会科学引文索引来源期刊等；核心期刊共七编，分别为第一编哲学、社会学、政治、法律，第二编经济，第三编文化、教育、历史，第四编自然科学，第五编医药、卫生，第六编农业科学，第七编工业技术。图7.1.1-7显示了期刊来源的扩展选项界面。

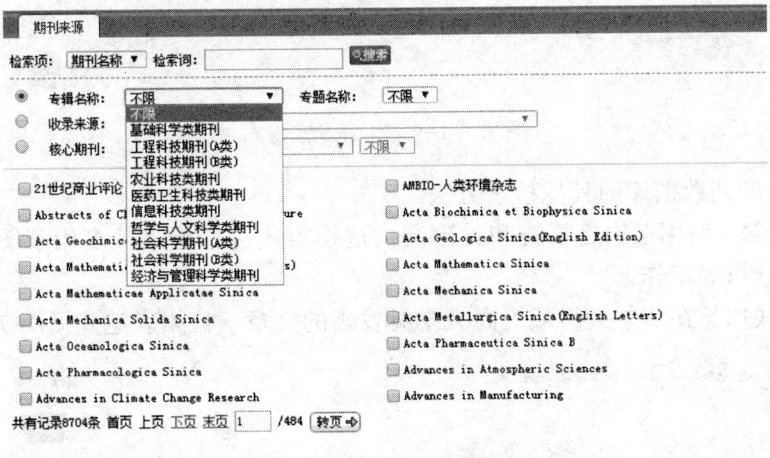

图7.1.1-7　期刊来源的扩展选项界面

支持基金后面的“ ”按钮，可以按照基金项目名称和管理机构的级别来检索基金项目论文。

对于检索结果，除了可以按分组浏览和排序进行筛选以外，还可以通过“计量可视化分析”检索相关主题文献占检索结果的比例。图7.1.1-8显示了与“化学工艺”相关主题词的计量分析结果。

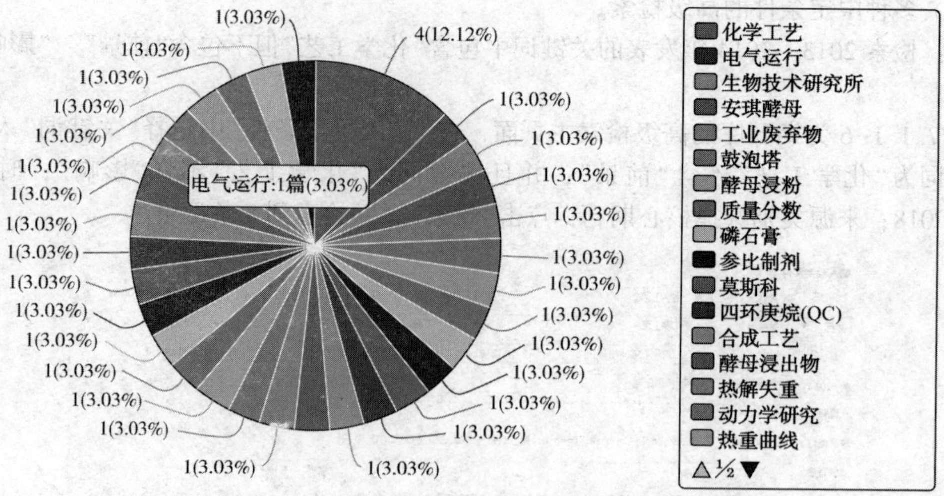

图 7.1.1-8　与“化学工艺”相关主题词的计量分析结果

期刊检索可以利用“专业检索”、“作者发文检索”、“句子检索”、“一框式检索”和“期刊导航”进行资源查找。

(3) 按作者途径检索文献

例：查找北京建筑大学的刘军为第一作者所发表的文献。

利用作者发文检索，以“第一作者”为检索入口输入“刘军”，“作者单位”输入“北京建筑大学”，见图 7.1.1-9。

图 7.1.1-9　作者发文检索

(4) CNKI 期刊数据库的其他检索方法

① 专业检索。使用逻辑运算符和关键词构造检索式进行检索，多用于图书情报专业人员查新、信息分析等工作。

例：检索钱伟长在清华大学或上海大学时发表的文章。检索表达式见图 7.1.1-10。

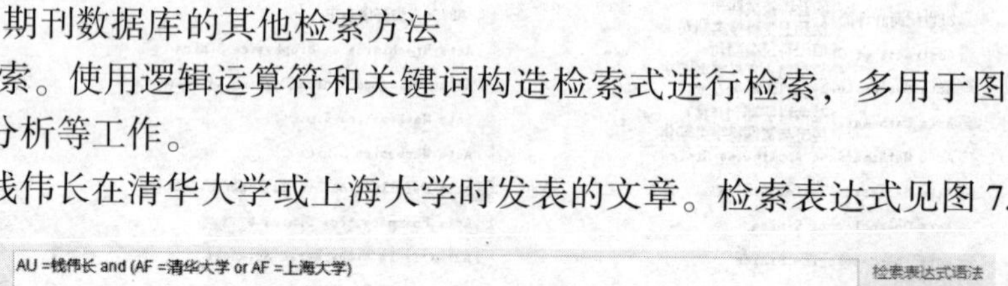

图 7.1.1-10　检索钱伟长在清华大学或上海大学时发表的文章

② 句子检索。可以实现在文章的一句话或一段话中检索需要的词或词组。

③ 一框式检索。CNKI 的各项产品中均有一框式检索入口，可以实现在所有产品中完成跨库检索。

(5) 期刊导航的使用

例：检索《现代化工》2017 年第 11 期上发表的论文。

从 CNKI 高级检索界面左上角“期刊导航”进入期刊刊名检索界面，可以通过输入刊名(包括曾用刊名)进行单本期刊的检索，检索入口有刊名(曾用刊名)、主办单位、ISSN 号、CN 号。

期刊检索主界面左侧提供学科导航、数据库刊源导航、主办单位导航、出版周刊导航、出版地导航、发行系统导航、核心期刊导航七个导航模块。

学科导航：按 CNKI 的十大专辑分类；

数据库刊源导航：检索化学文摘、科学文摘、科学引文索引、日本科学技术振兴机构数据库、Рж(AJ)文摘杂志(俄)、工程索引、中国科学引文数据库来源期刊、中文社会科学引文索引来源期刊八个核心期刊体系的文献；

主办单位导航：分为出版社、211 院校、科研院所、学会四个机构检索文献；

出版周期导航：从周刊到月刊再到年刊，按出版周期刊进行文献检索；

出版地导航：按我国地域划分为华北、华东、华南、东北、西北、西南和华中；

发行系统导航：分为邮发期刊、非邮发期刊和国际发行期刊；

核心期刊导航：以《中图法》为基础划分的七个学科类目。

CNKI 将期刊划分为全部期刊、学术期刊、网络首发期刊、独家授权期刊、世纪期刊和个刊发行六个大类。其中，独家授权是这类期刊只允许 CNKI 进行网络发布的；世纪期刊是指 1994 年以前出版的期刊；个刊发行是指期刊产品的一种新型销售模式，个刊发行的期刊与期刊大库分开销售，单独授权。2019 年，有 355 种学术价值和市场价值双优的期刊通过中国知网进行个刊发行，这几百种期刊全部为中国知网的专有合作期刊，约 70%为核心期刊和国外数据库收录期刊。

图 7.1.1-11 为以《现代化工》为刊名进行检索的结果。

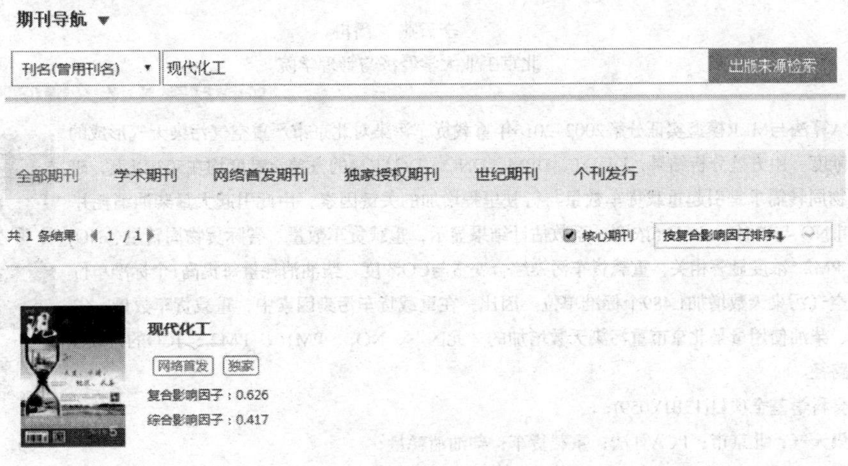

图 7.1.1-11　检索《现代化工》

点击刊名，可以进入到期刊发表年代列表和详细信息列表(见图 7.1.1-12)，包括主办单位、ISSN 号等基本信息；所属专业、出版文献量等出版信息；影响因子等评价信息。在“刊期浏览”项，可按年检索本年度各期的文献；“栏目浏览”项，可以按照《现代化工》设置的专业栏目浏览文献；“统计与评价”项以图表的形式显示了年度总文献量、年度基金资助文献量、期刊近十年文献所属栏目的分布、期刊近十年文献的学科分布、期刊近十年文献的关键词分布。

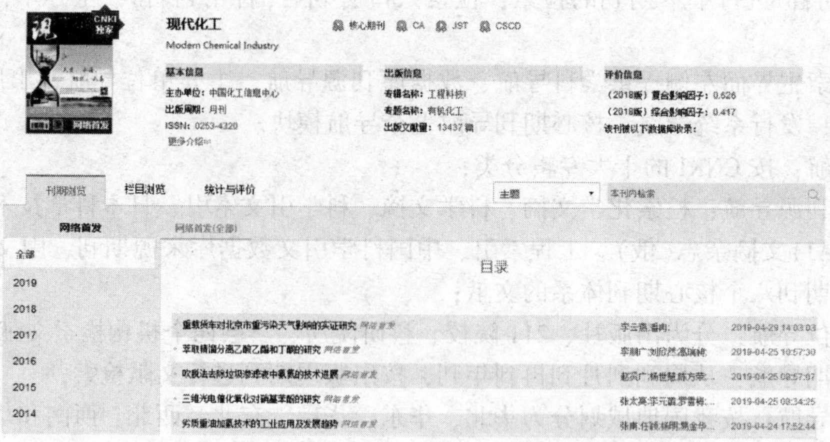

图 7.1.1-12　点击刊名后的页面

（6）文献的下载及利用

根据《现代化工》的检索结果，点击文献篇名，可阅读文摘了解文献内容并进行全文下载。下载方式包括 HTML 阅读、CAJ 下载、PDF 下载三种，CAJ 全文浏览器是中国期刊网的专用全文格式阅读器，是光盘国家工程研究中心、清华同方知网（北京）技术有限公司的系列产品，它支持中国期刊网的 CAJ、NH、KDH 和 PDF 格式文件，可以在线阅读，也可以阅读下载到本地全文，见图 7.1.1-13。

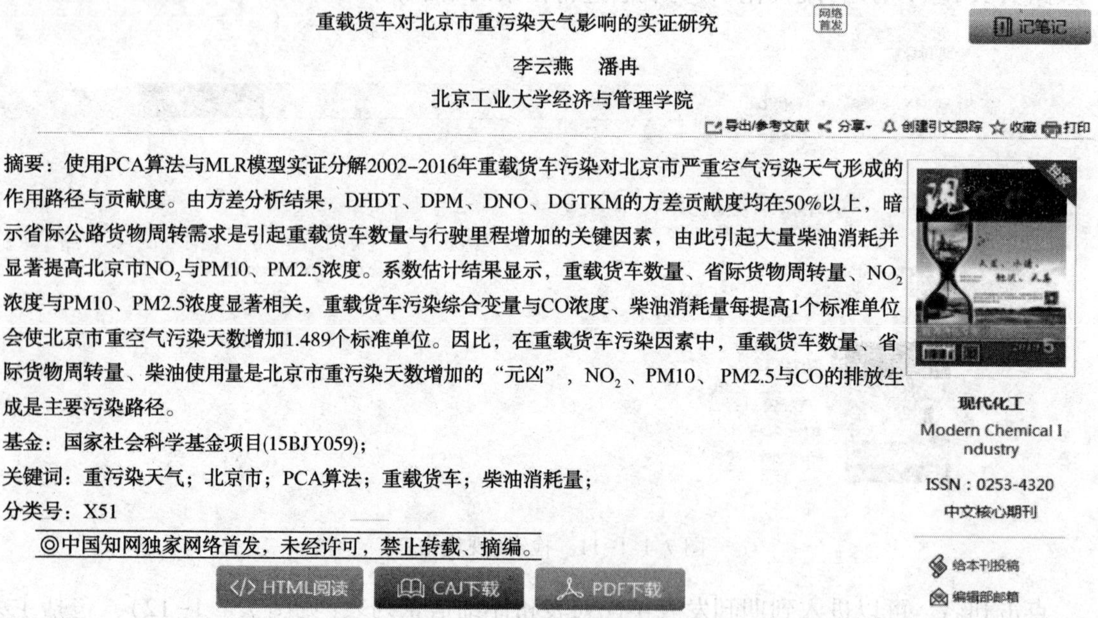

图 7.1.1-13　文献下载方式

页面左侧知识网络提供引文网络、关联作者、相似文献和相关基金文献的检索和全文献下载，即可通过一篇文献了解相关课题的研究现状和进展。

① 引文网络中的相关概念见图 7. 1. 1-14。

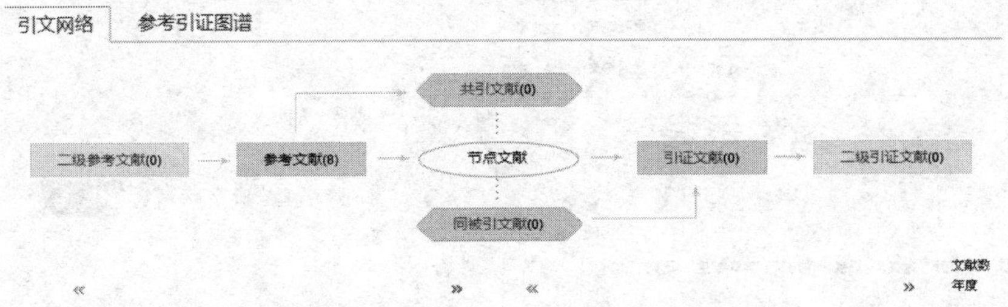

图 7. 1. 1-14　引文网络中的相关概念

1）节点文献。检索的目标文献为节点文献，其他概念都是以节点文献为基础展开而形成引文网络的。

2）参考文献。节点文献的文后参考文献，表明在节点文献的写作过程中参考利用到的文献。二级参考文献：本文参考文献的参考文献。

3）共引文献。指与本文有相同参考文献的文献，与本文有共同研究内容，共引文献数量越多，文献间的相关性越大。

4）同被引文献。指与节点文献同时被作为参考文献引用的文献，与本文共同作为进一步研究的基础。如果 A、B 两篇文献均被 C 文献作为参考文献引用，则文献 A 与文献 B 存在同被引关系。

5）引证文献。指引用节点文献的文献，是节点文献研究工作的继续、应用、发展或评价，文献被引证的次数越多说明文献价值越大。二级引证文献：节点文献引证文献的引证文献。

② 关联作者。节点文献的参考文献的作者。

③ 相似文献。与本文内容上较为接近的文献。

④ 相关基金文献。节点文献《重载货车对北京市重污染天气影响的实证研究》是受“国家社会科学基金项目（15BJY059）；北京市自然科学基金项目（9192002）”支持的研究成果，相关基金文献列出了同属这一项目的研究成果。

7. 1. 2　《中国优秀博硕士学位论文全文数据库》

该库是目前国内相关资源最完备、高质量、连续动态更新的中国优秀博硕士学位论文全文数据库，收录从 1984 年至今的博硕士学位论文，累积博硕论文 400 万篇，其中包含 472 家培养单位的博士学位论文和 755 家硕士培养单位的优秀硕士论文，是国务院学位委员会指定的唯一博士学位点评估依据数据库。

数据库的默认为同时检索博士论文库和硕士论文库。

（1）高级检索的使用

例：检索主题为双马来酰亚胺树脂的博硕论文，并利用二次检索，查找西北工业大学的博士论文。

在博硕士论文数据库检索界面，检索入口选择“主题”，输入检索词“双马来酰亚胺树脂”，点击检索，共检索到 110 条结果，见图 7. 1. 2-1。

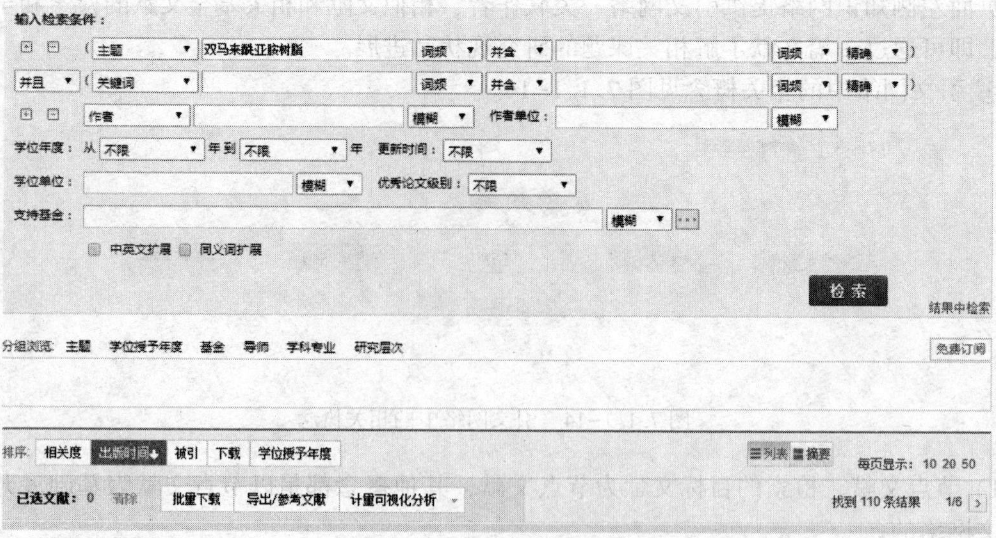

图 7.1.2–1　主题检索

在“学位单位”中，输入“西北工业大学”，选择“在结果中检索”，这时可以找到“学位单位”为“西北工业大学的文献 11 篇，其中既包括硕士论文也包括博士论文。利用页面左侧导航条，对结果进行再次筛选。在“资源类型”中，选择“博士”，则最后检索到四篇博士论文，见图 7.1.2–2。

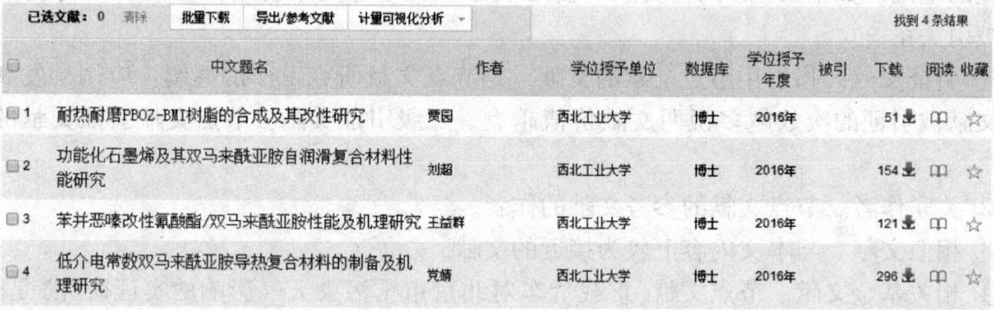
已选文献：0 清除 批量下载 导出/参考文献 计量可视化分析　　找到 4 条结果

	中文题名	作者	学位授予单位	数据库	学位授予年度	被引	下载	阅读	收藏
1	耐热耐磨PBOZ-BMI树脂的合成及其改性研究	贾园	西北工业大学	博士	2016年		51		
2	功能化石墨烯及其双马来酰亚胺自润滑复合材料性能研究	刘超	西北工业大学	博士	2016年		154		
3	苯并恶嗪改性氰酸酯/双马来酰亚胺性能及机理研究	王益群	西北工业大学	博士	2016年		121		
4	低介电常数双马来酰亚胺导热复合材料的制备及机理研究	党婧	西北工业大学	博士	2016年		296		

图 7.1.2–2　博士论文检索

《中国优秀博硕士学位论文全文数据库》提供同期刊库相同功能的分组浏览和排序浏览，高级检索的输入条件也相同。

选择作者为刘超的《功能化石墨烯及其双马来酰亚胺自润滑复合材料性能研究》这篇文献，进入到该文献的下载页面，提供“整本下载”“分页下载”“分章下载”和“在线阅读”四种方式，需要注意的是，博士和硕士论文只提供 CAJ 阅读方式，需要下载 CAJ 阅读器才能阅读全文。

博士和硕士论文也提供“知识网络”内文献的检索，并增加了“读者推荐”文献。

（2）学位授予单位导航

《中国优秀博硕士学位论文全文数据库》提供从学位授予单位进行文献检索的途径，使用户可以了解到各大高校、科研院所的博硕论文情况。可按博士和硕士分类查找，也可按地域和学科专业进行查找。见图 7.1.2–3。

图 7.1.2-3 按学位检索

点击学校名称(以“安徽大学”为例)，可以按学科专业浏览本校博士和硕士毕业生的全部学位论文，并可按“主题”“题名”“关键词”“摘要”“全文”“作者”“导师”“第一导师”“导师单位”“学科专业名称”“学位年度”“目录”“参考文献”“中图分类号”进行本校范围内学位论文的检索。见图 7.1.2-4。

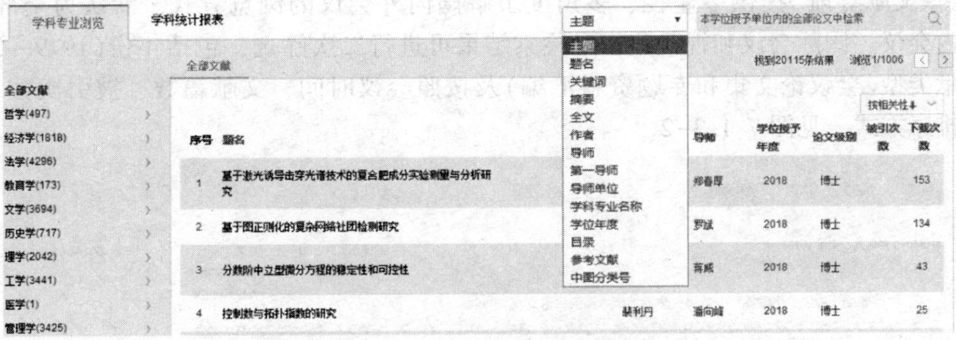

图 7.1.2-4 在学校范围内检索学位论文

“学科统计报表”提供“统计报表”和“统计图表”二种形式的文献分布统计。

“统计报表”提供按学科-专业分类的文献发布情况，见图 7.1.2-5。

学科门类	一级学科	学科专业	博硕士导师数	文献篇数	总被引次数	总下载次数	总基金文献数
哲学 ›	哲学	› 马克思主义哲学	7	113	468	76243	0
		中国哲学	10	133	483	83282	0
		外国哲学	8	83	178	51855	0
		逻辑学	0	0	0	0	0
		伦理学	4	36	118	12117	0
		美学	7	95	276	66245	0
		宗教学	2	33	121	18044	0
		科学技术哲学	0	3	0	247	0
经济学 ›	2	16	49	1818	7332	1389736	1
法学 ›	5	31	68	4296	13804	2086316	4
教育学 ›	3	17	3	173	627	79285	1
文学 ›	4	29	91	3694	11352	1971354	9

图 7.1.2-5 学科统计报表

“统计图表”提供“文献年度分布”、基金资助文献量与当年发文量的对比及导师指导文献量的分布三种形式的图表。

(3) 其他检索方式。

博硕论文数据库的其他检索方式，包括专业检索、句子检索和一框式检索，检索方式与期刊数据库一致。

7.1.3 《国内外重要会议论文全文数据库》

该数据库重点收录1999年以来，中国科协系统及国家二级以上的学会、协会，高校、科研院所，政府机关举办的重要会议以及在国内召开的国际会议上发表的文献。

数据库的高级检索、专业检索、作者发文检索、句子检索和一框检索，检索方式详见《中国学术期刊(网络版)》。

会议文献的检索可通过论文集名称、会议名称、主办单位和网络出版投稿人进行检索，见图7.1.3-1。

图7.1.3-1　会议文献检索

“会议文献导航”提供多途径、多角度了解国内外会议的浏览方式，默认为全部会议，包含国内会议、国际会议和视频集；对检索结果可进行二次筛选，包括年份(1979—2019)、会议文献类型(会议论文集和专题资料汇编)及按照会议时间、文献篇数、被引次数和下载次数的排序方式。见图7.1.3-2。

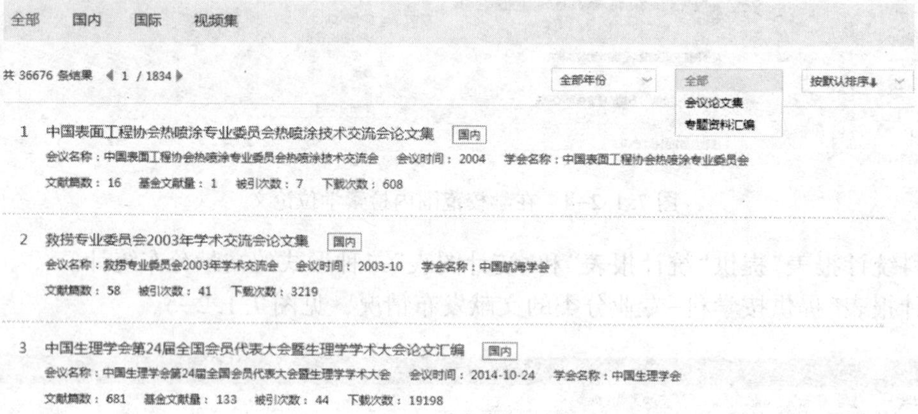

图7.1.3-2　会议文献导航

页面左侧导航条提供论文集、会议和主办单位的导航，每个导航项目下均可按学科、行业和党政进行交叉式筛选。

7.1.4 《中国重要报纸全文数据库》

该数据库收录2000年以来中国国内公开发行的636种重要报纸，累积报纸学术性、资料性文献17471141篇。数据库连续动态更新，中心网站版、网络镜像版工作日更新。

(1) 高级检索的利用

例：在《光明日报》中检索“中国梦”的相关报道。

在高级检索界面，选择“主题”为“中国梦”，来源报纸为“光明日报”，“包含非学术文献”可选项可自行选择，点击检索。见图 7.1.4-1。

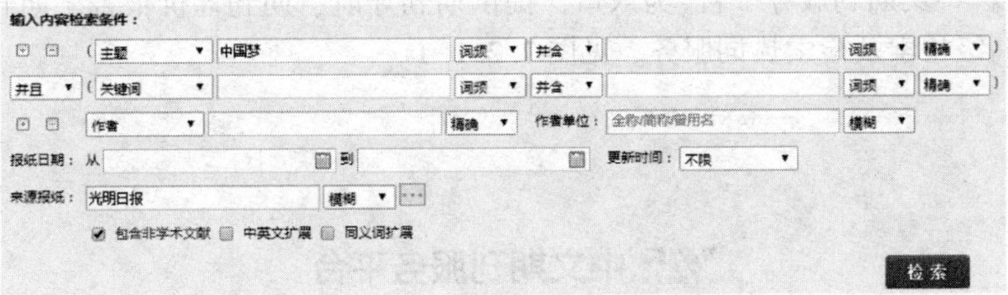

图 7.1.4-1　报纸库高级检索示例

（2）报纸导航的利用

点击高级检索界面左上角“报纸导航”，可从报纸名称、地区、主办单位、国内统一刊号进行检索。见图 7.1.4-2。

图 7.1.4-2　报纸导航

页面左侧导航条提供报纸级别和出版周期导航。在“报纸级别”中提供中央级和地方级的分类，地方级提供 31 个省市、自治区、直辖市刊发报纸的数量，点击各省市名称可直接链接到报纸名称。见图 7.1.4-3。

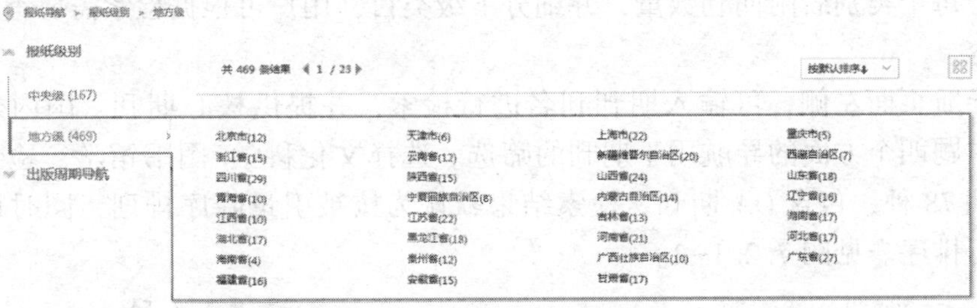

图 7.1.4-3　报纸级别浏览

7.2 《维普中文科技期刊全文数据库》

http：//qikan.cqvip.com/

《中文科技期刊全文数据库》是中国第一个中文期刊文献数据库，也是中国最大的自建中文文献数据库。数据库创建于 1989 年，累计收录期刊 14000 余种，现刊 9000 余种，核心期刊 1983 种，文献总量 6000 余万篇。

《维普中文科技期刊全文数据库》以数据质量和资源保障为产品核心，对数据进行整理、信息挖掘、情报分析和数据对象化，充分发挥了数据价值，完成了从“期刊文献库”到“期刊大数据”的升级，使中文期刊平台兼具资源保障价值和知识情报价值，是我国数字图书馆建设的核心资源之一，是高校图书馆文献保障系统的重要组成部分，也是科研工作者进行科技查证和科技查新的必备数据库。

7.2.1 期刊导航

数据库以“中文期刊服务平台”为入口，提供期刊导航、期刊评价报告、期刊开放获取、快速检索、高级检索及检索热词服务。见图 7.2.1-1。

图 7.2.1-1　维普期刊服务平台

例：检索图书馆学的期刊。

数据库将收录的所有 14654 种期刊分 35 个类别，类目基于《中图法》又更注重实际应用，包括经济管理、哲学宗教、生物学、天文地球、化学工程、矿业工程、石油与天然气工程、冶金工程、金属学及工艺、机械工程、动力工程及工程热物理、电子电信、电气工程、自动化与计算机技术、建筑科学、水利工程、轻工技术与工程、交通运输工程、航空宇航科学技术、环境科学与工程、核科学技术、医药卫生、农业科学、一般工业技术、社会学、政治法律、军事、文化科学、语言文字、文学、艺术、历史地理、自然科学总论、理学、兵器科学与技术。每个类别后附期刊数量，并细分下级类目，用户可根据检索需要查找二级类目中的期刊内容。

在期刊导航页面左侧，可输入期刊刊名进行检索，并提供核心期刊、国内外数据库收录、地区、主题四个方面的导航用于期刊的筛选。选择文化科学-图书馆学，检索到图书馆学方面的期刊 78 种，包含 OA 期刊。检索结果默认为按被引量降序排列，同时可按作品数及相关度进行排序。见图 7.2.1-2。

图 7.2.1-2　以“期刊导航”检索“图书馆学”期刊

点击刊名，可查看期刊详情、收录汇总、发表作品、发文分析和评价报告。见图 7.2.1-3。

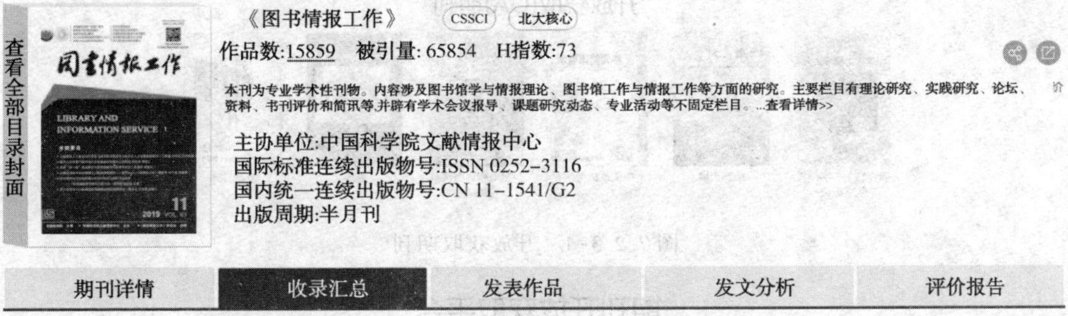

图 7.2.1-3　期刊名界面

7.2.2　期刊评价报告

维普对收录期刊进行内容分析和引文分析，以学术计量体系为理论基础，以大数据分析为技术储备，为专业用户提供一站式文献服务，自动形成分析报告，方便快速掌握相关领域前沿学术成果，了解相关学术信息。

中文科技期刊可以 40 多个学科和 31 个省市自治区进行期刊的查找，也可直接输入刊名、ISSN 号和 CN 号进行检索。

按时间(2006—2019)列举收录期刊，提供被引次数、影响因子、引用半衰期等多个计量分析数据。

例:《图书情报工作》期刊评价报告。

以刊名为入口，检索《图书情报工作》，选择评价报告，则可见各年的本刊评价报告。见图 7.2.2-1。

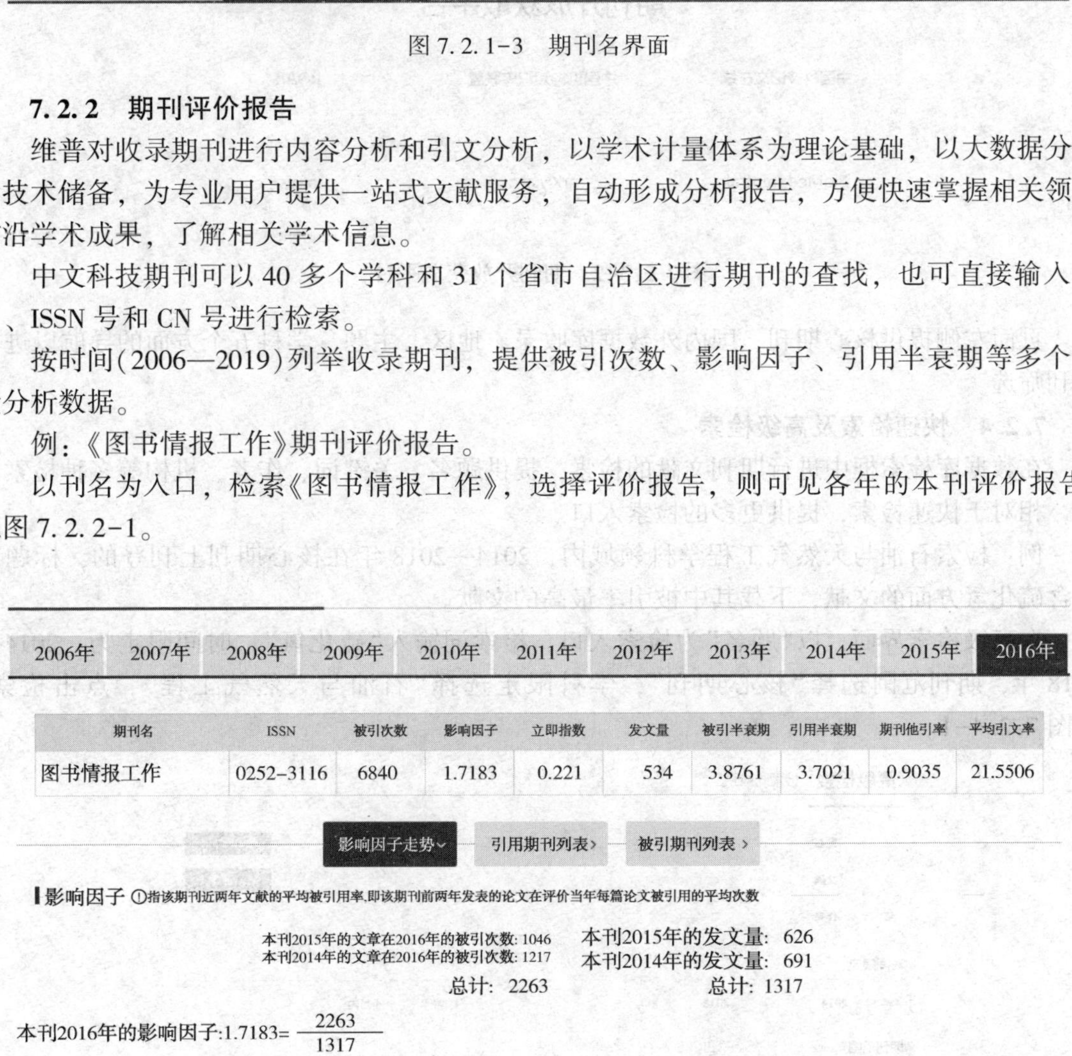

期刊名	ISSN	被引次数	影响因子	立即指数	发文量	被引半衰期	引用半衰期	期刊他引率	平均引文率
图书情报工作	0252-3116	6840	1.7183	0.221	534	3.8761	3.7021	0.9035	21.5506

图 7.2.2-1　期刊评价报告示例

7.2.3　期刊开放获取

开放获取期刊是以新的数据技术和网络化通信为基础，区别于传统订阅式出版模式的学术信息交流方法。点击数据库首页的 ④期刊开放获取 ，可检索到两部分内容：列举维普数据库内收录的开放获取期刊(见图 7.2.3-1)；列举网络上的期刊开放获取平台(见图 7.2.3-2)。

图 7.2.3-1　开放获取期刊

图 7.2.3-2　期刊开放获取平台

页面左侧提供核心期刊、国内外数据库收录、地区、主题、学科五个方面的导航以进行期刊筛选。

7.2.4　快速检索及高级检索

在数据库检索框中进行期刊文献的检索，提供题名、关键词、作者、机构等多种检索途径，相对于快速检索，提供更多的检索入口。

例：检索石油与天然气工程学科领域内，2014—2018 年在核心期刊上刊登的，标题中包含硫化氢方面的文献，下载其中被引率最高的文献。

在高级检索界面，以“题名”为检索入口，检索词输入“硫化氢”，时间限定为：2014—2018 年，期刊范围选择“核心期刊”，学科限定选择“石油与天然气工程”，点击检索。见图 7.2.4-1。

图 7.2.4-1　高级检索示例

检索结果为 27 篇文献，按照文献的被引量排序，找到两篇被引 6 次的文献。见图 7.2.4-2。

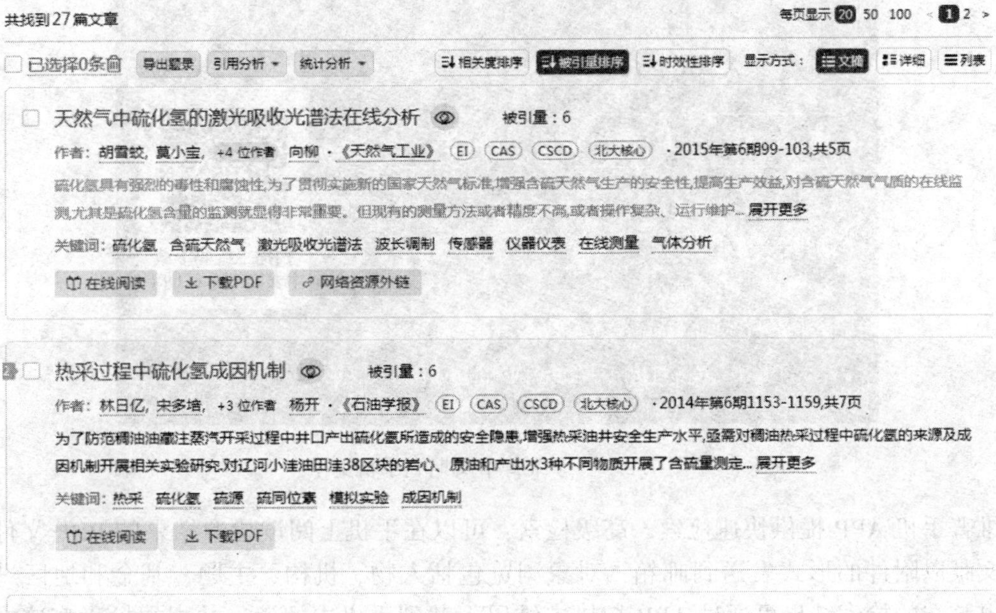

图 7.2.4-2 检索高级被引文献

点击文献篇名，可详细阅读文献摘要，并了解文献的引文网络、相关文献、参考文献等信息，选择“下载 PDF”可对文献进行下载。

数据库提供职称评审材料打包下载的特色功能，可进行包括文献 PDF 全文、目录、封面、封底信息相关资料的下载，一键生成。见图 7.2.4-3。

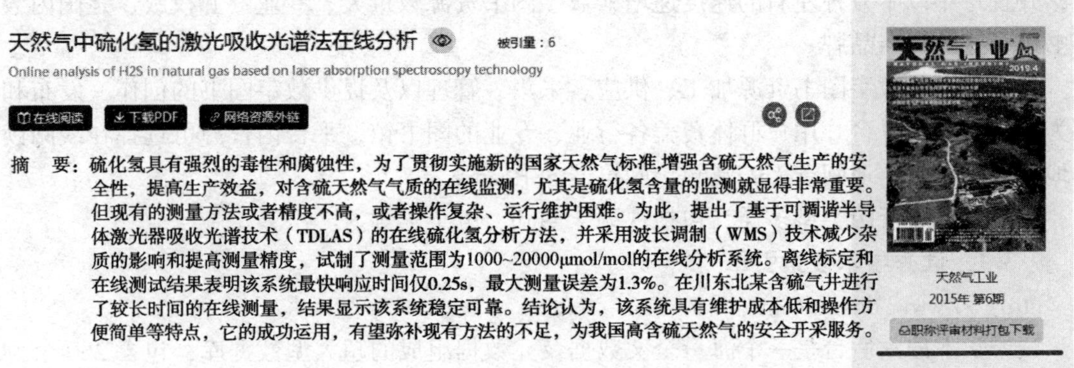

图 7.2.4-3 职称评审材料打包下载

数据库也设置专业检索平台，可自行定义检索式进行检索。

7.2.5 维普中文期刊手机助手

通过下载移动端 APP 注册个人账号，将个人账号关联绑定到机构账号或使用 APP 扫描平台授权二维码，完成个人账号与机构账号的关联绑定，之后可通过个人账号登录电脑版网站，或使用 APP 扫描平台登录二维码，登录后可享受关联机构的相同使用权限。见图 7.2.5-1。

图 7.2.5-1　维普中文期刊手机助手

维普手机 APP 提供快速检索、高级检索，可以在手机上阅读检索结果的 PDF 文件，也可将文献以附件的形式发送到邮箱；对象浏览包括人物、机构、主题、基金和地区进行浏览；电脑端的检索结果可通过 APP 扫描二维码下载到手机中阅读，并根据检索痕迹推荐相关期刊。

7.3　超星数据库资源

超星公司是国内较早从事纸质资料的数字化以及制作电子出版物的公司之一。2000 年 5 月超星数字图书馆被列为国家 863 计划中国数字图书馆示范工程，目前藏书量达到 260 万种，并且每年以十万种左右的速度递增，数字图书资源数量大、专业资源权威、是国内数字图书馆行业的知名品牌。

超星平台是数字图书资源加工、供应、采集、管理以及提供数字图书的创作、发布和交流为一体的完整平台。用户群体覆盖各行业、专业的图书馆，平台内资源可选择在线阅读或本地下载阅读，本地阅读需安装超星阅览器 SSReader。

超星数据库资源类型多样，包括视频、期刊、电子书等。

7.3.1　读秀学术搜索引擎

http：//www.duxiu.com/

读秀学术搜索后台是一个海量全文数据及元数据组成的超大型数据库，包含 260 余万种中文图书、8972 万篇期刊元数据、6 亿页全文资料等一系列海量学术资源。通过读秀学术搜索，能一站式检索中文图书、期刊、学位论文、会议论文及中文报纸等各种异构资源，几乎囊括了图书馆内的所有信息源。系统提供文献传递服务，可直接将相关学术资料发送到用户邮箱。

读秀主页面提供包括知识、图书、期刊、考试辅导、课程、标准、词典、百科等资源类型的快速检索界面，检索英文资源时检索词应输入英文。见图 7.3.1-1。

图 7. 3. 1-1　读秀主界面

例：利用读秀学术搜索引擎检索西方教育体系中被称为“K-12 教育”的全称及内容。

快速检索：在检索框中输入“K-12 教育”，默认为“知识”搜索状态，点击中文搜索，可检索到有关条目 451 条，结果内容包含百科 1 篇、图书 313 篇、期刊 1178 篇、报纸 13 篇、文档 20 篇、学位论文 102 篇、会议论文 132 篇、考试辅导 2 篇、专利 95 篇、音视频 163 篇；并列举部分标题中包含“K-12 教育”的检索结果。用户可在其中选择个人所需要的资源类型及内容。

通过分析检索题目可知，检索目标是要了解“K-12 教育”的概念内涵及体系结构。因此，选择“百科”作为检索结果。见图 7. 3. 1-2。

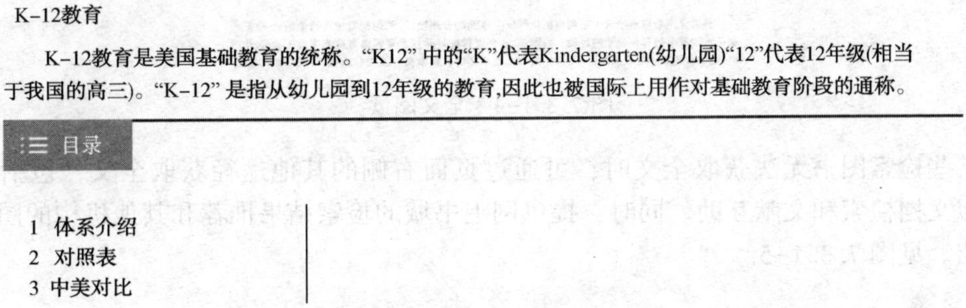

图 7. 3. 1-2　K-12 教育检索结果

例：检索杨光富所写的《有机合成》这本图书，并获取全文。

在快速检索输入框中，资源类型选择“图书”，输入检索词“有机合成”，点击搜索。可以看到，排名第一位的就是杨光富所著的《有机合成》这本书，因此不需要再进行二次检索；否则，可利用作者姓名进行二次检索。见图 7. 3. 1-3。

检索结果显示了书名、作者、出版、ISBN 号及部分目录，在本条数据下显示“包库全文”，表明本书是直接可以阅读全文的。

点击“包库全文”，则可以直接在线阅读全文，也可以下载整本书，利用安装的超星阅读器进行阅读。见图 7. 3. 1-4。

在检索结果的页面左侧，提供类型、年代、学科、作者的导航。其中的类型导航，将本馆馆藏纸书、本馆电子全文和在线试读与检索结果相结合，可供用户从中选择自己喜欢的资源载体阅读。

图 7.3.1-3 读秀图书检索示例

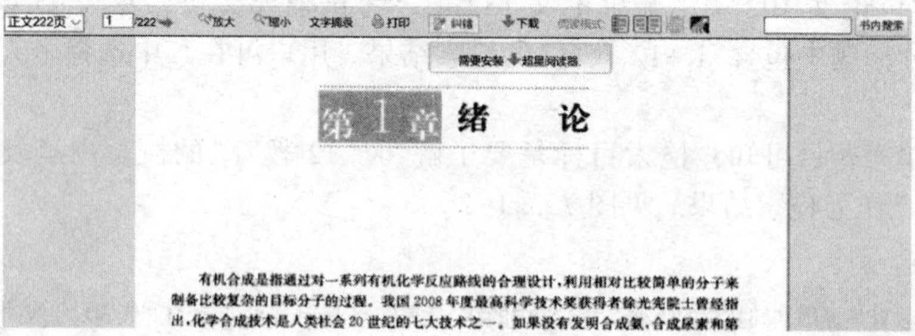

图 7.3.1-4 全文阅读

当某些检索图书无法获取全文时，可通过页面右侧的其他途径获取全文，包括文献传递、相似文档检索和文献互助。同时，提供网上书城的检索结果推荐和其他机构的图书收藏情况介绍。见图 7.3.1-5。

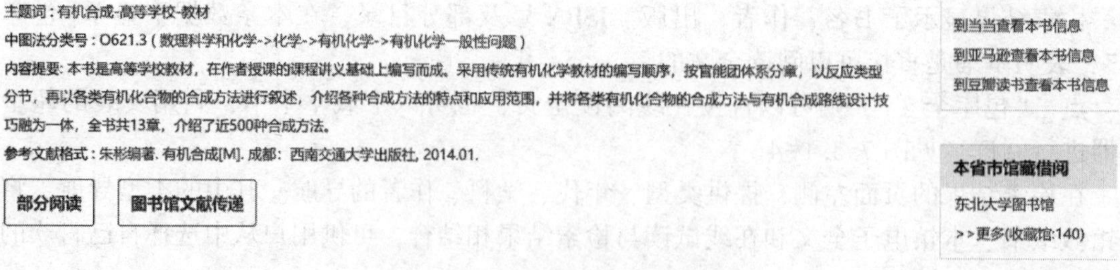

图 7.3.1-5 其他获取图书途径

"图书馆文献传递"服务，只需要填写正确的电子邮箱，便可以获得电子版全文。见图7.3.1-6。

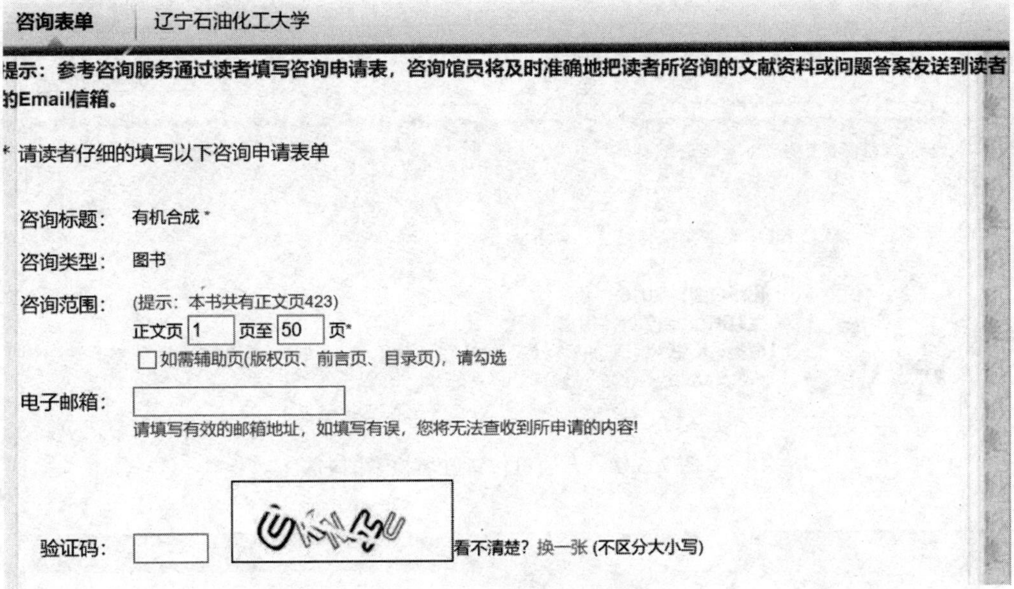

图 7.3.1-6　图书馆文献传递

7.3.2　汇雅电子书

超星汇雅电子图书数据库是由北京世纪超星信息技术有限公司推出的新一代电子图书数据库的管理和使用服务平台，平台内的电子书采集于500多家专业图书馆，有大量珍本、善本、稀缺图书，近十年新书75万种，近三年新书10万种，授权作者35万位，合作出版社400多家，各机构、图书馆可根据自己的需要选择资源内容。该平台一般为机构镜像方式，功能齐全，提供快速检索和高级检索，读者可以通过检索功能或导航找到所需图书，满足用户实现多元化数字图书馆的需求。

汇雅电子书首页提供图书分类、检索入口及图书推荐栏目，其中"图书推荐"中的图书均为高清晰、纯文本热门的电子书。汇雅电子书与读秀学术搜索可互联，在读秀中搜索到的"本馆电子全文"即为汇雅电子书。

例：检索"蔡岳"所著的图书。

在快速检索入口，选择作者，输入检索词"蔡岳"，可检索到作者名字中包含"蔡岳"的图书7本，选择第一本《大秦名相》。见图7.3.2-1。

例：使用分类浏览的方法，查找微观经济学类的图书2种，列举书名、作者、出版时间、出版社及ISBN号。

在汇雅电子书数据库首页，选择"图书分类"按照"经济-经济学-经济学基本问题-微观经济学"的顺序找到类目内的相关图书。见图7.3.2-2。

书名：《微观经济学中级教程(第2版)》；作者：张元鹏；出版日期：2015；出版社：北京大学出版社。

书名：《让资本走向共享》；作者：卢德之；出版日期：2015；出版社：华夏出版社。

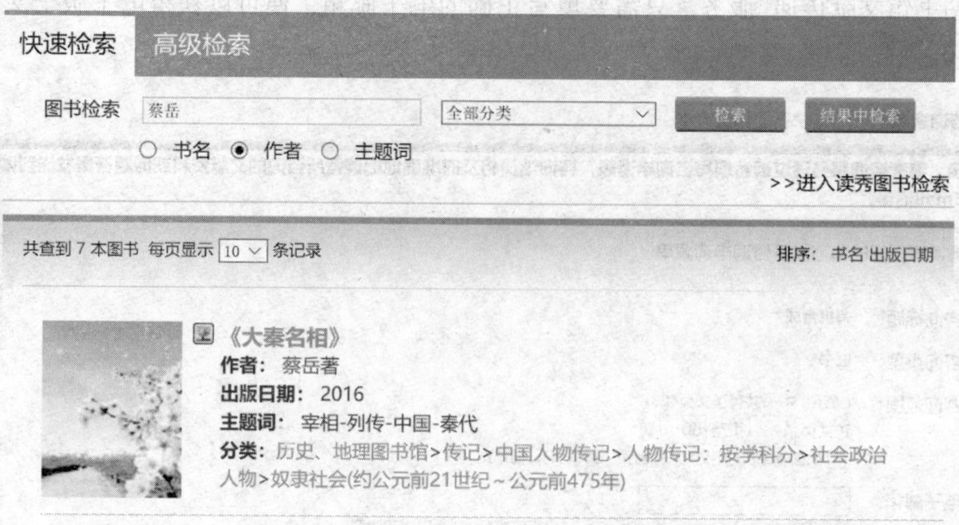

图 7.3.2-1　通过作者姓名检索图书

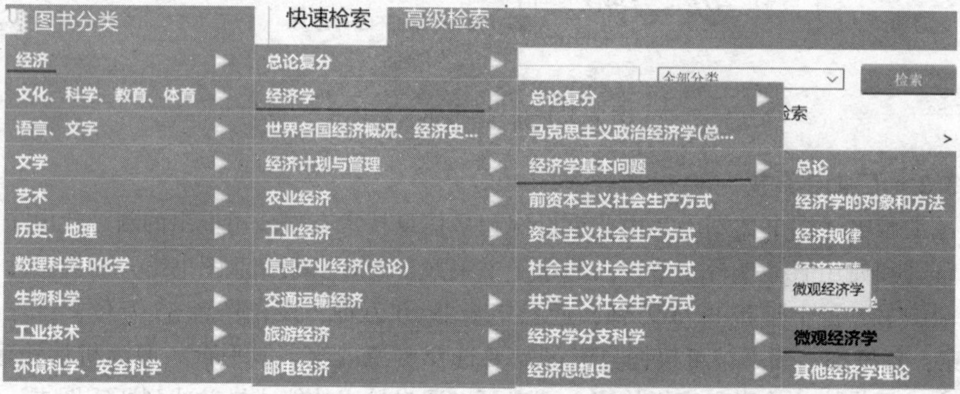

图 7.3.2-2　分类浏览方法查找图书

7.3.3　超星/尔雅学术视频

https：//ssvideo. superlib. com/

超星/尔雅学术视频通过影像技术将国内知名专家学者的学术研究成果系统地记录、保存并传播。目前囊括了工学、理学、哲学、法学、经济学、医学、文学、历史学等系列，共八万余部学术专辑，主要收录各学科各领域内名师专家的优质课程、前沿会议、高端讲座，采用先进的数字化影像技术，将名师专家的学术思想、专业技术或成功经验和多年的研究成果系统地记录、深度编辑制作成精彩视频，并通过互联网进行共享，打破地域、时间与空间的限制，促进教育资源的均衡，有力的保障了所有讲座的权威性、学术性和前沿性。

尔雅学术视频与国内外 5410 知名专家、学者深度合作，主讲老师包括 211、985 等全国著名重点高校或学术机构的知名教授、学者，著名艺术家、作家、主持人、医生，各行业知名一线企业家、实战专家，海外名师名人等。

资源库主页可进行快速检索，检索入口包括主题、主讲人和主讲人单位，资源类型划分为微视频、报告厅和超星课堂三个部分，并对各部分内容进行了相关资源的推送，可按“热播”和“最新”进行选择排序。见图 7.3.3-1。

图 7.3.3-1　资源库主页

(1) 超星微视频

以独家策划制作约 6 分钟的精品微视频为主，6000 余集，选题包含职场、创业、管理、能力、悦读、艺术、名城、探索、大学、历史、安全、国学、心理、考试、生活、养生、IT、外语等热门方向。主题丰富、实用、与时俱进：或分享成功经验，或聚焦一技之能，或讲授博雅知识，或展现名师智慧，让读者可以在移动互联网时代更方便、高效、有趣地获取和分享知识。

超星微视频遴选热门方向 20 余个，以热门方向+标签的索引方式替代分类，方便用户快速定位所需微视频。微视频内容包括微风采、微创业、微国学等。以微风采为例，收录了名师、诺奖得主、院士、企业家、艺术家、作家等相关名人的微视频。见图 7.3.3-2。

图 7.3.3-2　超星微视频

例：查看诺奖得主-莫言的微视频。

在微风采中选择“诺奖得主”，选择《莫言谈文学：语言与历史》，共 7 个作品，每个都在 5 分钟左右，适合概括性地了解相关知识。见图 7.3.3-3。

图 7.3.3-3　超星微视频示例

（2）报告厅

以著名高校和知名论坛的最新高端优质讲座为主，资源 20000 余集，内容包含国学古典、文学语言、文化艺术、哲学心理、人物历史、社科总览、经济管理、政法军事、农林牧副、医药卫生、科技理工、教育培训、时事热点、生活养生 14 大类。

视频资源每日更新，对新热话题和大师、名师讲座能够 24 小时上线，每周现场直播一到两场精品讲座。见图 7.3.3-4。

图 7.3.3-4　报告厅

报告厅内资源分为社科、自然、人文、其他和会议五个部分，并对这五个部分再次细分下级类目，以保证资源的快速准确定位。如“自然”下设农林牧副、医药卫生和科技理工，见图 7.3.3-5。

（3）超星课堂

以优质课程、前沿会议和学术讲座为主，130000 余集，内容涵盖 13 大类学科：哲学、经济学、法学、教育学、文学、历史学、理学、工学、农学、医学、军事学、管理学和艺术学，并向二级学科以及各专业延伸，汇天下名师，慧天下人。见图 7.3.3-6。

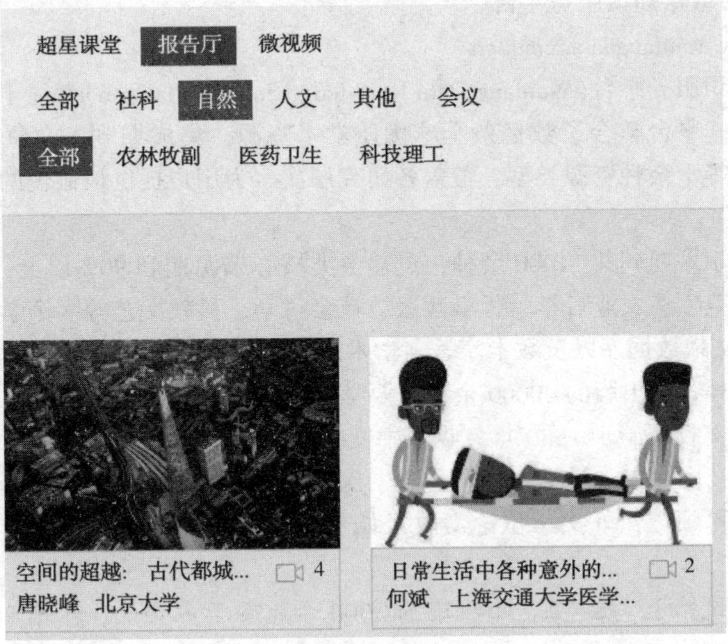

图 7.3.3-5　报告厅之自然

图 7.3.3-6　超星课堂

7.4　万方数据资源

万方数据股份有限公司是国内较早以信息服务为核心的股份制高新技术企业，是在互联网领域，集信息资源产品、信息增值服务和信息处理方案为一体的综合信息服务商。

在为用户提供信息内容服务的同时，万方数据坚持以信息资源建设为核心，努力开发独具特色的信息处理方案和信息增值产品，为用户提供从数据、信息到知识的全面解决方案，推动全民信息素质的成长。

7.4.1 万方数据知识服务平台

http://www.wanfangdata.com.cn/

万方数据知识服务平台(Wanfang Data Knowledge Service Platform)专注于知识的发现、共享、传播与应用，平台整合了数亿条全球优质学术资源，集成期刊、学位、会议、科技报告、专利、视频等十余种资源类型，覆盖各研究层次，为用户提供最愉悦的知识学习、发现和创造。

其中，中文学术期刊共11000余种，覆盖各类核心来源期刊90%以上，涵盖自然科学、工程技术、医药卫生、农业科学、哲学政法、社会科学、科教文艺等多个学科；外文期刊来源于NSTL外文文献数据库以及数十家著名学术出版机构和DOAJ、PubMed等知名开放获取平台，收录了世界各国出版的40000余种重要学术期刊。

中文学位论文收录始于1980年，收录中文学位论文全文370余万篇，年增32万余篇，涵盖理学、工业技术、人文科学、社会科学、医药卫生、农业科学、交通运输、航空航天、环境科学等各学科领域；外文学位论文收录始于1983年，累计收藏60余万册，年增量6万册。

中文会议收录始于1982年，年收集约3000个重要学术会议，年增20万篇论文，每月更新。收录了国内各学会、协会、高校及科研院所召开的学术会议论文；外文会议主要来源于NSTL外文文献数据库，收录了1985年以来世界各主要学协会、出版机构出版的学术会议论文共计766万篇全文(部分文献有少量回溯)，每年增加论文约20余万篇，每月更新。

例：检索热障涂层并且包含高温腐蚀方面的文献2篇，记录文献篇名、作者及出处。

选择高级检索，默认文献类型为机构所购买的数据库全选，在检索信息处选择“主题：高温腐蚀”与“主题：热障涂层”，点击检索。数据库设定智能检索可进行中英文扩展和主题词扩展，中英文扩展基于中英文主题词典及机器翻译技术，可将中文检索词扩展到英文检索词，使检索结果更加丰富；主题词扩展可利用主题词表，扩展同义词、下位记词，提高检全率。见图7.4.1-1。

图7.4.1-1 高级检索界面

检索结果为208篇，页面左侧提供资源类型、年份、学科分类、语种、来源数据库、出版状态、作者、机构的导航。由于检索目标为期刊论文，可在资源类型中选择期刊论文共67篇，并可进行相关度、发表时间和被引量的排序。见图7.4.1-2。

检索历史可对检索结果进行导出、订阅、删除等，系统可保留30天。

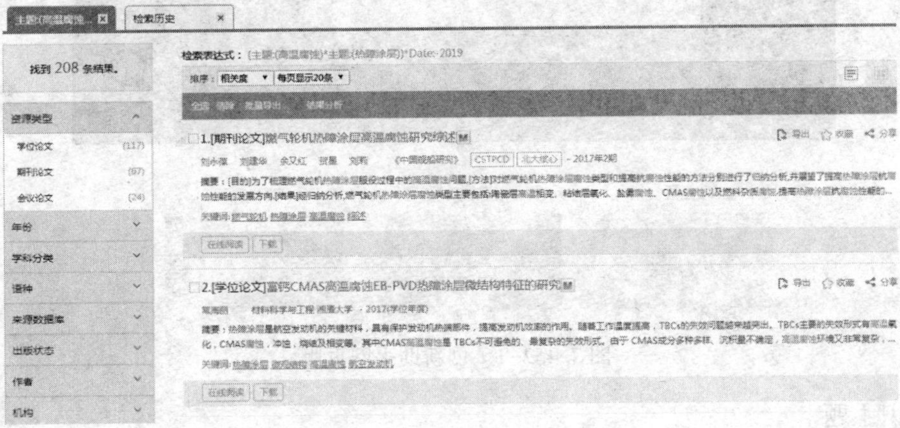

图7.4.1-2 检索结果界面

记录检索结果：

① 文献篇名：燃气轮机热障涂层高温腐蚀研究综述

作者：刘永葆，刘建华，余又红，贺星，刘莉

出处：《中国舰船研究》2017年2期

② 文献篇名：TiCrAl-ZrO2热障涂层的制备及其耐高温腐蚀性能

作者：张梅琳

出处：《材料保护》2013年1期

7.4.2 万方创新助手

http：//webstads. sciinfo. cn

创新助手是面向高校双一流建设的科技大数据分析平台，依托于国家科技仓储资源，源于万方软件元数据仓储（二次文献）以及中国科学技术信息研究所二十来年的文献积累，资源种类包括科技成果、基金项目、专利、标准、科技报告、期刊论文、学位论文、图书、法律法规等数据类型，收录了100多万条国家和省部级优秀科技成果、85万条科技项目、近亿条中外专利、18000多种中文期刊和79000多种外文期刊，近千家硕士培养单位和500余家博士培养单位的资源，内容涵盖了战略新兴产业、自然科学、工程技术、农业、哲学、医学、人文社会科学等众多领域。

平台的数据分析服务可为中心提供全球范围内最新科技成果进展情况；深入解读专家的国内外科研成果，定位专家并获取最新联系方式；设计和完成了面向产业化的数据建模，对数据进行全面深入解读，梳理企业、高校、科研院所的相关科技产出；生成的分析报告能为中心提供全面详实的科技信息决策服务，助力科技成果产业化进程。通过平台可大幅度提升相关机构、学者、专家的科技信息获取能力，提速科技成果产业化进程。

机构馆可选择网页版或下载APP客户端使用。图7.4.2-1为网页版。

图 7.4.2-1　创新助手网页版

（1）识主题

提供“全景式”科研课题研究状况分析报告，了解项目国内外研究态势，梳理研发实体，包括研发企业、研发专家以及最新研究成果。

例：检索 PANI 纳米管的制备和应用。

选择“识主题”，输入检索词“PANI 纳米管”，点击“询证”，体现多个主题词形式，见图 7.4.2-2。

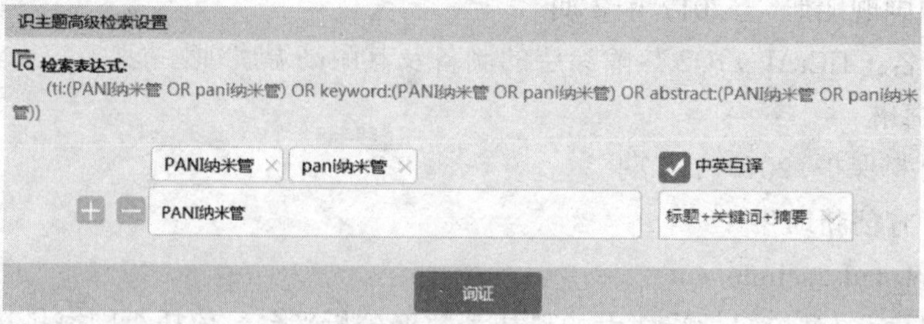

图 7.4.2-2　识主题

检索结果以图表式输出，列举技术简介、发展现状、科研实体、技术演化等方向，以黑色字体显示相关数据及资源收集内容，并可直接链接到相关资源；灰色字体代表无资源。如选择成果转化-专利产出，直接可以链接到专利号、申请人等相关信息，见图 7.4.2-3。

（2）懂专家

深度挖掘专家的核心领域及相关技术方向，以及本人的技术发展脉络，国内外学术影响力等。

例：检索南京大学博士生导师邵波的相关研究。

选择“懂专家”，输入邵波，系统显示不同机构的邵波，勾选“南京大学”，点击“询证”。见图 7.4.2-4。

系统会对学者名字进行中英文不同书写方式进行列举，并可追加姓名；推荐机构项可以加入其他相关机构；推荐技术点可加入相关主题词，针对邵波教授的研究内容，加入“智慧图书馆”“人工智能”和“信息资源建设”，还可根据需要追加其他技术热点，见图 7.4.2-5。

专利产出
说明:相关专利逐年数量和累计趋势。

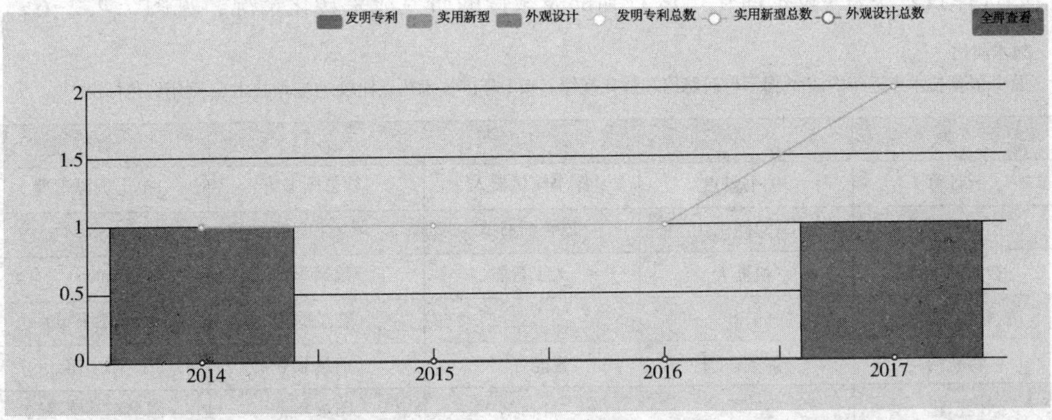

申请号	公开(公告日)	名称	申请(专利权)人	发明(专利权)人	专利类型
CN201780027316.1	2018-12-21	在碳布上直接生长聚苯胺纳米管用于柔性高性能超级电容器	加利福尼亚大学董事会	理查德.B.卡内尔;马厄.F.埃尔-卡迪;米尔.法兹卢拉.穆萨维;马苏梅.哈希米;穆罕默德.S.拉赫马尼法尔	发明专利
CN201410575445.2	2016-05-11	聚苯胺纳米管电极的制备方法	陕西高新能源发展有限公司	王耀斌	发明专利

图 7.4.2-3　PANI 纳米管专利

图 7.4.2-4　懂专家示例(一)

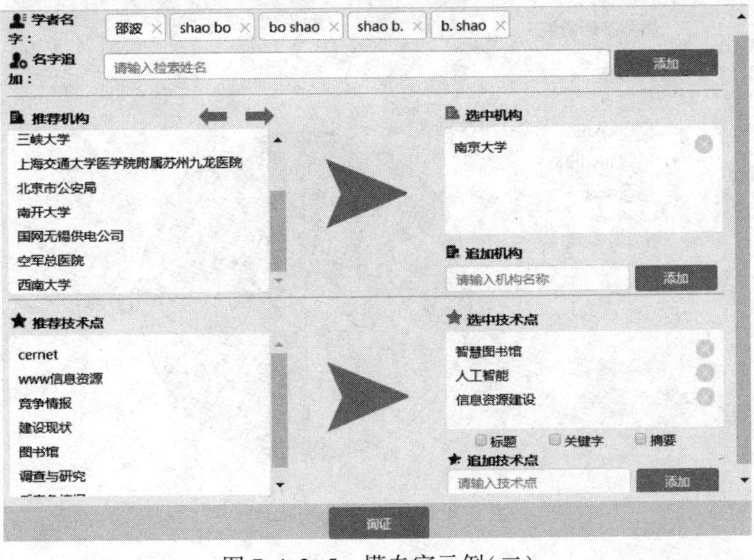

图 7.4.2-5　懂专家示例(二)

检索结果从人物背景、科研概况、技术关注、合作关系、成果推广和产出明细进行展示。如选择技术关注-技术演化可以看到邵波教授的研究成果转化情况，见图 7.4.2-6。

技术演化

说明:展现技术点近年的演变;揭示科研脉络和演化规律。和上年度技术热点比较,有新增技术点,则用红色标出。

2015	2016	2017	2018	2019
云计算	图书盘点	图书馆机器人	智慧图书馆	电子资源管理
图书馆建设	智慧图书馆	智慧图书馆	人工智能	erms
智慧图书馆	机器人	人工智能	数据管理	nlsp
智慧服务体系	rfid	图书盘点	智慧服务	下一代图书馆系统
物联网	射频识别	智能咨询	信息服务	图书馆
虚拟化	超高频	自动化	图书盘点	图书馆系统平台
		自动存取系统	图书馆	智慧图书馆
			图书馆机器人	智慧服务
			智慧空间	智能推送
			智能机器人	用户画像

图 7.4.2-6　懂专家示例(三)

(3) 知机构

掌握本地区及本行业研发型企业、高校、科研院所的核心人才、技术团队的最新技术、专利、标准、科技成果、基金项目等。

例：检索辽宁石油化工大学的相关科技文献。

选择“知机构”，输入“辽宁石油化工大学”，点击“询证”，推荐机构加入“辽宁石油化工大学重点实验室”，点击“询证”。可从机构背景、创新能力、成果转化、经营状况、竞合关系等七个方面了解检索机构的科技实力，如选择创新能力-国际基础研究，可以看出该机构论文发表的分布情况，见图 7.4.2-7。

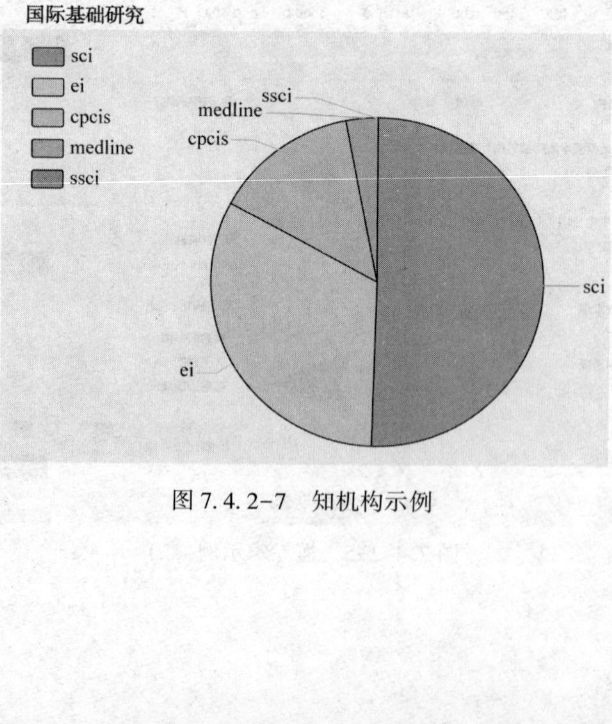

图 7.4.2-7　知机构示例

识主题、懂专家、知机构三个模块的每一次检索结果均可下载 PDF 格式的检索报告全文。

7.4.3 万方视频

http://video.wanfangdata.com.cn/

万方视频是以科技、教育、文化为主要内容的学术视频知识服务系统，与中央电视台、教育部、中国科技信息研究所、中华医学会、中国科学院、北大光华、天幕传媒等国内外著名专业制作机构进行广泛的战略合作。现已推出高校课程、学术讲座、学术会议报告、考试辅导、就业指导、医学实践、管理讲座、科普视频等精品视频。截至目前，万方视频文献量为 32720 部(905024 分钟)，覆盖年限从 1997 年至今，覆盖范围为哲学与宗教、历史与考古、文学、艺术、经济、管理、法律、政治、社会、教育、天文、地球科学、生物、人文地理、数理科学、工程技术、中国医学、医药卫生、农学与农业、国防军事等。见图 7.4.3-1。

图 7.4.3-1 万方视频

万方视频提供按学科和按频道两种分类方式，学科为：哲学与宗教、历史与考古、中国医学等 20 个类，类目划分与《中图法》相似；频道为：时尚科技、高端学术会议、凤凰卫视、北大光华管理学院等 10 个类别。

首页提供快速检索和高级检索，检索入口包括标题、名师、机构、字幕、关键词，还可以通过主页的前沿会议、热推名师、精品课程和全部专题进行分类浏览。

例：查看北大光华管理学院相关视频内容。

可在频道中选择光华管理学院，可检索到相关视频资源 540 部，在检索到的资源中可以按录制年代、清晰度、有无字幕和有无讲义进行筛选，并可以按照点播量和年代进行排序。见图 7.4.3-2。

7.5 课程学习与考试

7.5.1 环球英语多媒体资源库

http://www.englibrary.com

环球英语多媒体资源库是三大教育机构—环球雅思总校、环球职业教育在线、环球世界风小语种中心推出的精品课程数据库。由出国留学类，学历考试类，英语应用类、职业英语

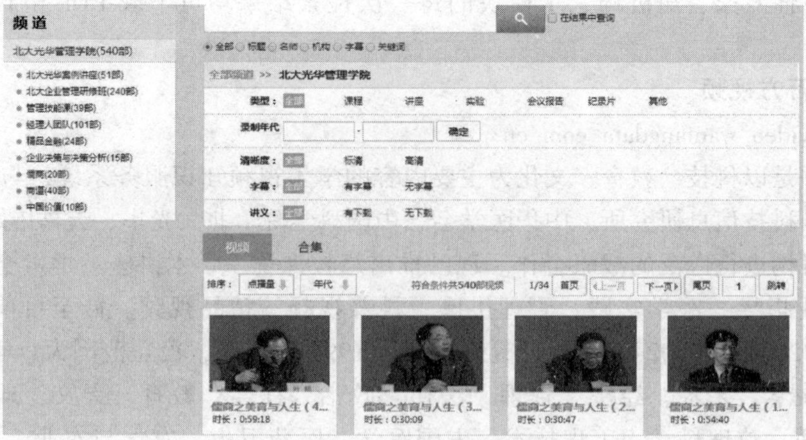

图 7.4.3-2　万方视频示例

类、小语种 5 大系列几百门环球雅思精品网络课程组成，为读者提供外语基础、口语提高、小语种入门、考前辅导、求职指导等全线外语培训。机构读者可访问资源库内全部课程，也可享受环球英语网校提供的各种增值服务，如教材讲义、英语论坛、名师博客、考试预测、免费课堂、24 小时在线答疑等。

数据库首页的“掌上环球”支持在移动设备上使用环球英语多媒体资源库见图 7.5.1-1。

图 7.5.1-1　环球英语主页

进入环球英语多媒体资源库首页，可以直接输入检索词进行检索，也可以根据课程分类点击出国英语、学历英语、职业英语、小语种或职称英语进行检索；或可以根据首页推荐的精品课程、听力训练、名师风采、特色教学等分类选择相关内容。

（1）直接检索

例：检索“雅思听力”相关资源内容。

在检索词输入框中直接输入检索词“雅思听力”，可检索到“课程中心”中相关主题的课程内容，点击课程名称进行在线学习。见图 7.5.1-2。如想要检索有关雅思听力的在线模考、资源下载等其他非课程资源，则需要进入到其他相关资源模块中按类查找。

图 7.5.1-2　直接检索“雅思听力”

（2）在线模考

点击在线模考，选择所需要的考试类型及主题，点击进入考试，在线考试需要用户注册后使用。注册后系统可保存学习记录、在线测试记录、收藏课程视频及留言。见图 7.5.1-3。

图 7.5.1-3　在线模考

（3）下载中心

点击下载中心，可以根据需求按照“主题分类”进行资源下载，资源类型包括音频、视频和文档。见图 7.5.1-4。

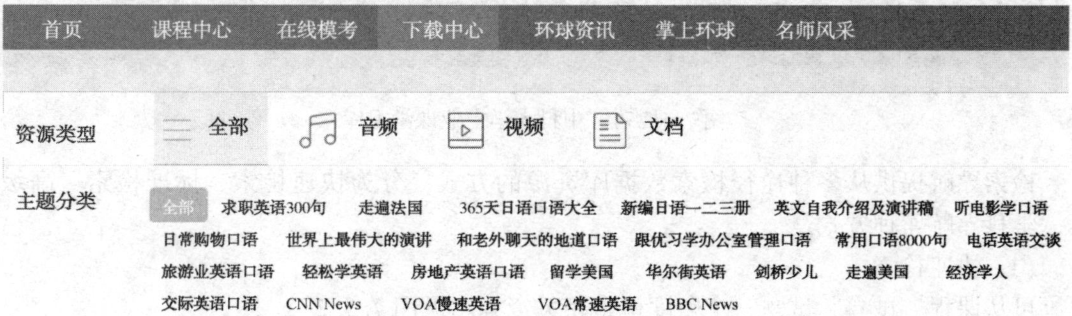

图 7.5.1-4　下载中心

（4）环球资讯

环球资讯提供考试报名、考试资讯和考试技巧三个方面的内容，可为要参加相关语言资格考试的用户提供便捷的信息。见图 7.5.1-5。

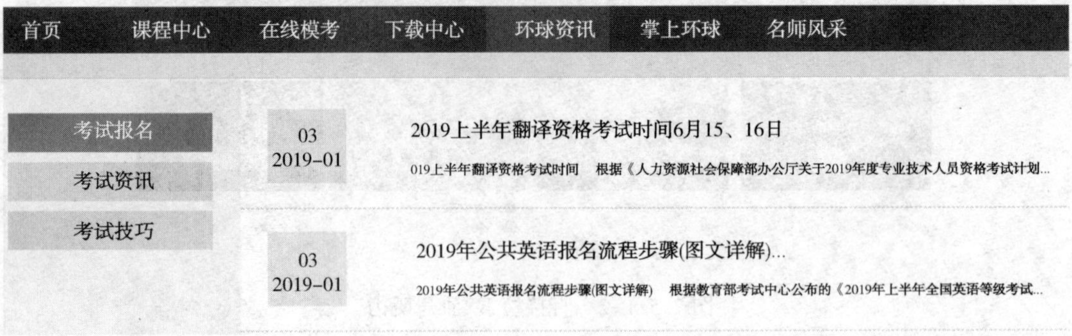

图 7.5.1-5　环球资讯

7.5.2　中科 UMajor 大学专业课学习数据库

http：//www.umajor.org/

作为大学生专业课学习资源数据库，中科 UMajor 数据库收录专业课知识脉络剖析讲义、课程学习指导、章节练习试卷等学习资源，覆盖理学、工学、管理学、经济学、教育学、法学、医学、文学等十二大学科门类。数据库需要注册登录后使用，可根据学习的课程和综合模拟自测，形成学习记录、错题记录和成绩曲线，提高学习效率。见图 7.5.2-1。

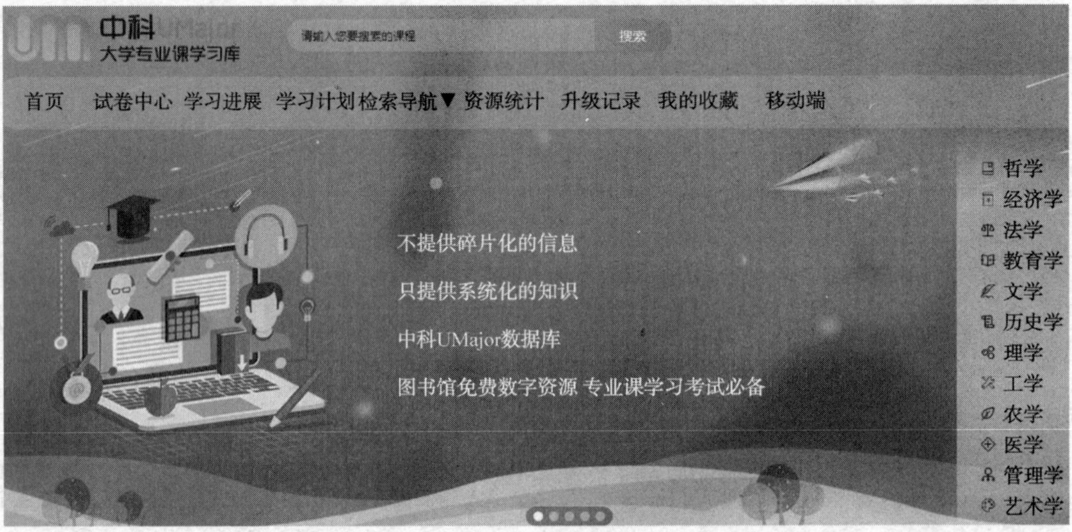

图 7.5.2-1　中科大学专业课学习库

检索导航提供从多种途径检索数据库资源的方式，分为快速检索、标准检索、高级检索、学科导航 4 种方式。

（1）快速检索

可从课程、试卷、试题三个角度检索相关资源。见图 7.5.2-2。

图 7.5.2-2　快速检索

(2) 标准检索

标准检索是一种导航式检索方式，按学科门类、试卷类型和发布时间进行检索资源。见图 7.5.2-3。

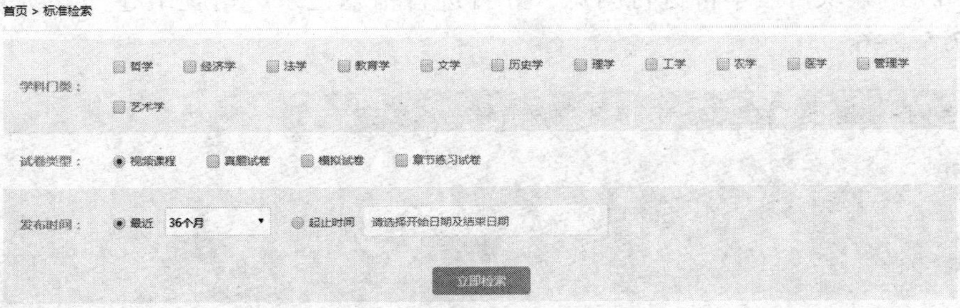

图 7.5.2-3　标准检索

(3) 高级检索

高级检索在标准检索的基础上增加了关键词检索，可在学科导航的范围内进行关键词的检索。关键词的检索入口包括课程类型、课程名称、章节名称和主讲教师。见图 7.5.2-4。

图 7.5.2-4　高级检索

(4) 学科导航

学科导航显示了各个大类内的学科关键词，可以帮助对专业知识熟悉的检索者快速准确地定位资源。见图 7.5.2-5。

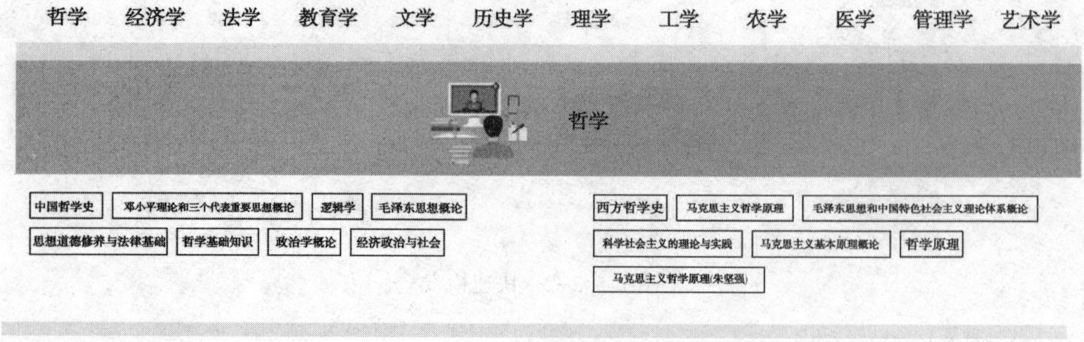

图 7.5.2-5 学科导航

(5) 试卷中心

“试卷中心”模块可按学科进行浏览，并可进行错题记录、错题组卷、专项练习期末自测。见图 7.5.2-6。

图 7.5.2-6 试卷中心

例：检索“儿科学”的相关试卷。

① 可以按学科导航-医学-儿科学检索库内相关资源；

② 可通过主页快速检索定位儿科学相关资源。

7.5.3 VIPExam 考试学习资源数据库

http：//www. vipexam. org/

VIPExam 考试学习资源数据库内包含英语类、计算机类、财会类、考研类、公务员类资格证考试的模拟试卷和历年全真试卷，以及各种学习资料和考试信息。用户注册登录以后，可以利用系统进行整套试卷模拟自测，可有针对性的对自己的薄弱环节进行专项练习，答题完毕后系统会自动评分，并显示出每道试题的正确答案和知识点解析，系统会保存使用者的相关学习信息。见图 7.5.3-1。

图 7.5.3-1　VIPExam 考试学习资源数据库

（1）进入数据库

点击“进入数据库”，页面提供试卷检索，并列举专辑导航，供用户从各种类型的证件考试中选择自己需要的试卷类型，页面展示真题试卷、模拟试卷和全部试卷，并介绍各专辑收录的试卷数量。

例：检索“考研英语”方面的试卷。

试卷名称输入“考研英语”，选择检索，页面右上角可按时间范围选择试卷，页面下部显示《考研专辑》的试卷数量。见图 7.5.3-2，

图 7.5.3-2　考研英语试卷检索结果

点击试卷名称可以进行在线答题，并将答题结果保存到自己注册的学习账号中，形成错题库，根据自身的薄弱环节重点复习。

主页的交互式学习模块提供了一个相同学习内容的交流社区，可以了解最近阶段学习的热门试卷及其他人的作答情况，从而衡量自身的不足。见图 7.5.3-3。

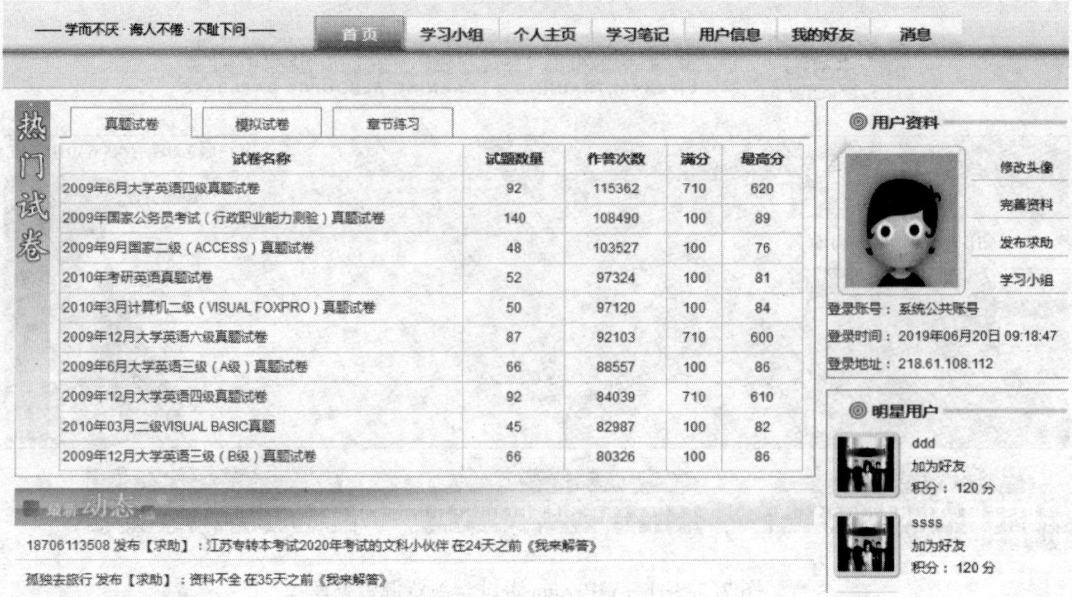

图 7.5.3-3　交互式学习模块

（2）学科导航

学科导航直观展现数据库的各专辑的重要考试科目，并可以直接进入各科目的历年真题试卷、强化练习试卷和全真模拟试卷。如图 7.5.3-4 为公务员专辑的部分内容。

公务员专辑

大学生村官

面试 | 申论 | 行测 | 综合知识 |

事业单位招录

财务会计专业知识 | 法律专业知识 | 公共基础知识 | 计算机专业知识 | 教育基础知识 | 面试 | 申论 | 文秘与管理专业知识 | 行测 |

政法干警招录考试

面试 | 民法学(本科类) | 申论(本硕类) | 申论(专科类) | 文化综合(专科类) | 行政职业能力测验(本硕类) | 行政职业能力测验(专科类) | 专业综合(法律硕士类) |

卫生事业单位招聘考试

护理学基础知识 | 护理学专业知识 | 口腔医学专业知识 | 临床医学专业知识 | 药理学专业知识 | 医学基础知识 | 职业能力测验 | 中医学专业知识 | 综合基础知识 |

农村信用社招聘

法律 | 公共基础知识 | 会计、审计 | 计算机 | 经济、金融 | 面试 | 职业能力测验 |

图 7.5.3-4　学科导航——公务员专辑

(3) 成绩查询

提供参加在线考试的成绩查询等信息，见图 7.5.3-5。

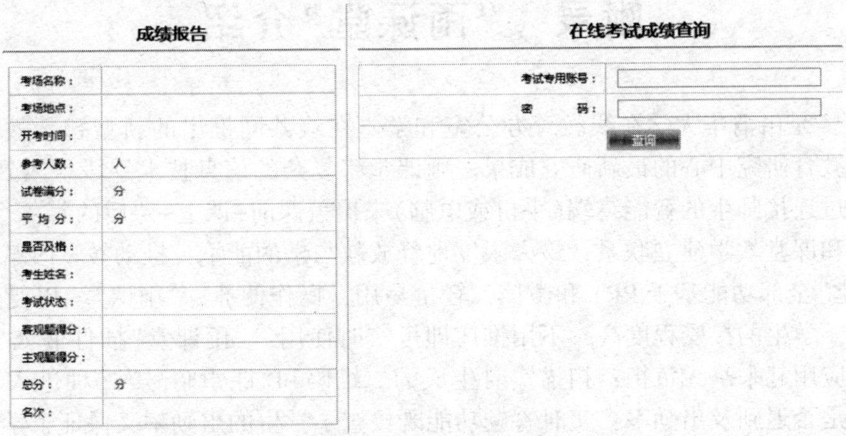

图 7.5.3-5 成绩查询

附录 “雨课堂”介绍

“雨课堂”是由清华大学在线教育办公室和学堂在线共同推出的新型智慧教学工具，是教育部在线教育研究中心的最新研究成果。雨课堂将复杂的信息技术手段融入到 PowerPoint 和微信，通过连接师生的智能终端(手机或电脑)来覆盖课前-课上-课后的每一个教学环节，使课外预习和课堂教学建立联系，最大限度地释放教与学的能量，推动教学改革。

“雨课堂”全部功能基于 PPT 和微信，轻量易用，操作便捷。“雨课堂”以受众范围广的微信为载体，学生的接受程度高，不用推广即可实时使用；“雨课堂”插件嵌入 PPT 并完全免费，教师应用起来毫无负担；扫描实时生成的二维码和“课堂暗号”二种进入课堂方式迅速掌握学生是否迟到及出勤率；实时答题功能既核查了学生的出勤率又保证了学生对课堂讲授内容的理解程度；学生实时点击“不懂”PPT 页面，使教师及时了解学生对于知识点的掌握情况；弹幕功能能活跃课堂氛围，促进学生与教师的互动，吸引学生的注意力；PPT 实时投放使 PPT 内容不仅在大屏幕上播放，也可实时到达学生手机端；为师生提供完整立体个性化报表，全方位了解知识掌握程度……

本教材推荐使用雨课堂完成信息检索课程教学，随书课件设计成二个版本，一个是安装雨课堂的带试题版 PPT；另一个是未安装雨课堂的传统版 PPT，旨在通过活泼生动的课堂形式增强学生融入信息检索课教学过程的兴趣，提升课堂教学效果，增加师生互动频率。

微信关注公众号“雨课堂”后，登录“雨课堂”网站(https：//www. yuketang. cn/)了解更多功能。

“雨课堂主页”

参 考 文 献

[1] 全球民意调查统计数据门户 https：//www. statista. com/
[2] 中国科技网 http：//www. cstnet. net. cn/
[3] 百度学术 http：//xueshu. baidu. com/
[4] 中国教育和科研计算机网 http：//www. edu. cn/
[5] 天下数据网 https：//www. idcbest. com/
[6] 无忧考网 https：//www. 51test. net/
[7] 中国教育考试网 http：//www. neea. edu. cn/
[8] 天涯书库 https：//www. tianyabooks. com/
[9] 国学经典书库 http：//www. gxjdsk. cn/
[10] 古诗文网 https：//www. gushiwen. org/
[11] 中国科技论文在线 http：//www. paper. edu. cn/
[12] 学科网 http：//www. zxxk. com/
[13] 学优网 http：//gkstk. com/
[14] 爱学堂 http：//www. aixuetang. com/
[15] 优课网 http：//www. uken. cn/
[16] 虎课网 https：//huke88. com/
[17] 大学生自学网 http：//v. dxsbb. com/
[18] 香哈网 https：//www. xiangha. com/
[19] 新浪旅游频道 http：//travel. sina. com. cn/
[20] 搜狐旅游 http：//travel. sohu. com/
[21] 网易旅游频道 https：//travel. 163. com/
[22] 携程旅行网 https：//hotels. ctrip. com/
[23] 途牛旅游网 http：//www. tuniu. com/
[24] 去哪儿网 https：//www. qunar. com/
[25] ArXiv 电子印本文档库，https：//arxiv. org/
[26] OpenDOAR 开放存取仓储目录，http：//v2. sherpa. ac. uk/
[27] 美国能源部 Information Bri，http：//www. osti. gov/bridge/
[28] 佛罗里达州立大学的数字仓储，http：//diginole. lib. fsu. edu/
[29] 英国南安普敦大学的开放存取仓储 http：//eprints. soton. ac. uk
[30] 加拿大多伦多大学图书馆的开放存取仓储 TSpace，http：//tspace. library. utoronto. ca
[31] 科学公共图书馆 PLOS，http：//www. plos. org/
[32] 美国科学情报研究所的科学家信息门户网站 http：//isihighlycited. com/
[33] IPC 网站 https：//www. wipo. int/classifications/ipc/en/
[34] 中华人民共和国国家知识产权局 https：//www. pss-system. gov. cn
[35] 中国专利信息网 http：//www. patent. com. cn/
[36] 万方资源库 http：//www. wanfangdata. com. cn
[37] ISO 网站 http：//www. iso. ch
[38] IEC 网站 http：//www. iec. ch
[39] 中国标准服务网 http：//www. cssn. net. cn
[40] IEEE 标准主页 IEEE Standards，（http：//standards. ieee. org
[41] 英国标准 BSI，www. bsi . org. uk
[42] 美国国家标准 ANSI，http：//www. ansi. org

[43] 加拿大标准委员会 SCC，htp：//www. scc. ca
[44] 澳大利亚标准 http：//www. standards. com. au
[45] 新西兰标准组织 http：//www. standards. co. nz
[46] 欧洲电信标准协会 ETSI，https：//www. etsi. org
[47] NTIS 美国政府报告数据库 https：//www. ntis. gov/
[48] 国家科技报告服务系统 http：//www. nstrs. cn/
[49] 会议预报网 MeetingNet ，https：//www. meetingsnet. com/
[50] 国道学位论文集成发现系统 DDS，http：//www. oadds. cn/
[51] HKMO(港澳博硕)优秀学术全文资源库 http：//hkmolib. com
[52] RSC 英国皇家化学学会资源库 http：//pubs. rsc. org
[53] EBSCO 学术信息、商业信息数据库 http：//search. ebscohost. com/
[54] 德国 SpringerLink 数据库 http：//www. springerlink. com
[55] MeTel 教学资源平台 http：//www. metel. cn/
[56] SpecialSci 国道外文数据库 http：//v2017. specialsci. cn/
[57] CNKI 中国知网 http：//www. cnki. net/
[58] 维普中文科技期刊全文数据库 http：//qikan. cqvip. com/
[59] 读秀学术搜索引擎 http：//www. duxiu. com/
[60] 超星/尔雅学术视频 https：//ssvideo. superlib. com/
[61] 环球英语多媒体资源库 http：//www. englibrary. com
[62] 中科 UMajor 大学专业课学习数据库 http：//www. umajor. org/
[63] VIPExam 考试学习资源数据库 http：//www. vipexam. org/
[64] 360 百科 https：//baike. so. com/
[65] 白心阳．浅谈信息检索的现状与发展[J]．电脑知识与技术，2018(11)：166-167.
[66] 毕欢．网络信息检索极其发展趋势研究[J]．电脑知识与技术，2018(10)：8-9.
[67] 罗桂娟．网络信息资源评价准则的研究与讨论[J]．农业网络信息，2014(11)：51-54.
[68] 电信快报[J]．中国移动互联网走上国际舞台，2018(6)：45-46.
[69] 杨梦洁．中国互联网发展演进趋势及应用现状[J]．电子商务，2018(22)：22-24.
[70] 钱承军．论纸质工具书、电子版工具书和网络版工具书的缘起、现状及发展趋势[J]．贵图学刊，2006(2)
[71] 林申清．电子辞书的功能开发与利用[J]．辞书研究，1997(5).
[72] 魏保志．利用搜索引擎检索现有技术[M]．北京：知识产权出版社，2011.
[73] 张涛．图书馆利用与文献检索[M]．长春：东北师范大学出版社，2016.
[74] 陆和建，康媛媛，陈云光．信息检索与利用[M]．芜湖：安徽师范大学出版社，2017.
[75] 杨守文．数字信息资源检索与利用[M]．北京：中国轻工业出版社，2012.
[76] 魏晟，吴晓川．信息检索[M]．北京：人民邮电出版社，2018.
[77] 赵志坚，和平，杜方冬．网络信息资源组织和检索[M]．北京：人民邮电出版社，2004.
[78] 刘嘉．网络信息资源的组织[M]．北京：北京图书馆出版社，2002.
[79] 赵志坚．网络信息资源组织和检索[M]．北京：人民邮电出版社，2004.
[80] 刘允斌，张英敏．信息检索简明教程[M]．沈阳：辽海出版社，2008.
[81] 刘伟成．数字信息资源检索[M]．武昌：武汉大学出版社，2018.
[82] 张惠芳，陈红艳．信息检索与利用[M]．武汉：华中科技大学出版社，2015.
[83] 司莉．信息组织原理与方法[M]．武昌：武汉大学出版社，2011.
[84] 李一梅，罗时忠．化学化工文献信息检索，第 2 版[M]．安徽：中国科学技术大学出版社，2018.
[85] 孟连生．科技文献信息溯源[M]．北京：高等教育出版社，2006.

[86] 王梦丽，杜慰纯．资源[M]．北京：北京航空航天大学出版社，2009.
[87] 刘振西，李润松，叶茜．实用信息检索技术概论[M]．北京：清华大学出版社，2006.
[88] 俞君立，陈树年．文献分类学[M]．武昌：武汉大学出版社，2001.
[89]《图书情报工作》杂志社．开放获取的现在与未来[M]．北京：海洋出版社，2014.
[90] 周宁，吴佳鑫．信息组织，第 3 版[M]．武昌：武汉大学出版社，2010.
[91] 魏晟，吴晓川．信息检索[M]．北京：人民邮电出版社，2018.
[92] 李建蓉．专利信息与利用 [M]．北京：知识产权出版社，2006.
[93] 国家知识产权局复审委员会．化学领域专利难点热点问题研究[M]．北京：知识产权出版社，2018.
[94] 魏晟，吴晓川．信息检索[M]．北京：人民邮电出版社，2018.
[95] 张虎芳．科技文献检索与科教论文写作[M]．北京：中国石化出版社，2004.
[96] 冯惠玲，张辑哲．档案学概论[M]．北京：中国人民大学出版社，2002.
[97] 国家知识产权局专利局审查业务管理部．国际专利纵览：世界主要专利机构发展动态研究[M]．北京：知识产权出版社，2017.
[98] 李梦龙，文志宁．化学信息学，第 2 版[M]．北京：化学工业出版社，2018.
[99] 郭金，隋欣．轻轻松松申请专利[M]．北京：化学工业出版社，2018.
[100] 张虎芳．科技文献检索与科教论文写作[M]．北京：中国石化出版社，2004.
[101] 冯惠玲，张辑哲．档案学概论[M]．北京：中国人民大学出版社，2002.
[102] 王荣民．化学化工信息及网络资源的检索与利用，第 4 版[M]．北京：化学工业出版社，2016.
[103] 詹德优．中文工具书导论[M]．武汉：湖北教育出版社，1994
[104] 詹德优，李建民．中文工具书概论[M]．武汉：湖北省高等学校图书馆工作委员会，武汉大学图书情报学院，1988
[105] 林玉山．工具书学概论[M]．广州：广东教育出版社，2004
[106] 张广福．中文工具书基础教程[M]．北京：国防工业出版社，2006
[107] 朱天俊，李国新．中文工具书基础[M]．北京：北京图书馆出版社，1998